《山海经》的博物世界：植物

贾雯鹤 著

四川人民出版社

尔文

趣物博思　科学智识

序

《山海经》是一部我国古代百科全书式的著作，不同学科的学者或读者在它身上往往都能找到与自己学科或兴趣有关的内容，从而产生一种归属感，这或许是《山海经》广受欢迎的原因之一。

近年来，有着古老传统的博物学又逐渐热闹起来。被诸多学科“认祖归宗”过的《山海经》，更是被博物学者推为博物学科的传统经典。余欣先生在《中国博物学传统的重建》中写道：

> 中国博物学传统的基石，非《山海经》莫属。《山海经》可谓战国时代方士博物学之集大成者。《山海经》的编纂，即博物学的应运而生，其动因就是为了满足方士寻找海外仙境的需求，汇集知识和经验。对异域、异人、异物、异俗、异术的探索，从此成为博

物学的主色调之一。博物学以地理分域为基础的知识结构模式即导源于此。[①]

单就先秦文献而论，《山海经》确实是记载植物、动物和矿物等博物内容最为丰富的一部著作，说它是“中国博物学传统的基石”，一点儿也不为过。然而，由于博物学教育的阙如，我们对古书里的博物内容难免采取不求甚解的态度。比如《山海经》，我研读它已有30年之久了，但对其中一些动植物依旧感到陌生，也就只能达到“那是一种植物”“那是一种动物”的粗浅水准。怎么提高自己的博物学知识水平，从而成为既知其名又知其实的博物达人呢？

事实上，古今学者对《山海经》的博物内容多有研究。古代学者中，明代医学家李时珍在《本草纲目》中就多次引用《山海经》的动植物名称，代表了古代学者对《山海经》博物认识的最高水准。清代汪绂、毕沅和郝懿行在为《山海经》作注时，会偶尔提及《山海经》中的动植物相当于当时何种物类。当代学者中，本草文献学家尚志钧先生的《〈山海经〉植物药考辨》一书代表了当代学者对《山海经》植物研究的最高水准。动物学家郭郛的《山海经注证》一书对《山海经》博物内容都有详细注释，其中动物部分代表了当前学者对《山海经》动物研究的最高水准。

① 余欣：《中国博物学传统的重建》，《中国图书评论》2013年第10期。

对《山海经》中的植物的认识，古今学者有时候看法一致，有时候会出现分歧。这或多或少反映了《山海经》博物研究的难度。本书对古今学者关于《山海经》中的植物的研究，以及古代文献尤其是本草著作的相关记载都尽量予以搜集汇聚，同时还附有500余幅彩图——基本上都出自明清时期。倘若本书能对读者在理解《山海经》植物方面有所帮助，那本书写作的目的就达到了。

需要说明的是，本书使用的《山海经》为拙著《山海经校释》（中华书局2024年版），文字与传世本《山海经》小有差异，希读者鉴之。

本书的写作、出版得到了四川人民出版社谢雪、赵静老师的大力支持；荆菁女士担任本书的责任编辑，工作细致入微，为本书增色不少，在此一并表示诚挚的谢意！

目录

第一章

博物的传统和传统的博物

作为科学概念的“博物学”一词来自西方，是对“Natural History”的翻译。[1]虽然博物学不是我国本土原有的概念，但并不意味着我国古代没有博物学知识和实践。恰恰相反，博物学在我国古代知识系统中占据着十分重要的地位。刘华杰认为：

> 以农耕文明为主的中国古代社会，有着丰富的博物学实践和顺畅的博物学传承体系，也保留下来大量文献，无论是《十三经》《通志》《二十五史》《古今图书集成》这样的巨著还是《幼学琼林》这样的蒙学读物，都包含大量的博物学内容；反过来，读者如果有丰富的博物学知识，也能更好地理解《诗经》以及齐白石的艺术作品。[2]

他甚至认为：“中国古代学问最大的特点就是博物。”[3]

无独有偶，余欣同样认为博物学是中国传统学问的根基和精髓：

① 刘华杰：《西方博物学文化》，北京大学出版社，2019年，第4页。

② 刘华杰：《博物学论纲》，《广西民族大学学报（哲学社会科学版）》2011年第6期。

③ 同上。

> 近年来，无论是在学界还是"民间"，"国学"忽然成了一种时尚。"国学"的概念是否成立，我们姑且不论。究竟什么才算是"国学"，自然也是见仁见智。在这"国学"热潮中却从来见不到博物学的身影，多少令我有点匪夷所思。因为在我看来，中国传统学问的根基和精髓在于博物学，而并不是高度意识形态化的儒学，也不是如今已沦为附庸风雅的"六艺"。正是敦厚而鲜活的博物学传统，铸就了中国文化的灵魂。我之所以这样说，不是故作惊人之语，而是觉得博物学的"缺席"，乃是现代中国学术建立进程中最大的悲剧。我们必须终结这场悲剧，勇敢地"再出发"，开启"发现之旅"，重建中国博物学传统。[④]

吴国盛甚至认为博物学就是中国古代的科学："在传统中国，同样有发达的博物学传统，并且具有自己鲜明的特色。我主张，中国古代的科学就是'博物学'。"[⑤]刘华杰等学者的观点确实令人振聋发聩、耳目一新，但是否能让大家信服，恐怕会陷入见仁见智的境地。然而，无论博物学在中国传统学问中的地位高低如何，一个不争的事实是中国古代具有博物学的传统。在这里，笔者无意全面梳理展示中国古代的博物学知识和实践，只是通过对先秦时期博物学成就的介绍，让人多多少少能够领略中国古代博物学成就的风采。

④ 余欣：《中国博物学传统的重建》，《中国图书评论》2013年第10期。

⑤ 吴国盛：《博物学：传统中国的科学》，《学术月刊》2016年第4期。

第一节

格物致知：中国早期的博物实践

中国古代虽有“博物”一词（组），但含义却与现今不尽相同。《左传·昭公元年》云：

> 晋侯有疾，郑伯使公孙侨如晋聘，且问疾。叔向问焉，曰：“寡君之疾病，卜人曰：‘实沈、台骀为祟。’史莫之知，敢问此何神也？”子产曰：“昔高辛氏有二子，伯曰阏伯，季曰实沈，居于旷林，不相能也。日寻干戈，以相征讨。后帝不臧，迁阏伯于商丘，主辰。商人是因，故辰为商星。迁实沈于大夏，主参。唐人是因，以服事夏、商。其季世曰唐叔虞。当武王邑姜方震大叔，梦帝谓己：‘余命而子曰虞，将与之唐，属诸参，而蕃育其子孙。’及生，有文在其手曰‘虞’，遂以命之。及成王灭唐而封大叔焉，故参为晋星。由是观之，则实沈，参神也。昔金天氏有裔子曰昧，为玄冥师，生允格、台骀。台骀能业其官，宣汾、洮，障大泽，以处大

原。帝用嘉之，封诸汾川，沈、姒、蓐、黄，实守其祀。今晋主汾而灭之矣。由是观之，则台骀，汾神也。抑此二者，不及君身。山川之神，则水旱疠疫之灾，于是乎禜之。日月星辰之神，则雪霜风雨之不时，于是乎禜之。若君身，则亦出入、饮食、哀乐之事也，山川、星辰之神，又何为焉？侨闻之，君子有四时：朝以听政，昼以访问，夕以修令，夜以安身。于是乎节宣其气，勿使有所壅闭湫底以露其体，兹心不爽，而昏乱百度。今无乃壹之，则生疾矣。侨又闻之，内官不及同姓，其生不殖，美先尽矣，则相生疾，君子是以恶之。故《志》曰：'买妾不知其姓，则卜之。'违此二者，古之所慎也。男女辨姓，礼之大司也。今君内实有四姬焉，其无乃是也乎？若由是二者，弗可为也已。四姬有省犹可，无则必生疾矣。"叔向曰："善哉！肸未之闻也。此皆然矣。"……晋侯闻子产之言，曰："博物君子也。"

说的是晋平公（？—前532）患病，本国占卜师说是实沈、台骀作祟的缘故，但对于实沈、台骀二神的来历却莫知其详。这时恰逢郑国公孙侨（？—前522）来晋国聘问，晋国大臣叔向赶紧向公孙侨请教。公孙侨详细介绍了二神的来历，但认为晋侯的疾病并非二神引起，而是由于四时之气壅塞，加之晋侯娶了四位同姓女子为妻妾，才导致疾病的发生。晋侯听说公孙侨的话，盛赞他是"博物君子"。

公孙侨，字子产，是郑国的名相。与子产同时代的吴国公子季札（前576—前484），也被称为"博物君子"。《左传·襄公二十九年》记载了季札到鲁国观乐的故事：

请观于周乐。使工为之歌《周南》《召南》，曰："美哉！始基之矣，犹未也。然勤而不怨矣。"为之歌《邶》《鄘》《卫》，曰："美哉，渊乎！忧而不困者也。吾闻卫康叔、武公之德如是，是其《卫风》乎？"为之歌《王》，曰："美哉！思而不惧，其周之东乎？"为之歌《郑》，曰："美哉！其细已甚，民弗堪也，是其先亡乎！"为之歌《齐》，曰："美哉！泱泱乎！大风也哉！表东海者，其大公乎！国未可量也。"为之歌《豳》，曰："美哉！荡乎！乐而不淫，其周公之东乎？"为之歌《秦》，曰："此之谓夏声。夫能夏则大，大之至也，其周之旧乎？"为之歌《魏》，曰："美哉！沨沨乎！大而婉，险而易行，以德辅此，则明主也。"为之歌《唐》，曰："思深哉！其有陶唐氏之遗民乎？不然，何忧之远也？非令德之后，谁能若是？"为之歌《陈》，曰："国无主，其能久乎？"自《郐》以下无讥焉。为之歌《小雅》，曰："美哉！思而不贰，怨而不言，其周德之衰乎？犹有先王之遗民焉。"为之歌《大雅》，曰："广哉！熙熙乎！曲而有直体，其文王之德乎？"为之歌《颂》，曰："至矣哉！直而不倨，曲而不屈，迩而不偪，远而不携，迁而不淫，复而不厌，哀而不愁，乐而不荒，用而不匮，广而不宣，施而不费，取而不贪，处而不底，行而不流，五声和，八风平，节有度，守有序，盛德之所同也。"见舞《象箾》《南籥》者，曰："美哉！犹有憾。"见舞《大武》者，曰："美哉！周之盛也，其若此乎！"见舞《韶濩》者，曰："圣人之弘也，而犹有惭德，圣人之难也。"见舞《大夏》者，曰："美哉！勤而不德，非禹其谁能修之？"见舞《韶箾》者，曰："德至矣哉！大矣！如天之无不帱也，如地之无不载也，虽甚盛德，其蔑以加于此矣。观止矣！若有他乐，吾不敢请已！"

▲ 图1–1　司马迁（《历代帝王圣贤名臣大儒遗像》）

说的是吴公子季札出使鲁国，鲁国人为他表演周王室的乐舞。在演奏的过程中，季札点评其中乐曲，在鲁国人面前显示了他对礼乐的精到理解。对此，司马迁（前145—前87，图1–1）在《史记·吴太伯世家》赞语中感叹道："呜呼，又何其闳览博物君子也！"

在出使鲁国、齐国后，季札又到了郑国，见到了子产。《左传·襄公二十九年》云："聘于郑，见子产，如旧相识，与之缟带，子产献纻衣焉。谓子产曰：'郑之执政侈，难将至矣！政必及子。子为政，慎之以礼。不然，郑国将败。'"两位"博物君子"惺惺相惜，一见如故。

孔子（前551—前479）也曾经推许子产的"博物"，《孔子家语·辨政》云：

子贡问于孔子曰:“夫子之于子产、晏子,可为至矣。敢问二大夫之所自为,夫子之所以与之者。”孔子曰:“夫子产于民为惠主,于学为博物;晏子于君为忠臣,而行为恭敏。故吾皆以兄事之,而加爱敬。”

与之相映成趣的是,孔子本人也有“博物”之名。《孔丛子·嘉言》云:

夫子适周见苌宏,言终而退。苌宏语刘文公曰:“吾观孔仲尼,有圣人之表,河目而隆颡。黄帝之形貌也;修肱而龟背,长九尺有六寸,成汤之容体也。然言称先王,躬礼廉让,洽闻强记,博物不穷,抑亦圣人之兴者乎?”

相比子产而言,孔子博物的事迹要丰富得多。《国语·鲁语下》云:

季桓子穿井,获如土缶,其中有羊焉。使问之仲尼曰:“吾穿井而获狗,何也?”对曰:“以丘之所闻,羊也。丘闻之:木石之怪曰夔、蝄蜽,水之怪曰龙、罔象,土之怪曰坟羊。”

又云:

吴伐越,堕会稽,获骨焉,节专车。吴子使来好聘,且问之仲尼，曰："无以吾命。"宾发币于大夫，及仲尼，仲尼爵之。既彻俎而宴，客执骨而问曰："敢问骨何为大？"仲尼曰："丘闻之：昔禹致群神于会稽之山，防风氏后至，禹杀而戮之，其骨节专车。此为大矣。"客曰："敢问谁守为神？"仲尼曰："山川之灵，足以纪纲天下者，其守为神；社稷之守者，为公侯。皆属于王者。"客曰："防风何守也？"仲尼曰："汪芒氏之君也，守封、嵎之山者也，为漆姓。在虞、夏、商为汪芒氏，于周为长狄，今为大人。"客曰："人长之极几何？"仲尼曰："僬侥氏长三尺，短之至也。长者不过十之，数之极也。"

又云：

仲尼在陈，有隼集于陈侯之庭而死，楛矢贯之，石砮，其长尺有咫。陈惠公使人以隼如仲尼之馆问之。仲尼曰："隼之来也远矣！此肃慎氏之矢也。昔武王克商，通道于九夷、百蛮，使各以其方贿来贡，使无忘职业。于是肃慎氏贡楛矢、石砮，其长尺有咫。先王欲昭其令德之致远也，以示后人，使永监焉，故铭其栝曰'肃慎氏之贡矢'，以分大姬，配虞胡公而封诸陈。古者，分同姓以珍玉，展亲也；分异姓以远方之职贡，使无忘服也，故分陈以肃慎氏之贡。君若使有司求诸故府，其可得也。"使求，得之金椟，如之。

《说苑·辨物》云：

> 楚昭王渡江，有物大如斗，直触王舟，止于舟中。昭王大怪之，使聘问孔子。孔子曰："此名萍实，令剖而食之。惟霸者能获之，此吉祥也。"其后齐有飞鸟，一足，来下，止于殿前，舒翅而跳。齐侯大怪之，又使聘问孔子。孔子曰："此名商羊，急告民，趣治沟渠，天将大雨。"于是如之，天果大雨。诸国皆水，齐独以安。孔子归，弟子请问。孔子曰："异哉！小儿谣曰：'楚王渡江得萍实，大如拳，赤如日，剖而食之美如蜜。'此楚之应也。儿又有两两相牵，屈一足而跳，曰：'天将大雨，商羊起舞。'今齐获之，亦其应也。"夫谣之后，未尝不有应随者也。故圣人非独守道而已也，睹物记也，即得其应矣。

从《国语》和《说苑》的记载来看，孔子的博物之名已是天下皆知，因此各国诸侯等人士有不能理解的怪物、怪事都不约而同地想到孔子，而孔子也会不负众望给出答案。

《论语·述而》说："子不语怪、力、乱、神。"然而上文所引故事却反映了孔子是"谈神论怪"的行家里手，似乎矛盾。对此，袁珂师解释道：

> 说"子不语怪、力、乱、神"者，大约是说他向学生讲学的时候，讲的都是进德修业这类人事方面的常理，是不讲神怪之类的异事的。但是此老学识渊博，民间传播的奇闻，知道的自属不少，在某种时机和场合下，还是会如数家珍地讲述出来的。[⑥]

⑥ 袁珂：《中国神话史》，上海文艺出版社，1988年，第70页。

这是把上述记载当作真实的历史来看待的。其实，更有可能的是，孔子在后世逐渐被神化，成为无所不知的文化英雄，这类反映博物、博学的故事自然而然就附会到他的身上。

汉代以后，这类反映孔子博物的故事还在不断生成。《搜神记》卷一九云：

> 孔子厄于陈，弦歌于馆中。夜有一人，长九尺余，着皂衣高冠，大吒，声动左右。子贡进，问："何人耶？"便提子贡而挟之。子路引出，与战于庭。有顷，未胜。孔子察之，见其甲车间时时开如掌。孔子曰："何不探其甲车，引而奋登。"子路引之，没手仆于地，乃是大鳀鱼也，长九尺余。孔子曰："此物也，何为来哉？吾闻：物老则群精依之，因衰而至。此其来也，岂以吾遇厄绝粮，从者病乎？夫六畜之物，及龟、蛇、鱼、鳖、草、木之属，久者神皆凭依，能为妖怪，故谓之五酉。五酉者，五行之方，皆有其物。酉者老也，物老则为怪，杀之则已，夫何患焉。或者天之未丧斯文，以是系予之命乎？不然，何为至于斯也。"弦歌不辍。子路烹之，其味滋，病者兴。明日，遂行。

如上文，就连修炼成精、已经幻化成人的鳀鱼精在孔子博物的照妖镜下也无所遁形，只能显露原形而成为腹中美味。

需要指出的是，上古汉语里的"博物"是个动宾结构的词组，即"通晓众物"的意思。《说文·十部》云："博，大通也。"桂馥《说文解字义证》云：

"大通也"者，当是"大也，通也"。《玉篇》："博，广也，通也。"《中庸》："博厚配地。"本书："禣，衣博大。"《广雅》："博，大也。"此大义也。《论语》："博我以文。"《荀子·修身篇》："多闻曰博。"《赵策》："子南方之博士也。"汉诏："明于古今，温故知新，通达国体，谓之博士。"《汉旧仪》："武帝初置博士，取学通行修，博识多艺。"《汉官仪》："博士通博古今。"《汉书·百官表》注："秦燔书籍而置博士之官，博者博通于艺事也。"此通义也。

桂馥的意见是正确的，"博"字有两个义项：一是大，一是通。《老子》第八十一章云："知者不博，博者不知。""博"也是"通"的意思。上古汉语的"博物"之"博"，取的就是"通"义。

《汉语大词典》"博物"条的第二个义项为"指万物"，所举书证为唐玄奘《大唐西域记·摩腊婆国》："昔此邑中，有婆罗门，生知博物，学冠时彦，内外典籍，究极幽微。"宋苏轼《以石易画晋卿难之复次韵》："欲观博物妙，故以求马卜。"这里的"博物"之"博"取的就是"大"义，引申而为"多"义。那么，大家熟悉的晋代张华（232—300）所撰的《博物志》，其"博物"究竟是"通物"还是"万物"呢？我认为还是应理解为通晓众物。《博物志》的取名方式和清代博物大家程瑶田（1735—1814）的《通艺录》一致。

近代以来的西方"Natural History"（博物学）研究的主要对象是植物、动物和矿物。而我国博物的"物"指的却是万事万物，无所不包。范宁在《博物志校证》的前言中说：

《博物志》这本书的内容包罗很杂，有山川地理的知识，有历史人物的传说，有奇异的草木虫鱼以及飞禽走兽的描述，也有怪诞不经的神仙方技故事的记录，其中还保存了不少古代神话的材料，对于研究中国古代文学和历史的人是有参考价值的。[⑦]

对于中西方博物学之间的差异，彭兆荣撰文《此“博物”抑或彼“博物”：这是一个问题》指出：

> “博物”“博物馆”等概念和模式早已为人熟知。广大民众和多数专业人员在认知上大都没有疑义。然而，这些概念事实上充满歧义；至少中国传统意义上的“博物”与西方“博物”以及博物馆之间有着巨大的差异，二者的互译、互疏是有问题的。更重要的是，这不仅是一个概念的差异问题，其中涉及到不同的分类、不同的认知模式和知识体系。[⑧]

虽然中西方博物学的研究对象和研究方法各有不同，但二者之间仍有互鉴互通的地方。吴国盛指出：

> “博物学”（Natural History）有两个要素。第一个要素是“History”，它是有别于“Philosophy”这种追究原因、本原的理性知识类型，着眼于对现存事物进行唯象描述、命名、分类的“志/史”知识类型。第二个要素是“Nature”，即区别于“Civil History”

⑦（晋）张华撰，范宁校证：《博物志校证》，中华书局，2014年，第2页。

⑧ 彭兆荣：《此“博物”抑或彼“博物”：这是一个问题》，《文化遗产》2009年第4期。

（民志）这种对人事的研究，着眼于对自然事物的研究。就第一个要素而言，用博物学来重建中国古代科学传统，就比用数理实验科学来重建具有先天的优势，因为中国古代哲学传统较弱，但有强大的史志传统。中国学人善于记事，对事物分门别类，发掘事物之间的联系，不善于对本质、道理进行抽象演绎，因此在研究自然界的事物时，采取的主要是“志/史”方法而不是“思辨推理”的方法。

就第二个要素而言，“博物学”显然是一个外来的概念框架，因为中国缺乏独立的“自然”（Nature）概念。由于没有独立的自然概念，就不存在一个独立的自然知识门类。与西方“自然知识”相关、相类似的知识，分散在中国传统学术体系的各个门类中。传统的经、史、子、集四部文献中，均有博物学（自然志）的内容。[⑨]

吴国盛的观点是正确的。中西方文化互鉴互通，相互之间可以取长补短、共同进步。不仅如此，有学者还认为中西方博物学中人对“物”或“Nature”的观照方式也是相同的：

的确，我认为，无论是在西方还是古代中国，博物学都是一种尺度介于宏观与微观之间的人与自然打交道的观看、探究和行为方式。它基本上是以非实验的方式，把目光投射到与人类息息相关的动物、植物和矿物上，观察、叙述它们，并且从人与自然关系的视角去研究这些动物、植物和矿物的种类、分布、性质和生态以及与本土居民的关系等，它就是这样一门综合性、整体性和多学科的学问、学科。[⑩]

⑨ 吴国盛：《博物学：传统中国的科学》，《学术月刊》2016年第4期。

⑩ 吴彤：《博物学是什么，在哪里？》，载《中国博物学评论》第3期，商务印书馆，2018年，第1—2页。

谈及中国早期的博物实践，大家都习惯从《诗经》说起。然而，汉字作为象形文字，其观物取象的特点从某种意义上说算得上是一种博物实践。许慎《说文解字·序》云：

> 古者庖牺氏之王天下也，仰则观象于天，俯则观法于地，视鸟兽之文与地之宜，近取诸身，远取诸物；于是始作《易》八卦，以垂宪象。及神农氏结绳为治而统其事，庶业其繁，饰伪萌生。黄帝之史仓颉见鸟兽蹄远之迹，知分理可相别异也，初造书契……仓颉之初作书，盖依类象形，故谓之文。

汉字的发明得益于人们“近取诸身，远取诸物”，“依类象形”而成。因此，我们可以说汉字是古人博物实践的成果。下面我们就举一些象形汉字，以见古人观物取象的特点。

汉字	甲骨文字形	描述
草 （本字作艸）	[甲骨文字形]	像枝茎柔弱的植物之形
木	[甲骨文字形]	像树木枝叶上竦、根株下垂之形
鸟	[甲骨文字形]	像鸟形
虫 （读作虺）	[甲骨文字形]	像蝮蛇之形，上像蛇头，下像蛇身

续 表

汉字	甲骨文字形	描述
鱼		像鱼形，上像鱼头，中像身、鳞，下像尾，两侧像鳍
鼠		像鼠侧视形
牛		像牛头形
虎		像虎侧视张口之形，有身、两足和尾巴
兔		像兔形
马		像马形
羊		像羊头形
鸡		像鸡形，尤其强调鸡冠
犬		像犬形
豕		像猪形

从上引诸字的甲骨文字形来看，古人无论是取全体象形，还是取局部象形，都能够准确地抓取对象的区别性特征，让人一见其形，便知其字，反映了古人对自然的敏锐观察。

第二节

不学诗，无以言:《诗经》中的博物知识

▲ 图1–2　孔子（《至圣先贤半身像册》）

孔子是春秋末期的思想家、政治家和教育家，是儒家的创始者，被后世尊为“至圣先师”（图1–2）。孔子对儒家经典之一的《诗经》（图1–3）极其重视，多次向学生强调修习《诗经》的重要性。《论语·季氏》云：

陈亢问于伯鱼曰：“子亦有异闻乎？”

对曰：“未也。尝独立，鲤趋而过庭。曰：‘学诗乎？’对曰：‘未也。’‘不学诗，无以言。’鲤退而学诗。他日，又独立，鲤趋而过庭。曰：‘学礼乎？’对曰：‘未也。’‘不学礼，无以立。’鲤退而学礼。闻斯二者。”

陈亢退而喜曰：“问一得三，闻诗，闻礼，又闻君子之远其子也。”

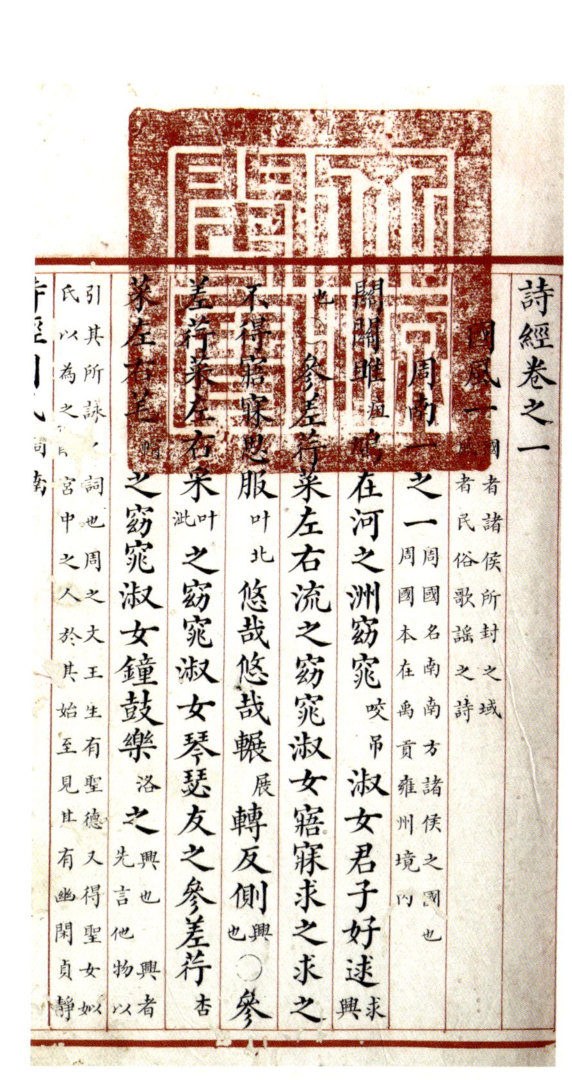

詩經卷之一

國風一 國者諸侯所封之域風者民俗歌謠之詩

周南一之一 周國名南南方諸侯之國也周國本在禹貢雍州境內

關關雎鳩在河之洲窈窕淑女君子好逑 興

參差荇菜左右流之窈窕淑女寤寐求之求之不得寤寐思服 叶北 悠哉悠哉輾 展 轉反側 興也 ○參差荇菜左右采 叶泚 之窈窕淑女琴瑟友之參差荇 杏 菜左右芼之窈窕淑女鐘鼓樂 洛 之 興也

興者先言他物以引其所詠之詞也周之文王生有聖德又得聖女姒氏以為之配宮中之人於其始至見其有幽閑貞靜

▲ 图1–3 《诗经》（清《五经精本》）

陈亢（前511—前430）是孔子的学生（图1-4）。孔鲤（前532—前483），字伯鱼，是孔子唯一的儿子（图1-5）。这段对话说的是：

> 陈亢问伯鱼说："您在老师那儿，也有与众不同的闻见吗？"
>
> 答道："没有。他曾经独自站在庭中，我恭敬地走过。他问我：'学诗没有？'我说：'还没呢。'他便说：'不学诗，没法说话。'我退下后就开始学诗。过了几天，他又独自站在庭中，我又恭敬地走过。他问：'学礼没有？'我说：'还没呢。'他说：'不学礼，没法立足社会。'我退下后就开始学礼。就只听到这两件。"
>
> 陈亢回去后高兴地说："我问一而了解了三：了解了诗，了解了礼，又了解君子是如何不偏爱儿子的。"[11]

或许有人会问，不学习诗怎么就会没法儿说话呢？当时社会交往，尤其是在各国间的外交场合，大家习惯不直接把自己的意图表达出来，而是通过赋诗言志的方式来进行间接的表达。"诗"即《诗经》，赋诗言志的对话方式必然意味着双方都要极其熟悉《诗经》，否则就如鸡同鸭讲。因此，如果一个人不了解《诗经》，真的是会陷入社交恐惧的。为了避免"社会性死亡"，只有努力学习《诗经》。

《论语·阳货》云：

> 子谓伯鱼曰："女为《周南》《召南》矣乎？人而不为《周南》《召南》，其犹正墙面而立也与？"

[11] 杨逢彬：《论语新注新译》，北京大学出版社，2016年，第324—325页。

▲ 图1–4 陈亢（《至圣先贤半身像册》）

▲ 图1–5 孔鲤（《至圣先贤半身像册》）

《周南》和《召南》是《诗经》十五国风中的前两篇，这里用来指代《诗经》。“正墙面而立”即面对墙壁而站，那是面壁思过的姿势。朱熹（1130—1230）《集注》说：“言即其至近之地，而一物无所见，一步不可行。”就是说，不学习研究《诗经》就如同盲人而寸步难行。

孔子对自己的儿子多次谆谆告诫，体现了《诗经》在当时社会教育中的重要地位。

孔子不仅对自己的儿子强调《诗经》的重要性，对自己的学生同样如此。《论语·阳货》又云（图1–6）：

> 子曰："小子何莫学夫诗？诗，可以兴，可以观，可以群，可以怨。迩之事父，远之事君；多识于鸟兽草木之名。"

孔子口中的"小子"是他对自己的学生之称，这里强调了《诗》不但具有兴观群怨、事父事君的功能，而且具有多识鸟兽草木名称的功能。这既是孔子《诗》教育观的体现，又是孔子博物观的体现。

鸟兽草木即动物和植物，它们是博物学的核心内容。《诗经》关于动植物的记载情况是怎样的呢？根据清代学者顾栋高（1679—1759）《毛诗类释》的统计，《诗经》中有337种动植物，其中鸟类37种、兽类40种、草类37种、木类43种、虫类37种、鱼类16种、谷类24种、蔬菜38种、花果15种、药物17种、马27种。在一部诗歌文献里面，居然出现了300多种动植物名称，难怪孔子要说，通过《诗经》可以"多识于鸟兽草木之名"。同时，这也说明《诗经》时代的人们对自然的观察、体认是细致而丰富的。

下面，我们就按照"草木鸟兽虫鱼"的类别择要进行介绍，以见《诗经》博物知识的风貌。

絞好勇不好學其蔽也亂好剛
不好學其蔽也狂○子曰小子
何莫學夫詩詩可以興可以觀
可以群可以怨邇之事父遠之
事君多識於鳥獸草木之名○
子謂伯魚曰女為周南召南矣
乎人而不為周南召南其猶正

▲ 图1–6 《论语》（明钞本《四书白文》）

一、草类

1. 荇（xìng）菜

关关雎鸠，在河之洲。窈窕淑女，君子好逑。
参差荇菜，左右流之。窈窕淑女，寤寐求之。
求之不得，寤寐思服。悠哉悠哉，辗转反侧。
参差荇菜，左右采之。窈窕淑女，琴瑟友之。
参差荇菜，左右芼之。窈窕淑女，钟鼓乐之。

——《诗经·周南·关雎》

▲ 图1–7　荇菜（《毛诗品物图考》）

三国吴人陆玑《毛诗草木鸟兽虫鱼疏》云：“荇，一名接余，白茎，叶紫赤色，正圆，径寸余，浮在水上，根在水底，与水深浅等。大如钗股，上青下白，煮其白茎，以苦酒浸之，脆美，可案酒。”（图1–7、图1–8）

▲ 图1–8　荇菜（《诗经名物图解》）

荇，《尔雅》《说文》作"莕"。《尔雅·释草》云："莕，接余，其叶苻。"郭璞注："丛生水中，叶圆，在茎端，长短随水深浅，江东食之。"《说文·艸部》云："莕，菨余也。"

南朝梁人陶弘景（456—536）《名医别录》云："凫葵，味甘，冷，无毒。主消渴，去热淋，利小便。生水中，即莕菜也，一名接余。五月采。"

南宋罗愿（1136—1184）《尔雅翼》卷五"荇"条云："荇菜今陂泽多有，今人犹止谓之荇菜，非难识也。叶亦卷渐开，虽圆而稍羡，不若莼之极圆也。叶皆随水高低，平浮水上。花则出水，黄色六出。今宛陵陂湖中，弥覆顷亩，日出照之如金，俗名金莲子。"

《救荒本草》卷四"荇丝菜"条云："荇丝菜，又名金莲儿，一名藕蔬菜。水中拖蔓而生。叶似初生小荷叶，近茎有桠劐，叶浮水上。叶中擢茎，上开金黄花。茎味甜。救饥：采嫩茎煠熟，油盐调食。"《植物名实图考》卷一八"莕菜"条谓此即莕菜。

《本草纲目》卷一九"莕菜"条李时珍云："莕与莼，一类二种也。并根连水底，叶浮水上。其叶似马蹄而圆者，莼也；叶似莼而微尖长者，莕也。夏月俱开黄花，亦有白花者。结实大如棠梨，中有细子。"引苏恭云："凫葵即莕菜也。生水中。"（图1–9）

▲ 图1–9 凫葵（《金石昆虫草木状》）

莕菜（Nymphoides peltatum），一作“荇菜”。睡菜科，曾属龙胆科。多年生水生草本。茎细长，节上生根，沉没水中；水底泥中有地下茎。叶对生，卵圆形，基部深心脏形，背面带紫红色，漂浮在水面上。夏秋间开花，花鲜黄色。生于淡水湖泊中，中国各地、欧洲中部和日本都有分布。全草为解热利尿药，又可作猪饲料或绿肥，也可栽于池塘内供观赏。

2.葛

▼ 图1–10　葛（《毛诗品物图考》）

葛之覃兮，施于中谷，维叶萋萋。黄鸟于飞，集于灌木，其鸣喈喈。

葛之覃兮，施于中谷，维叶莫莫。是刈是濩，为絺为绤，服之无斁。

言告师氏，言告言归。薄污我私，薄浣我衣。害浣害否，归宁父母。

——《诗经·周南·葛覃》

毛传：“葛，所以为絺绤，女功之事烦辱者。”（图1–10、图1–11）

《毛诗序》云：“《葛覃》，后妃之本也。后妃在父母家，则志在于女功之事，躬俭节用，服浣濯之衣，尊敬师傅，则可以归安父母，化天下以妇道也。”

《说文·艸部》云：“葛，絺绤艸也。”

《本草经》云：“葛根，一名鸡齐根。味甘，平，无毒。治消渴，身大热，呕吐，诸痹。起阴气，解诸毒。葛谷，治下利十岁以上。生川谷。”

《名医别录》云：“葛根，无毒。主治伤寒中风头痛，解肌发表出汗，开腠理，疗金疮，止痛，胁风痛。生根汁，大寒，治消渴，伤寒壮热。白葛，烧以粉疮，止痛断血。叶，主金疮，止血。花，主消酒。一名鹿藿，一名黄斤。生汶山。五月采根，暴干。”

▲ 图1–11　葛（《诗经名物图解》）

北宋陆佃（1042—1102）《埤雅》卷一八“葛”条云：“葛性柔韧蔓生，可衣，女事之烦辱者，故《葛覃》引以为赋，盖知稼穑之艰难则可以为王矣，知女功之勤劳则可以为王后矣，故《序》以为《葛覃》，后妃之本也。夫礼后织玄紞，今乃亲葛事如此者，盖王后亲蚕以劝女功之正事，亲葛以劝女功之余事。丝麻者，本事也。蘋葛者，余事也。”（图1–12）

▲ 图1–12 葛覃亲采（《历朝贤后故事图》）

《太平御览》卷九九五引《周书》云："葛，小人得其叶以为羹，君子得其材以为絺绤，以为君子朝廷夏服。"

《救荒本草》卷四"葛根"条云："葛根，一名鸡齐根，一名鹿藿，一名黄斤。生汶山川谷及成州、海州、浙江并澧、鼎之间，今处处有之。苗引藤蔓，长二三丈，茎淡紫色。叶颇似楸叶而小，色青。开花似豌豆花，粉紫色。结实如皂荚而小。根形如手臂，味甘，性平，无毒。一云性冷，杀野葛、巴豆百药毒。救饥：掘取根入土深者，水浸洗净，蒸食之。或以水中揉出粉，澄滤成块，蒸煮皆可食。及采花晒干，煠食亦可。"

《本草纲目》卷一八"葛"条李时珍云："葛有野生，有家种。其蔓延长，取治可作絺绤。其根外紫内白，长者七八尺。其叶有三尖，如枫叶而长，面青背淡。其花成穗，累累相缀，红紫色。其荚如小黄豆荚，亦有毛。其子绿色，扁扁如盐梅子核，生嚼腥气，八九月采之，《本经》所谓葛谷是也。唐苏恭亦言葛谷是实，而宋苏颂谓葛花不结实，误矣。其花晒干，亦可炸食。"

葛（*Pueraria lobata*），豆科。藤本，有块根。复叶，小叶三枚，下面有白霜，顶小叶菱形，托叶盾形。夏季开花，花冠蝶形，紫红色，总状花序。荚果带形，密生黄色粗毛。产于中国各地。茎皮纤维可织葛布或作造纸原料；茎和叶可作牧草。块根含淀粉，供食用，亦可入药；花可解酒毒。

3. 芣苢（fú yǐ）

采采芣苢，薄言采之。采采芣苢，薄言有之。

采采芣苢，薄言掇之。采采芣苢，薄言捋之。

采采芣苢，薄言袺之。采采芣苢，薄言襭之。

——《诗经·周南·芣苢》

▲ 图 1–13 芣苢（《毛诗品物图考》）

《毛诗序》云："芣苢，后妃之美也，和平则妇人乐有子矣。"毛传："宜怀任焉。"怀任即怀妊。

《毛诗草木鸟兽虫鱼疏》云："芣苢，一名马舄，一名车前，一名当道，喜在牛迹中生，故曰车前、当道也，今药中车前子是也。幽州人谓之牛舌草，可煮作茹，大滑。其子治妇人难产。"（图 1–13）

无论是"乐有子""怀任"，还是"治妇人难产"，都说明芣苢具有帮助妇女怀孕、生产的功效。

《逸周书·王会》云："康民以稃苡者，其实如李，食之宜子。"孔晁注："食稃苡即有身。"有身即怀孕。《说文·艸部》："苢，芣苢，一名马舄，其实如李，令人宜子。《周书》所说。”许慎即以桴苡、芣苢为一物。

《埤雅》卷一六“芣苢”条云：“《神仙服食法》曰：‘车前之实，雷之精也。’善疗孕妇难产及令人有子，故《诗》曰采之、有之、捋之、掇之、袺之、襭之，而《序》者以为和平则妇人乐有子也。”

《尔雅翼》卷三“芣苢”条云：“其子主易产。”

闻一多（1899—1946）《诗经通义》“芣苡”条云：“芣胚并‘不’之孳乳字，苡胎并‘以’之孳乳字，‘芣苡’之音近‘胚胎’，故古人根据类似律（声音类近）之魔术观念，以为食芣苡即能受胎而生子。”[12]

《尔雅·释草》云：“芣苢，马舄。马舄，车前。”郭璞注：“今车前草，大叶长穗，好生道边，江东呼为虾蟆衣。”（图1–14、图1–15）

《本草经》云：“车前子，一名当道。味甘，寒，无毒。治气癃，止痛，利水道小便，除湿痹。久服轻身，耐老。生平泽、丘陵、阪道中。”

《名医别录》云：“车前子，味咸，无毒。主男子伤中，女子淋沥，不欲食，养肺，强阴，益精，令人有子，明目，治赤痛。叶及根，味甘，寒。主治金疮，止血，衄鼻，瘀血，血瘕，下血，小便赤，止烦，下气，除小虫。一名芣苡，一名虾蟆衣，一名牛遗，一名胜舄。生真定丘陵阪道中。五月五日采，阴干。”

《太平御览》卷九九八引《神仙服食经》云：“车前实，雷之精也。服之形化。八月采地衣。地衣者，车前实也。”

《救荒本草》卷一“车轮菜”条云：“车轮菜，《本草》名车前子，一名当道，一名芣苢，一名虾蟆衣，一名牛遗，一名胜舄。《尔雅》云马

[12] 闻一多：《闻一多全集》2《古典新义》，生活·读书·新知三联书店，1982年，第121页。

舄。幽州人谓之牛舌草。生滁州及真定平泽，今处处有之。春初生苗，叶布地如匙面，累年者长及尺余，又似玉簪叶稍大而薄。叶丛中心擢葶三四茎，作长穗，如鼠尾。花甚密，青色微赤。结实如葶苈子，赤黑色。生道傍。味甘咸，性寒，无毒；一云味甘，性平。叶及根味甘，性寒。常山为之使。救饥：采嫩苗叶煠熟，水浸去涎沫，淘净，油盐调食。”

▲ 图1-14　车前子（《金石昆虫草木状》）

▲ 图1-15　车前（《各样药材图册》）

《本草纲目》卷一六“车前”条引苏颂云：“今江湖、淮甸、近汴、北地处处有之。春初生苗，叶布地如匙面，累年者长及尺余。中抽数茎，作长穗如鼠尾。花甚细密，青色微赤。结实如葶苈，赤黑色。今人五月采苗，七月、八月采实。人家园圃或种之，蜀中尤尚。北人取根日干，作紫菀卖之，甚误所用。陆玑言嫩苗作茹大滑，今人不复啖之。”

车前（Plantago asiatica），车前科。多年生草本。有须状根。叶丛生，叶片宽卵形或长椭圆状卵形，有长柄。穗状花序由叶丛中央生出，夏秋开花，苞片宽三角形。蒴果椭圆形，盖裂。种子长圆形，黑褐色。广布于亚洲；中国各地普遍野生。全草可作猪饲料。种子与全草入药，种子性寒、味甘，功能利水通淋、清热明目、祛痰止咳，主治小便不利、暑热泄泻、目赤肿痛、痰热咳嗽等症。全草功用相似。

4.匏（páo）

匏有苦叶，济有深涉。深则厉，浅则揭。
有瀰济盈，有鷕雉鸣。济盈不濡轨，雉鸣求其牡。
雝雝鸣雁，旭日始旦。士如归妻，迨冰未泮。
招招舟子，人涉卬否。人涉卬否，卬须我友。

——《诗经·邶风·匏有苦叶》

▲ 图1–16　匏（《毛诗品物图考》）

《毛诗草木鸟兽虫鱼疏》云："匏，叶少时可为羹，又可淹煮，极美，扬州人食。至八月，叶即苦，故曰苦叶。"（图1–16、图1–17）

《古今注·草木》云："匏，瓠也。壶芦，瓠之无柄者也。瓠有柄者曰悬瓠，可为笙。曲沃者尤善，秋乃可用，则漆其里。瓢亦瓠也。瓠其总，瓢其别也。"

《太平御览》卷九七九引《广五行记》云："西域夷国有石骆驼，腹下出水。以金铁器取便即漏下，惟匏卢盛之则不漏。饮之，令人体滑香净。其国神秘，不可数遇。"

▶ 图1–17　匏（《诗经名物图解》）

匏即葫芦，古人渡水，把大葫芦系在腰间，容易浮过，因而称它为腰舟。（图1–18、图1–19）

▲ 图1–18 葫芦（《金石昆虫草木状》）

▲ 图1–19 葫芦（《中国自然历史绘画·本草集》）

《本草纲目》卷二八“壶卢”条云：“古人壶、瓠、匏三名皆可通称，初无分别。”

《庄子·逍遥游》云：“今子有五石之瓠，何不虑以为大樽而浮乎江湖。”大樽即腰舟。五石容量的葫芦，最大用处正是做腰舟。

《鹖冠子·学问》云：“中河失船，一壶千金。贵贱无常，时使物然。”陆佃注：“壶，瓠也，佩之可以济河，南人谓之腰舟。”在河流中间失去了船，那么平时毫不起眼的壶（葫芦）就奇货可居、价值千金了。

《论语·阳货》记载孔子曾说：“吾岂匏瓜也哉？焉能系而不食？”匏瓜，杨伯峻《论语译注》云：“即匏子，古有甘、苦两种，苦的不能吃，但因它比水轻，可以系于腰，用以泅渡。《国语·鲁语》：‘苦瓠不材，于人共济而已。’”

《埤雅》卷一六“匏”条云：“长而瘦上曰瓠，短颈大腹曰匏。《传》曰：‘匏谓之瓠。’误矣。盖匏苦瓠甘，复有长短之殊，定非一物也。子曰：‘吾岂匏瓜也哉？焉能系而不食？’系而不食，以苦故也。”

葫芦（Lagenaria siceraria），葫芦科。一年生攀缘草本，具软毛，卷须分枝。叶互生，心脏状卵圆形至肾状卵圆形。夏秋开花，花单性，白色，雌雄同株。原产印度，中国各地都有栽培。果实因品种不同而形状多样，有作药用或食用的，有作盛器或水瓢的。果壳入药，性平、味甘，功能利水消肿，主治水肿腹胀等症。

5.荼、荠（jì）

行道迟迟，中心有违。不远伊迩，薄送我畿。谁谓荼苦，其甘如荠。宴尔新婚，如兄如弟。

——《诗经·邶风·谷风》

▲ 图1–20　荼（《毛诗品物图考》）

▲ 图1–21　荼（《诗经名物图解》）

毛传："荼，苦菜也。"郑笺："荼诚苦矣，而君子于己之苦毒又甚于荼，比方之，荼则甘如荠。"

《毛诗草木鸟兽虫鱼疏》云："荼，苦菜，生山田及泽中，得霜甜脆而美，所谓'堇荼如饴'。《内则》云'濡豚包苦'，用苦菜是也。"（图1–20、图1–21）

《本草经》云："苦菜，一名荼草，一名选。味苦，寒，无毒。治五脏邪气，厌谷，胃痹。久服安心，益气，聪察，少卧，轻身，耐老。生川谷、山陵、道傍。"

《名医别录》云："苦菜，一名游冬。生益州，生山陵道旁，凌冬不死。三月三日采，阴干。"

《埤雅》卷一七"荼"条云："荼，苦菜也。苦菜生于寒秋，经冬历春，至夏乃秀，《月令》'孟夏苦菜秀'，即此是也。此草凌冬不彫，故一名游冬。凡此则以四时制名也。"

《救荒本草》卷八"苦荬菜"条云："苦荬菜，俗名老鹳菜，所在有之。生田野中，人家园圃种者为家苦荬。脚叶似白菜小，叶抱茎而生。梢叶似鸦嘴形。每叶间分叉，撺葶如穿叶状。梢间开黄花。味微苦，性冷，无毒。救饥：采苗叶煠熟，以水浸洗淘净，油盐调食。出蚕蛾时切不可取拗，令蛾子赤烂，蚕妇忌食。"

《本草纲目》卷二七"苦菜"条李时珍云："苦菜即苦荬也，家栽者呼为苦苣，实一物也。春初生苗，有赤茎、白茎二种。其茎中空而脆，折之有白汁。胼叶似花萝卜菜叶而色绿带碧，上叶抱茎，梢叶似鹳嘴，每叶分叉，撺挺如穿叶状。开黄花，如初绽野菊。一花结子一丛，如同蒿子及鹤虱子，花罢则收敛，子上有白毛茸茸，随风飘扬，落处即生。"

《太平御览》卷九八〇引《晋书·安帝纪》云："义熙二年，有苦买菜生扬州营，茎高四尺六寸，广二尺二寸。是后岁多征伐，人民积苦。故苦买者，买苦也。"

《尔雅·释草》云："荼，苦菜。"《尔雅注证》云："荼，又名芑、荼草、选、游冬、苦菜马、紫苦菜、堇菜、苦苣、苦荬、天香菜、老鸦苦荬、苦马菜、滇苦菜、老鹳菜、苦苣菜（Sonchus oleraceus），菊科。一年至二年生草本，高50—100厘米，茎直立，中空，具乳汁，羽裂叶。栽培可食，入药。"

《尔雅·释草》云："蒫，荠实。"郭璞注："荠子名。"《说文·艸部》云："蓋，荠实。"郝懿行（1757—1825）《尔雅义疏》谓《说文》："以蓋为蒫，所见本异也。"（图1–22、图1–23）

▲ 图1–22　荠（《毛诗品物图考》）

▲ 图1–23　荠（《诗经品物图解》）

《名医别录》云：“荠，味甘，温，无毒。主利肝气，和中。其实，主明目，目痛。”

《尔雅翼》卷四“荠”条云：“荠之为菜最甘，故称‘其甘如荠’。”

《救荒本草》卷八“荠菜”条云：“荠菜，生平泽中，今处处有之。苗榻地生，作锯齿叶。三四月出葶，分生茎叉。梢上开小白花。结实小，似菥蓂子。苗叶味甘，性温，无毒。其实亦呼菥蓂子。其子味甘，性平。患气人食之动冷疾。不可与面同食，令人背闷。服丹石人不可食。救饥：采子，用水调搅，良久成块，或作烧饼，或煮粥食，味甚粘滑。叶煠作菜食，或煮作羹，皆可。”

《本草纲目》卷二七“荠”条李时珍云：“荠生济济，故谓之荠。释家取其茎作挑灯杖，可辟蚊蛾，谓之护生草，云能护众生也。”

清吴其濬（1789—1847）《植物名实图考》卷三“荠”条云：“湖南候暖，冬初生苗，已供匕箸。春初即结实，其花能消小儿乳积，投之乳中，旋化为水；肉食者可以荡涤肠胃。俗亦谓之净肠草。故烧灰治红白痢有效。陆放翁诗目有《食荠糁甚美，盖蜀人所谓东坡羹也》。今燕京岁首亦作之，呼为翡翠羹。牛乳抨酥，洵无此色味。放翁又有《食荠诗》云：‘挑根择叶无虚日，直到开花如雪时。’真知食菜者矣。《清异录》：‘俗号荠为百岁羹。’言至贫亦可具，虽百岁可常享。然金李献能诗：‘晓雪没寒荠，无物充朝饥。’则苦寒之地，有求之不得者。《珍珠船》：‘池阳上巳日，以荠花点油，祝而洒之，谓之油花卜。’《物类相感志》：‘三月三日收荠菜花，置灯檠上，则蚊虫飞蛾不敢近。’伶仃小草，有益食用如此。”

荠菜（Capsella bursa-pastoris），十字花科。一、二年生草本。基出叶塌地丛生，羽状深裂或全裂，叶被毛茸。春天开花，总状花序，花小，白色。短角果，内含多数种子。性喜温和，耐寒力强。野生于田野，也有人工栽培，栽培种分板叶和散叶等类型。嫩株作蔬菜；带花、果的全草入药，性凉、味甘淡，功能凉血止血，主治吐血、尿血、崩漏、痢疾等。近用于治肾炎、乳糜尿等疾病。全草含荠菜酸、生物碱、氨基酸、黄酮类等成分。

6. 谖（xuān）草

伯兮朅兮，邦之桀兮。伯也执殳，为王前驱。
自伯之东，首如飞蓬。岂无膏沐，谁适为容？
其雨其雨，杲杲出日。愿言思伯，甘心首疾。
焉得谖草，言树之背。愿言思伯，使我心痗。

——《诗经·卫风·伯兮》

毛传："谖草，令人忘忧。"郑笺："忧以生疾，恐将危身，欲亡之。"（图1–24、图1–25）

《说文》作"藼"，云："藼，令人忘忧艸也。"重文作"蕿"和"萱"。谖草即萱草（图1–26），又称忘忧草。

▲ 图 1–24　谖草（《毛诗品物图考》）

▲ 图 1–25　谖草（《诗经名物图解》）

《本草经》云："萱草，一名忘忧，一名宜男，一名歧女。味甘，平，无毒。主安五脏，利心志，令人好欢乐无忧，轻身，明目。"

《太平御览》卷九九六引《风土记》云："花曰宜男，妊妇佩之必生男。又名萱草。"又引《录异记》云："妇人带宜男草，生儿。"（图 1–27）

晋崔豹《古今注·问答释义》云："牛亨问曰：'将离，相赠之以芍药者何？'答曰：'芍药一名可离，故将别以赠之。亦犹相招召，赠之以文无，文无一名当归也。欲忘人之忧，则赠之以丹棘，丹棘一名忘其忧草，使人忘其忧也。欲蠲人之忿，则赠之青堂，青堂一名合欢，合欢则忘忿。'"回答问题的人是董仲舒。

《救荒本草》卷一"萱草花"条云："萱草花，俗名川草花，《本草》一名鹿葱，谓生山野，花名宜男，《风土记》云'怀娠妇人佩其花生男'故也。人家园圃中多种。其叶就地丛生，两边分垂，叶似菖蒲叶而柔弱，又似粉条儿菜叶而肥大。叶间撺葶，开金黄花，味甘，无毒。根凉，亦无毒。叶味甘。救饥：采嫩苗叶煠熟，水浸淘净，油盐调食。"

▲ 图1-26　萱草（《各样药材图册》）

▶ 图1-27　萱草（《吉祥图案解题》）

《本草纲目》卷一六“萱草”条李时珍云：“萱本作谖。谖，忘也。《诗》云：‘焉得谖草，言树之背。’谓忧思不能自遣，故欲树此草，玩味以忘忧也。吴人谓之疗愁。董子云：‘欲忘人之忧，则赠之丹棘，一名忘忧故也。’其苗烹食，气味如葱，而鹿食九种解毒之草，萱乃其一，故又名鹿葱。周处《风土记》云：‘怀妊妇人佩其花，则生男。’故名宜男。李九华《延寿书》云：‘嫩苗为蔬，食之动风，令人昏然如醉，因名忘忧。’此亦一说也。嵇康《养生论》：‘《神农经》言中药养性，故合欢蠲忿，萱草忘忧。’亦谓食之也。”

李时珍又云：“萱宜下湿地，冬月丛生。叶如蒲、蒜辈而柔弱，新旧相代，四时青翠。五月抽茎开花，六出四垂，朝开暮蔫，至秋深乃尽，其花有红黄紫三色。结实三角，内有子大如梧子，黑而光泽。其根与麦门冬相似，最易繁衍。《南方草木状》言：‘广中一种水葱，状如鹿葱，其花或紫或黄。’盖亦此类也。或言鹿葱花有斑文，与萱花不同时者，谬也。肥土所生，则花厚色深，有斑文，起重台，开有数月；瘠土所生，则花薄而色淡，开亦不久。嵇含《宜男花序》亦云，荆楚之土号为鹿葱，可以荐菹，尤可凭据。今东人采其花跗干而货之，名为黄花菜。”

《尔雅·释训》云：“蕿、谖，忘也。”

《尔雅注证》云：“萱草，百合科，多年生宿根草本，花橘红色，花作蔬菜，晒干后方可食用，味美，人称金针菜。”

7.龙

山有扶苏，隰有荷华。不见子都，乃见狂且。

山有桥松，隰有游龙。不见子充，乃见狡童。

——《诗经·郑风·山有扶苏》

毛传："龙，红草也。"

《毛诗草木鸟兽虫鱼疏》云："游龙，一名马蓼，叶粗大而赤白色，生水泽中，高丈余。"（图1–28、图1–29）

《尔雅·释草》云："红，茏古。其大者蘬。"郭璞注："俗呼红草为龙鼓，语转耳。"

《广雅·释草》云："荭，龙蘋，马蓼也。"

《名医别录》云："荭草，味咸，微寒，无毒。主治消渴，去热，明目，益气。"

《救荒本草》卷一"白水荭苗"条云："白水荭苗，《本草》名荭草，一名鸿藹，有赤白二色，《尔雅》云：'红，茏古，其大者蘬。'《郑诗》云'隰有游龙'是也。所在有之，生水边下湿地。叶似蓼叶而长大，有涩毛，花开红白；又似马蓼，其茎有节而赤。味咸，性微寒，无毒。救饥：采嫩苗叶煠熟，水浸淘净，油盐调食。洗

▲ 图1–28　龙（《毛诗品物图考》）

▼ 图1–29　龙（《诗经名物图解》）

净蒸食亦可。"

《本草纲目》卷一六"荭草"条李时珍云："其茎粗如拇指，有毛。其叶大如商陆叶。花色浅红，成穗。秋深子成，扁如酸枣仁而小，其色赤黑而肉白，不甚辛，炊炒可食。"（图1-30）

北宋梅尧臣（1002—1060）《水荭》诗云："灼灼有芳艳，本生江汉滨。临风轻笑久，隔浦淡妆新。白鹭烟中客，红蕖水上邻。无香结珠穗，秋露浥罗巾。"

荭草（Polygonum orientale），亦称红蓼、水荭。蓼科。一年生高大草本，全株有毛。叶大，宽卵形。托叶鞘大，常沿顶端具绿色草质翅。夏秋开花，花白色或粉红色，穗状花序长而下垂。产于亚洲、澳大利亚，中国广泛栽培。供观赏。果及全草入药，有活血、止痛，消积食、利尿的功效。

◀ 图1-30　荭草（《金石昆虫草木状》）

8.蔹（liǎn）

葛生蒙楚，蔹蔓于野。予美亡此，谁与？独处。
葛生蒙棘，蔹蔓于域。予美亡此，谁与？独息。
角枕粲兮，锦衾烂兮。予美亡此，谁与？独旦。
夏之日，冬之夜。百岁之后，归于其居。
冬之夜，夏之日。百岁之后，归于其室。

——《诗经·唐风·葛生》

▲ 图1–31　蔹（《毛诗品物图考》）

▼ 图1–32　蔹（《诗经名物图解》）

《毛诗草木鸟兽虫鱼疏》云："蔹似栝楼，叶盛而细，其子正黑如燕薁，不可食也。幽州人谓之乌服。其茎叶煮以哺牛，除热。"（图1–31、图1–32）

《说文·艸部》云："莶，白莶。"重文作"蔹"。

《本草经》云："白蔹，一名菟核，一名白草。味苦，平，无毒。治痈肿，疽，疮，散结气，止痛，除热，目中赤，小儿惊痫，温瘧，女子阴中肿痛。生山谷。"

《名医别录》云："白蔹，味甘，无毒。主下赤白，杀火毒。一名白根，一名昆仑。生衡山。二月、八月采根，暴干。"

《本草纲目》卷一八"白敛"条引苏颂云："今江淮及荆、襄、怀、孟、商、齐诸州皆有之。二月生苗，多在林中作蔓，赤茎，叶如小桑。五月开花，七月结实。根如鸡鸭卵而长，三五枚同一窠，皮黑肉白。一种赤敛，花实功用皆同，但表里俱赤尔。”（图1-33）

▲ 图1-33 滁州白蔹（《金石昆虫草木状》）

白蔹（Ampelopsis japonica），亦称鹅抱蛋。葡萄科。木质藤本。有纺锤形块根。叶掌状，3—5全裂，裂片形状颇多变化，叶轴有翅。夏季开花，花小，黄绿色，聚伞花序。浆果大如豌豆，初蓝色，后变白色。产于中国北部、中部至东部，亦见于日本。块根入药、性微寒、味苦辛，功能清热解毒、消痈散结，主治痈肿疮毒、瘰疬等症，外用治水火烫烧伤。

9. 荍（qiáo）

东门之枌，宛丘之栩。子仲之子，婆娑其下。

穀旦于差，南方之原。不绩其麻，市也婆娑。

穀旦于逝，越以鬷迈。视尔如荍，贻我握椒。

——《诗经·陈风·东门之枌》

毛传：“莪，芘芣也。”

《毛诗草木鸟兽虫鱼疏》云：“莪，一名芘芣，一名荆葵，似芜菁，华紫绿色，可食，微苦。”（图1–34、图1–35）

《尔雅·释草》云：“莪，蚍衃。”郭璞注：“今荆葵也，似葵，紫色。”

《古今注·草木》云：“荆葵，一名茙葵，一名芘芣，似木槿而光色夺目，有红有紫有青有白有黄，茎叶不殊，但花色有异耳。一曰蜀葵。”

《尔雅翼》卷八“莪”条云：“莪，荆葵也，盖戎葵之类。比戎葵叶俱小，故谢氏曰：‘莪，小草，多华

▲ 图1–34　莪（《毛诗品物图考》）

▶ 图1–35　莪（《诗经名物图解》）

少叶，叶又翘起也。'花似五铢钱大，色粉红，有紫文缕之。一名锦葵。大抵似芦菔华，故陆氏云'似芜菁，花紫绿色，可食，微苦'是也。亦其文采相错，故《陈风》男子悦女，比之曰'视尔如荍'，言如戎葵之叶小而可爱也。"

《本草纲目》卷一六"蜀葵"条李时珍云："一种小者名锦葵，即荆葵也。《尔雅》谓之荍（音乔）。其花大如五铢钱，粉红色，有紫缕纹。"

《尔雅注证》云："**锦葵**（Malva sylvestris var.mauritiana），锦葵科，二年生草本，花冠淡紫色，有紫脉。又名荍、荆葵、芘芣。园艺观赏。"

10. 蓫（chù）、葍（fú）

我行其野，蔽芾其樗。昏姻之故，言就尔居。尔不我畜，复我邦家。

我行其野，言采其蓫。昏姻之故，言就尔宿。尔不我畜，言归斯复。

我行其野，言采其葍。不思旧姻，求尔新特。成不以富，亦祇以异。

——《诗经·小雅·我行其野》

毛传："蓫，恶菜也。"郑笺："蓫，牛蘈也，亦仲春时生，可采也。"

《毛诗草木鸟兽虫鱼疏》云："蓫，牛蘈，扬州人谓之羊蹄，似芦菔而茎赤，可瀹为茹，滑而美也，多啖令人下气。幽州人谓之蓫。"（图1–36、图1–37）

《尔雅·释草》云："藬，牛蘈。"郭璞注："今江东呼草为牛蘈者，高尺余许，方茎，叶长而锐，有穗，穗间有华，华紫缥色，可淋以为饮。"

◀ 图1–36　蓫（《毛诗品物图考》）

▼ 图1–37　蓫（《诗经名物图解》）

《植物名实图考》卷一八“羊蹄”云：“郭注未指为蓫，所述状亦与羊蹄稍异。今通呼牛舌科，亦曰牛舌大黄，子名金荞麦，以治癣疥。”

《本草纲目》卷一九“羊蹄”条李时珍云：“近水及湿地极多。叶长尺余，似牛舌之形，不似波棱。入夏起苔，开花结子，花叶一色。夏至即枯，秋深即生，凌冬不死。根长近尺，赤黄色，如大黄、胡萝卜形。”

毛传：“葍，恶菜也。”郑笺：“葍，䔰也，亦仲春时生，可采也。”

《毛诗草木鸟兽虫鱼疏》云：“葍，一名䔰。幽州人谓之燕葍。其根正白，可着热灰中，温啖之，饥荒之岁可蒸以御饥。汉祭甘泉或用之。其叶有两种，叶细而花赤，有臭气也。”（图1-38、图1-39）

《尔雅·释草》云：“葍，䔰。”郭璞注：“大叶白华，根如指，正白，可啖。”郝懿行《尔雅义疏》云：“初春掘取，烝啖、生食俱甘美，其叶如牵牛叶而微长，华色浅红如牵牛华而差小，即鼓子花也，亦有白华者，然不多见。”

《太平御览》卷九九八引《风土记》云：“葍，蔓生，被树而升。紫黄色，大如牛角，二三同蒂，长七八尺，味甜如蜜。”

《尔雅注证》云：“**䔰，打碗花**（Calystegia hederacea），旋花科，又名葍子根、兔儿苗、狗儿秧、奶浆藤、面根藤、小旋花、南面根、狗儿蔓、葍子苗、葍子、恶菜。多年生蔓性草本，叶三裂。花淡红白色。可食。入药。”

▲ 图1–39 蓄（《诗经名物图解》）

◀ 图1–38 蓄（《毛诗品物图考》）

▲ 图1-40　唐棣（《毛诗品物图考》）

二、木类

1.唐棣（dì）

何彼襛矣？唐棣之华。曷不肃雝？王姬之车。
何彼襛矣？华如桃李。平王之孙，齐侯之子。
其钓维何？维丝伊缗。齐侯之子，平王之孙。

——《诗经·召南·何彼襛矣》

毛传："唐棣，栘也。"

《毛诗草木鸟兽虫鱼疏》云："唐棣，奥李也，一名雀梅，亦曰车下李，所在山中皆有，其花或白或赤。六月中成实，大如李子，可食。"（图1-40、图1-41）

《尔雅·释木》云："唐棣，栘。"郭璞注："似白杨，江东呼夫栘。"

《古今注·草木》云："栘杨，圆叶弱蒂，微风大摇，一名高飞，一名独摇。"

《本草纲目》卷三五“扶移”条李时珍云：“移杨与白杨是同类二种，今南人通呼为白杨，故俚人有‘白杨叶，有风掣，无风掣’之语。其入药之功大抵相近。”（图1–42）

《尔雅注证》云：“**唐棣**（Amelanchier sinica），蔷薇科，又名移杨、扶移、高飞、独摇、红栒子、常棣、移。乔木，叶椭圆形，花粉白色，萼绿色。果实球形，蓝黑色，上端留有柱头痕迹，果梗长，入药。”

▲ 图1–41　唐棣（《诗经名物图解》）

2. 木瓜

投我以木瓜，报之以琼琚。匪报也，永以为好也。

投我以木桃，报之以琼瑶。匪报也，永以为好也。

投我以木李，报之以琼玖。匪报也，永以为好也。

——《诗经·卫风·木瓜》

▲ 图1–42　扶移（《金石昆虫草木状》）

▲ 图1–43　木瓜（《毛诗品物图考》）

▼ 图1–44　木瓜（《诗经名物图解》）

毛传："木瓜，楙木也，可食之木。"

《毛诗草木鸟兽虫鱼疏》云："楙，叶似柰叶，实如小瓜，着粉者。欲啖者，截着热灰中令萎蔫，净洗，以苦酒头汁密之，可案酒食。密封藏百日乃食之，甚美。"（图1–43、图1–44）

《尔雅·释木》云："楙，木瓜。"郭璞注："实如小瓜，酢可食。"

《名医别录》云："木瓜实，味酸，温，无毒。主治湿痹邪气，霍乱，大吐下，转筋不止。其枝亦可煮用。"

《埤雅》卷一三"木瓜"条云："善疗筋转，陶隐居云：'如转筋时，但呼其名，及书上作木瓜字辄愈。'盖梅望之而蠲渴，楙书之而缓筋，理有相感，不可得而详也。谚曰：'梨百损一益，楙百益一损。'投人之道宜有以益之，而报人则欲其坚久，故诗曰'投我以木瓜，报之以琼玖'也。"

《本草纲目》卷三〇"木瓜"条李时珍云："木瓜可种可接，可以枝压。其叶光而厚，其实如小瓜而有鼻。津润味不木者为木瓜。圆小于木瓜，味木而酢涩者为木桃。似木瓜而无鼻，大于木桃，味涩者为木李，亦曰木梨，即榠楂及和圆子也。鼻乃花脱处，非脐蒂也。木瓜性脆，可蜜渍之为果。去子蒸烂，捣泥入蜜与姜作煎，冬月饮尤佳。木桃、木李性坚，可蜜煎及作糕食之。"

木瓜（Chaenomeles sinensis），亦称榠楂。蔷薇科。落叶灌木或小乔木。树皮常作片状剥落，灰白色，痕迹鲜明。叶椭圆状卵形，有锐锯齿，嫩叶背面被茸毛。托叶有腺齿。春末夏初开花，花淡红色。梨果秋季成熟，长椭圆形，淡黄色，味酸涩，有香气。中国陕西、山东及长江流域以南各地均有栽培。树供观赏；果经蒸煮或蜜饯后供食用；亦入药，名“光皮木瓜”，性温、味酸，功能舒筋、和胃化湿，主治筋脉拘挛、腰膝酸重、脚气水肿、吐泻转筋等症。

▲ 图1–45　枢（《毛诗品物图考》）

▼ 图1–46　枢（《诗经名物图解》）

3. 枢、榆

山有枢，隰有榆。子有衣裳，弗曳弗娄。子有车马，弗驰弗驱。宛其死矣，他人是愉。

——《诗经·唐风·山有枢》

毛传：“枢，荎也。”

《毛诗草木鸟兽虫鱼疏》云：“枢，其针刺如柘，其叶如榆，瀹为茹，美滑于白榆。榆之类有十种，叶皆相似，皮及木理异耳。”（图1–45、图1–46）

《尔雅·释木》云："蘦，荎。"郭璞注："今之刺榆。"

刺榆（Hemiptelea davidii），榆科。落叶小乔木，或成灌丛，小枝先端成刺。叶椭圆形至椭圆状长椭圆形，有粗锯齿。春季花和叶同时开放，杂性同株。果实半边生翅，翅歪斜。产于中国东北、华北、华东及湖南、湖北、广西、河南、陕西、甘肃等地；朝鲜半岛亦产。木材可制器具、农具等。

▲ 图1–47　榆皮（《金石昆虫草木状》）

《本草经》云："榆皮，一名零榆。味甘，平，无毒。治大小便不通，利水道，除邪气。久服轻身，不饥。其实尤良。生山谷。"

《名医别录》云："榆皮，无毒。主治肠胃邪热气，消肿。性滑利。治小儿头疮痂疕。花，主治小儿痫，小便不利，伤热。生颍川。二月采皮，取白暴干。八月采实，并勿令中湿，湿则伤人。"（图1–47）

《太平御览》卷九五六引《梦书》云："榆为人君，德至仁也。梦采榆叶，受赐恩也；梦居树上，得贵官也；梦其叶滋茂，福禄存也。"

《救荒本草》卷六"榆钱树"条云："榆钱树，《本草》有榆皮，一名零榆，生颍川山谷、秦州，今处处有之。其木高大，春时未生叶，其枝条间先生榆荚，形状似钱而薄小，色白，俗呼为榆钱。后方生叶，似山茱萸叶而长，尖艄，润泽。榆皮味甘，性平，无毒。救饥：采肥嫩榆叶煠熟，水浸淘净，油盐调食。其榆钱煮糜羹食佳，但令人多睡。或焯过晒干备用，或为酱，皆可食。榆皮，刮去其上干燥皴涩者，取中间软嫩皮剉碎晒干，炒焙极干，捣磨为面，拌糠麸草末蒸食，取其滑泽易食。又云榆皮与檀皮为末，服之令人不饥。根皮亦可捣磨为面食。"

《本草纲目》卷三五"榆"条引苏颂云："榆，处处有之。三月生荚，古人采仁以为糜羹，今无复食者，惟用陈老实作酱耳。按《尔雅疏》云：榆类有十数种，叶皆相似，但皮及木理有异耳。刺榆有针刺如柘，其叶如榆，瀹为蔬羹，滑于白榆，即《尔雅》所谓'枢，荎'，《诗经》所谓'山有枢'是也。白榆先生叶，却着荚，皮白色，二月剥皮，刮去粗皵，中极滑白，即《尔雅》所谓'榆，白枌'是也。荒岁农人取皮为粉，食之当粮，不损人。四月采实。"（图1–48、图1–49）

▲ 图1–48　榆（《毛诗品物图考》）

▼ 图1–49　榆（《诗经名物图解》）

榆（Ulmus pumila），亦称白榆。榆科。落叶乔木，高可达25米。小枝细，灰色或灰白色。叶互生，椭圆状卵形，基部歪斜，具单锯齿或不规则复锯齿。早春先叶开花，翅果不久成熟。产于中国长江流域以至东北、内蒙古、新疆等平原地区。喜光，深根性，耐干冷，生长快。木材纹理直、结构稍粗，供建筑、家具、车辆、农具等用材。嫩叶、嫩果可食。树皮纤维可代麻用。根皮可制糊料。叶煎汁可杀虫。为平原地区重要造林树种及绿化树种，又为行道树。

4.条

终南何有？有条有梅。君子至止，锦衣狐裘。颜如渥丹，其君也哉！

终南何有？有纪有堂。君子至止，黻衣绣裳。佩玉将将，寿考不忘！

——《诗经·秦风·终南》

毛传：“条，槄。”（图1–50）

《毛诗草木鸟兽虫鱼疏》云：“条，槄也，今山楸也，亦如下田楸耳，皮色白，叶亦白，材理好，宜为车板，能湿。”“能”即“耐”。

《尔雅·释木》云:“榗，山榎。”郭璞注:“今山楸。”

《本草纲目》卷三五“楸”条李时珍云:“楸有行列，茎干直耸可爱。至秋垂条如线，谓之楸线，其木湿时脆，燥则坚，故谓之良材，宜作棋枰，即梓之赤者也。”

楸（Catalpa bungei），紫葳科。落叶乔木，高可达30米。树干端直。叶3枚轮生，三角状卵形，全缘或3—5裂，无毛。夏季开花，两唇形，白色，内有紫斑，总状花序顶生。很少结果，故常用根插繁殖。分布于中国黄河流域及长江流域，山麓、平原冲积土上习见。生长较快。木材细致、耐湿，供建筑及制家具等用材。叶可作猪饲料，又可治猪疮。种子可作药用，主治热毒及各种疮疥。又为行道树、观赏树。

5. 檖（suì）

鴥彼晨风，郁彼北林。未见君子，忧心钦钦。如何如何，忘我实多！

山有苞栎，隰有六驳。未见君子，忧心靡乐。如何如何，忘我实多！

▶ 图1–50　条（《毛诗品物图考》）

山有苞棣，隰有树檖。未见君子，忧心如醉。如何如何，忘我实多！

——《诗经·秦风·晨风》

毛传："檖，赤罗也。"

《毛诗草木鸟兽虫鱼疏》云："檖，一名赤罗，一名山梨，今人谓之杨檖。其实如梨，但实甘，小异耳。一名鹿梨，一名鼠梨。齐郡广饶县尧山、鲁国河内共北山中有。今人亦种之，极有脆美者，亦如梨之美者。"（图1–51）

▼ 图1–51 檖（《毛诗品物图考》）

《尔雅·释木》云："檖，罗。"郭璞注："今杨檖也。实似梨而小，酢可食。"

《太平御览》卷九七二引《广志》云："阳檖子似梨，大如杏，可食。"

《尔雅注证》云："**豆梨**（Pyrus calleryana），蔷薇科，又名鹿梨、山梨、树梨、酸梨、野梨、鼠梨、杨檖、赤罗、萝、檖。落叶乔、灌木，叶卵圆形，梨果球形，黑褐色，酸涩。入药，名鹿梨。"

三、鸟类

1.雎鸠（jū jiū）

关关雎鸠，在河之洲。窈窕淑女，君子好逑。

——《诗经·周南·关雎》

毛传："雎鸠，王雎也。鸟挚而有别。"

《毛诗草木鸟兽虫鱼疏》云："雎鸠，大小如鸱，深目，目上骨露出。幽州人谓之鹫。"（图1–52、图1–53、图1–54）

《尔雅·释鸟》云："雎鸠，王雎。"郭璞注："雕类。今江东呼之为鹗，好在江渚山边食鱼。"

《尔雅翼》卷一四"雎鸠"条云："雎鸠，雕类，今江东呼之为鹗。好在江渚山边食鱼，故诗云'关关雎鸠，在河之洲'也。鹗，鸟之挚者，故曰'鸷鸟累百，不如一鹗。'"

▲ 图1–52　雎鸠（《毛诗品物图考》）

▲ 图1–53　雎鸠（《诗经名物图解》）

▲ 图1–54　雎鸠（《诗经名物图解》）

《本草纲目》卷四九“鹗”条李时珍云：“鹗，雕类也。似鹰而土黄色，深目好峙。雄雌相得，鸷而有别，交则双翔，别则异处。能翱翔水上捕鱼食，江表人呼为食鱼鹰。亦啖蛇。《诗》云：‘关关雎鸠，在河之洲。’即此。其肉腥恶，不可食。”

《尔雅注证》云：“**鹗**（Pandion haliaetus），鹗科，猛禽，又名鱼鹰，以鱼为食，夏季分布于西北，冬季迁于华南。生殖期雌雄在一起活动。”

2. 鸨（bǎo）

肃肃鸨羽，集于苞栩。王事靡盬，不能艺稷黍。父母何怙？悠悠苍天！曷其有所？

肃肃鸨翼，集于苞棘。王事靡盬，不能艺黍稷。父母何食？悠悠苍天！曷其有极？

肃肃鸨行，集于苞桑。王事靡盬，不能艺稻粱。父母何尝？悠悠苍天！曷其有常？

——《诗经·唐风·鸨羽》

《毛诗草木鸟兽虫鱼疏》云：“鸨鸟，似雁而虎文，连蹄，性不树止，树止则为苦，故以喻君子从征役为危苦也。”（图1–55、图1–56）

▲ 图1-55 鸨(《毛诗品物图考》)

▲ 图1-56 鸨(《诗经名物图解》)

鸨，鸨科。体长可达1米。羽色颈部为淡灰色，背部有黄褐和黑色斑纹，腹面近白色。常群栖草原地带，善奔驰。较普通的为大鸨(Otis tarda)，亦称“地鵏”。杂食性，而以吃植物为主。夏季在中国东北及内蒙古草原繁殖。秋季南迁到华北平原越冬。偶或飞至更南的鄱阳湖区。为国家一级保护动物。

3.鶪(jú)

七月鸣鶪，八月载绩。载玄载黄，我朱孔阳，为公子裳。

——《诗经·豳风·七月》

毛传："䴗，伯劳也。"（图1–57、图1–58）

《尔雅·释鸟》云："鵙，伯劳也。"郭璞注："似鶷鶡而大。"鵙、䴗字同。

《尔雅翼》卷一四"䴗"条云："今俗云䴗在林间鸣，蛇于其下蟠结不动，飞去则伸其所踏枝，可鞭儿令速语，以其当万物不鸣时而能鸣，故以类求之。又能疗继病，继病者，母有娠而乳子，使子得疾如疟。"

《太平御览》卷九二三引京房《易妖占》云："伯劳聚邑中，岁大水。伯劳鸣军中，师分而水且至。鸣于君之宫，凶。"又引《梦书》云："伯劳为忧口舌，声可恶也。梦见伯劳，忧口舌也。"

▲ 图1–57　䴗（《毛诗品物图考》）

▼ 图1–58　䴗（《诗经名物图解》）

伯劳，伯劳科（Laniidae），伯劳属（Lanius anius）各种的通称。喙强而锐利。食大型昆虫以及蛙、蜥蜴或小型鸟兽等。中国习见的棕背伯劳（Lanius schach），体长约28厘米。头、颈和上背呈珠灰色，向后至腰部渐转棕黄。头侧有黑色贯眼纹，翼及尾羽亦大部黑色。颏及喉纯乳白色。下体带灰色。夏栖山野，冬居平原。主食昆虫，为农林益鸟。终年留居中国西南及长江流域以南地区。

4.隼（sǔn）

沔彼流水，朝宗于海。鴥彼飞隼，载飞载止。嗟我兄弟，邦人诸友。莫肯念乱，谁无父母？

沔彼流水，其流汤汤。鴥彼飞隼，载飞载扬。念彼不迹，载起载行。心之忧矣，不可弭忘。

鴥彼飞隼，率彼中陵。民之讹言，宁莫之惩？我友敬矣，谗言其兴。

——《诗经·小雅·沔水》

《毛诗草木鸟兽虫鱼疏》云：“隼，鹞属也。齐人谓之击征，或谓之题肩，或谓之雀鹰，春化为布谷者是也。此属数种皆为隼。”（图1–59）

《埤雅》卷八“隼”条云：“《禽经》曰：‘鹰好跱，隼好翔，凫好没，鸥好浮。’隼，鹞属也，一名雀鹰，盖迅疾之鸟。诗曰：‘鴥彼飞隼，载飞载止。’言隼于可飞则飞，于可止则止。又曰：‘鴥彼飞隼，载飞载扬。’言隼无所定止也。又曰：‘鴥彼飞隼，率彼中陵。’言中陵安静中正，此隼之所以率也。”

《尔雅翼》卷一六云：“隼，鸷鸟也。古者鸟隼以为旗，盖取其鸷然。古今言隼，乃未有的指其

▲ 图1–59 隼（《毛诗品物图考》）

物者。《禽经》曰：‘鸟之小而鸷者皆曰隼，大而鸷者皆曰鸠。’独知其小尔。”

隼，隼科（Falconidae）各种类的通称。中国有小隼、游隼、燕隼、红脚隼等。

5.翚（huī）

如跂斯翼，如矢斯棘，如鸟斯革，如翚斯飞，君子攸跻。

——《诗经·小雅·斯干》

郑笺：“翚者，鸟之奇异者也。”（图1-60、图1-61）

▲ 图1-60　翚（《毛诗品物图考》）

▲ 图1-61　翚（《诗经名物图解》）

《尔雅·释鸟》云:“伊洛而南,素质五采皆备成章曰翚。”郭璞注:“翚亦雉属,言其毛色光鲜。”

翚是雉的一种。

6.鸒(yù)

> 弁彼鸒斯,归飞提提。民莫不穀,我独于罹。何辜于天,我罪伊何?心之忧矣,云如之何!
>
> ——《诗经·小雅·小弁》

毛传:“鸒,卑居。卑居,雅乌也。”(图1-62)“雅”即“鸦”,雅乌即乌鸦。

《尔雅·释鸟》云:“鸒斯,鹎鶋。”郭璞注:“雅乌也。小而多群,腹下白,江东亦呼为鹎乌。”

鸒即寒鸦。

▲ 图1-62　鸒(《毛诗品物图考》)

7. 鷮（jiāo）

依彼平林，有集维鷮。辰彼硕女，令德来教。式燕且誉，好尔无射。

——《诗经·小雅·车舝》

《尔雅·释鸟》云：“鷮雉。”郭璞注：“即鷮鸡也，长尾，走且鸣。”

《毛诗草木鸟兽虫鱼疏》云：“鷮，微小于翟也，走而且鸣曰‘鷮鷮’，其尾长，肉甚美，故林虑山下人语曰‘四足之美有麃，两足之美有鷮’。麃者似鹿而小。”（图1-63、图1-64）

▲ 图1-63　鷮（《毛诗品物图考》）

▶ 图1-64　鷮（《诗经名物图解》）

《本草纲目》卷四八“鸐雉”条李时珍云：“山鸡有四种，名同物异。似雉而尾长三四尺者，鸐雉也。似鸐而尾长五六尺，能走且鸣者，鷮雉也，俗通呼为鸐矣。其二则鷩雉、锦鸡也。鷮、鸐皆勇健，自爱其尾，不入丛林。雨雪则岩伏木栖，不敢下食，往往饿死。故师旷云：雪封枯原，文禽多死。南方隶人，多插其尾于冠。其肉皆美于雉。《传》云：四足之美有麃，两足之美有鷮。”

鷮，雉的一种，又称鷮雉，体形及尾均近似环颈雉（Phasianus colchicus torquatus）。雄鸟体长近0.9米。羽毛华丽，颈下有一显著白色环纹。足后具距。雌鸟较小，尾也较短，无距，全体砂褐色，具斑。喜栖于蔓生草莽的丘陵中。冬时迁至山脚草原及阳野间。以谷类、浆果、种子和昆虫为食。善走而不能久飞。

▲ 图1–65 鸢（《毛诗品物图考》）

8. 鸢（yuān）

鸢飞戾天，鱼跃于渊。岂弟君子，遐不作人？

——《诗经·大雅·旱麓》

郑笺：“鸢，鸱之类，鸟之贪恶者也。”（图1–65、图1–66）

▲ 图1–66 鸢（《诗经名物图解》）

《埤雅》卷六“鸢”条云：“昔墨子作木鸢，飞三日不集。《列子》所谓‘班输之云梯，墨翟之飞鸢’是也。今人乘风放纸鸢，鸢辄引丝而上，令小儿张口望视，以泄内热，盖放于此。旧说观鱼翼而创橹，视鸥尾而制柂，言古之人仰观俯察，取材于物，以成舟楫之利如此。”

鸢（Milvus korschun lineatus），亦称老鹰、黑耳鸢。鸟纲，鹰科。体长约65厘米。上体暗褐杂棕白色。耳羽黑褐色。下体大部分为灰棕色带黑褐色纵纹。翼下具白斑，飞时外显；尾叉状。常见于城镇、乡村附近，巢多筑在高树上。主食啮齿动物。中国各地都有分布，终年留居。为国家二级保护动物。

9. 鹙（qiū）

有鹙在梁，有鹤在林。维彼硕人，实劳我心。

——《诗经·小雅·白华》

毛传：“鹙，秃鹙也。”（图1–67、图1–68）

《古今注·鸟兽》云：“扶老，秃鹙也。状如鹤而大，大者头高八尺，善与人斗，好啖蛇。”

《埤雅》卷八“鹙”条云：“今俗呼秃鹙，一名扶老，状如鹤而大，长颈赤目，其毛辟水毒，头高八尺，善与人斗，好啖蛇。”

▲ 图1-68 鹭（《诗经名物图解》）

◀ 图1-67 鹭（《毛诗品物图考》）

《尔雅翼》卷一七“鹙”条云：“鹙，秃鸧也，状如鹤而大，长颈赤目，其毛辟水毒，丹阳、鄱阳皆有之。”

《本草纲目》卷四七“鵚鹙”条李时珍云：“秃鹙，水鸟之大者也。出南方有大湖泊处。其状如鹤而大，青苍色，张翼广五六尺，举头高六七尺，长颈赤目，头项皆无毛。其顶皮方二寸许，红色如鹤顶。其喙深黄色而扁直，长尺余。其嗉下亦有胡袋，如鹈鹕状。其足爪如鸡，黑色。性极贪恶，能与人斗，好啖鱼、蛇及鸟雏。《诗》云‘有鹙在梁’，即此。”

10. 桃虫

予其惩而毖后患，莫予荓蜂，自求辛螫。肇允彼桃虫，拚飞维鸟。未堪家多难，予又集于蓼。

——《诗经·周颂·小毖》

▲ 图1–69　桃虫（《毛诗品物图考》）

毛传：“桃虫，鹪也，鸟之始小终大者。”

《毛诗草木鸟兽虫鱼疏》云：“桃虫，今鹪鹩是也，微小于黄雀。其雏化而为雕，故俗语‘鹪鹩生雕’。”（图1–69、图1–70、图1–71）

▲ 图1–70　桃虫（《诗经名物图解》）

▲ 图1–71　桃虫（《诗经名物图解》）

《尔雅·释鸟》云："桃虫，鷦。其雌鴱。"郭璞注："鷦鷯，桃雀也，俗呼为巧妇。"

《埤雅》卷八"桃虫"条云："《说苑》曰：'鷦鷯巢于苇苕，系之以发。'鸠性拙，鷦性巧，故鷦俗呼巧妇，一名工雀，一名女匠。其喙尖利如锥，取茅秀为巢，巢至精密，以麻紩之如刺袜然，故又一名袜雀。其化辄为雕鹗，盖鸟之始小终大者。"

《本草纲目》卷四八“巧妇鸟”条李时珍云：“鹪鹩处处有之。生蒿木之间，居藩篱之上。状似黄雀而小，灰色有斑，声如吹嘘，喙如利锥。取茅苇毛毳而窠，大如鸡卵，而系之以麻发，至为精密。悬于树上，或一房、二房。故曰巢林不过一枝，每食不过数粒。小人畜驯，教其作戏也。”

鹪鹩（Troglodytes troglodytes），鸟纲，鹪鹩科。体长约10厘米。头部淡棕色，有黄色眉纹。上体连尾带栗棕色，布满黑色细斑。两翼覆羽尖端白色。常活动于低矮、阴湿的灌木丛中，觅食昆虫。窠以细枝、草叶、苔藓、羽毛等交织而成，呈圆屋顶状，于一侧开孔出入，很精巧，故亦称巧妇鸟。大多留居华北一带，亦有少数迁华南越冬。

四、兽类

1.麟

麟之趾，振振公子，于嗟麟兮！
麟之定，振振公姓，于嗟麟兮！
麟之角，振振公族，于嗟麟兮！

——《诗经·周南·麟之趾》

《毛诗草木鸟兽虫鱼疏》云："麟，麕身，牛尾，马足，黄色，圆蹄，一角，角端有肉。音中钟吕，行中规矩。游必择地，详而后处。不履生虫，不践生草，不群居，不侣行。不入陷阱，不罹罗网。王者至仁则出。今并州界有麟，大小如鹿，非瑞麟也。故司马相如赋曰'射麋脚麟'，谓此麟也。"（图1–72）

▲ 图1–72 麟（《毛诗品物图考》）

麟，《尔雅·释兽》作“麐”，云：“麐，麕身，牛尾，一角。”郭璞注：“角头有肉。”邢昺疏引李巡云：“麐，瑞应兽名。”又引孙炎云：“灵兽也。”又引《京房易传》云：“麐，麕身，牛尾，狼额，马蹄，有五彩，腹下黄，高丈二。”

《春秋》记载哀公十四年，“西狩获麟”。《左传》云：“十四年春，西狩于大野，叔孙氏之车子鉏商获麟，以为不祥，以赐虞人。仲尼观之，曰：‘麟也。’然后取之。”

《孔丛子·记问》云：“叔孙氏之车子曰鉏商，樵于野而获兽焉，众莫之识，以为不祥，弃之五父之衢。冉有告夫子曰：‘麕身而肉角，岂天之妖乎？’夫子曰：‘今何在？吾将观焉。’遂往，谓其御高柴曰：‘若求之言，其必麟乎！’到视之，果信。言偃问曰：‘飞者宗凤，走者宗麟，为其难至也。敢问今见，其谁应之？’子曰：‘天子布德，将致太平，则麟凤龟龙先为之祥；今宗周将灭，天下无主，孰为来哉？’遂泣曰：‘予之于人，犹麟之于兽也。麟出而死，吾道穷矣。’乃歌曰：‘唐、虞世兮麟凤游，今非其时来何求？麟兮麟兮我心忧。’”

▲ 图1-73　麒麟（《兽谱》）

麟，又称麒麟（图1-73），为神奇动物，现实世界自然是不会有的。诸书所说的“获麟”，不必信为真有其事。

明代的时候，外国向明朝进献了长颈鹿，被称为麒麟。由于麒麟是瑞应兽，“王者至仁则出”（图1–74）。明朝永乐皇帝自然龙颜大悦，立即命令画工画图，沈度作《瑞应麒麟颂》，来纪念这一盛事（图1–75）。

▲ 图1–74 麟（《石索》武梁祠壁画）

▲ 图1–75 《瑞应麒麟图》

曾随郑和下西洋的马欢，在《瀛涯胜览》一书中记载的阿丹国的动物之一就有麒麟："麒麟前二足高九尺，后两足约高六尺，头抬颈长一丈六尺。首昂后低，人莫能骑。头生二短角在耳边，牛尾鹿身，蹄有三跲，匾口，食粟、豆、面饼。"现代人一看这段文字描写，第一反应就知是长颈鹿（图1–76）。

▲ 图1–76　长颈鹿（《山海百灵图卷》）

明人误认长颈鹿为麒麟，影响所及，日本人也称长颈鹿为麒麟。日本画家桂川国瑞《动物写生图》画的长颈鹿就题作“麒麟”（图1–77）。

▶ 图1–77　麒麟（桂川国瑞《动物写生图》）

《麟之趾》的《诗序》说：“《麟之趾》，《关雎》之应也。《关雎》之化行，则天下无犯非礼。虽衰世之公子，皆信厚如麟趾之时也。”（图1–78）诗中所说的“公子”“公姓”“公族”都是指贵族子孙，其前面用“振振”

▲ 图1–78　麟趾贻休（《历朝贤后故事图》）

来修饰，包含了子孙振兴、振作的意思，如《周南·螽斯》所谓“宜尔子孙振振兮”。因此，麒麟在后世衍生出了“送子”的传说，而“麒麟送子”也成了民间艺术习见的内容题材（图1–79、图1–80、图1–81）。

▲ 图1–79　麒麟送子
（木版年画，其一）

▲ 图1–80　麒麟送子
（木版年画，其二）

▲ 图1–81　麒麟送子
（木版年画，其三）

⑬ 闻一多:《闻一多全集·2·古典新义》,三联书店,1982年,第79页。

2.麕(jūn)

野有死麕,白茅包之。有女怀春,吉士诱之。

——《诗经·召南·野有死麕》

▲ 图1–82　麕(《毛诗品物图考》)

▲ 图1–83　麕(《诗经名物图解》)

闻一多《诗经新义》说:“古人婚礼纳徵,用鹿皮为贽。……然以《野有死麕篇》证之,上古盖用全鹿,后世苟简,乃变用皮耳。”⑬

《说文·鹿部》云:“麇,麞也。从鹿,囷省声。麕,籀文不省。”(图1–82、图1–83)

《古今注·鸟兽》云:“麞有牙而不能噬,鹿有角而不能触。麞一名麕,青州人谓麕为麞。”

《埤雅》卷三“麕”条云:“麞如小鹿而美,故从章也,章,美也。”

《尔雅翼》卷二〇“麕”条云:“麕之性怯,又谓之麞,章者,章皇也。俗谓之白肉,言其白胆易惊怯。道家以麕鹿不在十二属,非腥腻之物,羞为白脯。其饮水,见影惊奔。粗豪之人食其心肝者便即小胆,若素懦者则转怯不知所为。麞乃极能走,然未及鹿,《淮南子》曰:‘鹿之上山,獐不能跂也;及其下,牧竖能追之,才有所修短也。’”

《本草纲目》卷五一“獐”条李时珍云:“獐,秋冬居山,春夏居泽。似鹿而小,无角,黄黑色,大者不过二三十斤。雄者有牙出口外,俗称牙獐。其皮细软,胜于鹿皮,夏月毛毨而皮厚,冬月毛多而皮薄也。”

獐(Hydropotes inermis),亦称河麂、牙獐。哺乳纲,偶蹄目,鹿科。体长近1米。雌雄都无角。雄性犬齿发达,形成“獠牙”。冬毛粗而厚密,枯草黄色;夏毛细短,微带红棕色,腹毛淡黄色,全身无斑纹。尾短。行动灵敏,善跳跃,能游泳。每胎1—3仔,偶见5—6仔。分布于中国江苏、浙江、安徽、江西、福建、湖南、湖北、广西、广东等地。为国家二级保护动物。

3. 豺

彼谮人者,谁适与谋?取彼谮人,投畀豺虎。豺虎不食,投畀有北。有北不受,投畀有昊。

——《诗经·小雅·巷伯》

《尔雅·释兽》云:“豺,狗足。”郭璞注:“脚似狗。”(图1–84、图1–85)

《说文·豸部》云:“豺,狼属,狗声。”

《埤雅》卷三“豺”条云:“豺似狗而长尾,白颊,高前广后,其色

▲ 图1–84 豺（《毛诗品物图考》）

▲ 图1–85 豺（《诗经名物图解》）

黄。季秋取兽，四面陈之，以祀其先世，谓之豺祭兽，故先王候之以田，《礼记》所谓‘豺祭兽’，然后田猎是也。”

《尔雅翼》卷一九“豺”条云：“豺似狗，牙如锥，足前矮后高而长尾，其色黄，瘦健，今人称豺狗。霜降之日杀兽，四面陈之，世谓之祭兽。……世传狗者豺之舅，豺遇狗辄跪如拜状。”

《本草纲目》卷五一“豺”条李时珍云：“豺，处处山中有之，狼属也。俗名豺狗，其形似狗而颇白，前矮后高而长尾，其体细瘦而健猛，其毛黄褐色而鬔鬙，其牙如锥而噬物，群行虎亦畏之，又喜食羊。其声如犬，人恶之，以为引魅不祥。其气臊臭可恶。”

豺（Cuon alpinus），亦称红狼、豺狗。哺乳纲，食肉目，犬科。体较狼小，体长近1米；体色通常棕红，尾末端黑色；腹部和喉棕白色，有时略杂有红色。性凶猛，喜群居；袭击中小型兽类，有时甚至能伤害水牛。每胎2—7仔。分布于中国（台湾、海南及南海诸岛除外）及俄罗斯西伯利亚、中南半岛、印度、印度尼西亚等地。毛皮可充褥垫等用。

4.猱（náo）

毋教猱升木，如涂涂附。君子有徽猷，小人与属。

——《诗经·小雅·角弓》

毛传："猱，猿属。"

《毛诗草木鸟兽虫鱼疏》云："猱，猕猴也，楚人谓之沐猴。老者为玃，长臂者为猿，猿之白腰者为獑胡，獑胡、猿骏捷于猕猴，其鸣嗷嗷而悲。"（图1-86、图1-87）老者为玃，《古今注·鸟兽》则说："猿，五百岁为玃。"

▲ 图1-86 猱（《毛诗品物图考》）

▼ 图1–87 猱（《诗经名物图解》）

《尔雅·释兽》云："猱、蝯，善援。"郭璞注："便攀援。"

《太平御览》卷九一〇引《说文》云："猱，贪兽也。一曰母猴，似人。"今本《说文》"猱"作"夒"。母猴即"沐猴"，亦即"猕猴"。

《御览》又引《江乘地记》云："摄山有山猱，赤足。"

五、虫类

1. 螽（zhōng）斯

螽斯羽，诜诜兮。宜尔子孙，振振兮。
螽斯羽，薨薨兮。宜尔子孙，绳绳兮。
螽斯羽，揖揖兮。宜尔子孙，蛰蛰兮。

——《诗经·周南·螽斯》

毛传："螽斯，蚣蝑也。"《诗经·豳风·七月》"五月斯螽动股"，毛传："斯螽，蚣蝑也。"螽斯和斯螽，毛氏都以蚣蝑来作解释，可见二者为一物。

《毛诗草木鸟兽虫鱼疏》云："《尔雅》曰：'螽，蜙蝑也。'扬雄云春黍也。幽州人谓之春箕，春箕即春黍，蝗类也。长而青，长股，青黑色斑，其股似玳瑁文。五月中以两股相搓作声，闻数十步。"（图1-88、图1-89、图1-90）

《尔雅·释虫》云："蜤螽，蜙蝑。"郭璞注："蜙蜙也。俗呼蝽蟒。"

▲ 图1-88　螽斯（《毛诗品物图考》）

▲ 图1-89　螽斯（《诗经名物图解》）

▲ 图1-90　螽斯（《各样虫图册》）

郝懿行《尔雅义疏》云："'斯'与'蜤'声义同。《释文》'蜤亦作蜇'，或体字也。"可知《尔雅》"蜤螽"即《七月》"斯螽"。斯螽，倒称则为螽斯。

《毛诗序》云："《螽斯》，后妃子孙众多也，言若螽斯不妒忌则子孙众多也。"《埤雅》卷一〇"螽"条云："螽斯，虫之不妒忌，一母百子者也，故诗以为子孙众多之况。"

《本草纲目》卷四一"蠜螽"条李时珍云："蠜螽，在草上者曰草螽，在土中者曰土螽，似草螽而大者曰螽斯，似螽斯而细长者曰蟞螽。……数种皆类蝗，而大小不一。长角修股，善跳，有青、黑、斑数色，亦能害稼。五月动股作声，至冬入土穴中。芒部夷人食之。"

螽斯为昆虫纲，直翅目，螽斯科。触角细长，以翅摩擦发音。有翅种类多为草绿色，常栖息于丛林草间；无翅种类多栖息于穴内、树洞、石下或室内。一般为肉食性，也有杂食性的。种类多，常见的如绿螽斯（Holochlora nawae），体长约45毫米。

2. 蝤蛴（qiú qí）、螓（qín）

手如柔荑，肤如凝脂。领如蝤蛴，齿如瓠犀。螓首蛾眉。巧笑倩兮，美目盼兮。

——《诗经·卫风·硕人》

毛传：“蝤蛴，蝎虫也。”（图1–91、图1–92）

《尔雅·释虫》云：“蝤蛴，蝎。”郭璞注：“在木中。今虽通名为蝎，所在异。”

《埤雅》卷一一“蝤蛴”条云：“《尔雅》曰：‘蝎，蛣蝠。’又曰：‘蝤蛴，蝎。’盖蝎一名蝤蛴，一名蛣蝠，佶屈曲貌，以形举也。《方言》曰：‘关东谓之蝤蛴，梁益之间谓之蝎。’《诗》曰‘领如蝤蛴’，盖蝤蛴之体有丰絜且白者，故诗以况庄姜之领，《七辩》曰‘蝤蛴之领，阿那宜顾’是也。”

《本草纲目》卷四一“木蠹虫”条李时珍云：“似蚕而在木中食木者，为蝎；似蚕而在树上食叶者，为蠋；似蠋而小，行则首尾相就，屈而后伸者，为尺蠖；似尺蠖而青小者，为螟蛉。三虫皆不能穴木，至夏俱羽化为蛾。惟穴木之蠹，宜入药用。”

蝤蛴，生活在树木中的天牛科（Cera-mbycidae）的幼虫，色白身长，《诗经》借以形容女子颈项之美。

▲ 图1–91　蝤蛴（《毛诗品物图考》）

▼ 图1–92　蝤蛴（《诗经名物图解》）

郑笺："蓁，谓蜻蜻也。"（图1-93、图1-94）

《尔雅·释虫》云："蜓，蜻蜻。"郭璞注："如蝉而小。《方言》云：'有文者谓之蓁。'"郝懿行《尔雅义疏》云："其形短小，方头广额，体兼彩文，鸣声清婉，若咨咨然。"

《尔雅翼》卷二七"蓁"条云："蓁，蟭蟟之小而绿色者。"蟭蟟为蝉的一种。

蓁是一种小蝉。

▲ 图1-93　蓁（《毛诗品物图考》）

▲ 图1-94　蓁（《诗经名物图解》）

3.莎（shā）鸡

五月斯螽动股，六月莎鸡振羽。

——《诗经·豳风·七月》

《尔雅·释虫》云："螒，天鸡。"郭璞注："小虫，墨身赤头，一名莎鸡，又曰樗鸡。"

《毛诗草木鸟兽虫鱼疏》云："莎鸡，如蝗而斑色，毛翅数重，翅正赤，或谓之天鸡。六月中飞而振羽，索索作声。幽州谓之蒲错。"（图1–95、图1–96、图1–97）

《古今注·鱼虫》云："莎鸡，一名络纬，一名蟋蟀，谓其鸣如纺纬也。"

《尔雅翼》卷二五"莎鸡"条云："莎鸡振羽作声，其状头小而羽大，有青褐两种，率以六月振羽作声，连夜札札不止，其声如纺丝之声，故一名梭鸡，一名络纬。今俗人谓之络丝娘，盖其鸣时，又正当络丝之候。"

《太平御览》卷九四六引《广志》云："莎鸡似蚕蛾而五色，亦曰犨鸡。"

▲ 图1–95　莎鸡（《毛诗品物图考》）

莎鸡，即纺织娘（Mecopoda elongata），昆虫纲，直翅目，螽斯科。体长5—7厘米，绿色或褐色。触角细长。鸣声"轧织、轧织"。分布于中国山东、江苏、浙江、福建等地。

▲ 图1–96　莎鸡（《诗经名物图解》）

▲ 图1–97　土莎鸡（《各样虫图册》）

4. 伊威、蟏蛸（xiāo shāo）

我徂东山，慆慆不归。我来自东，零雨其濛。果蠃之实，亦施于宇。伊威在室，蟏蛸在户。町畽鹿场，熠耀宵行。不可畏也，伊可怀也！

——《诗经·豳风·东山》

毛传："伊威，委黍也。"

《毛诗草木鸟兽虫鱼疏》云："伊威，一名委黍，一名鼠妇，在壁根下瓮底土中生，似白鱼者是也。"（图1–98、图1–99）

《尔雅·释虫》云："伊威，委黍。"郭璞注："旧说鼠妇别名，然所未详。"（图1–100）

《尔雅·释虫》云："蟠，鼠负。"郭璞注："瓮器底虫。"《说文·虫部》云："蟠，鼠妇也。""蛜威，委黍。委黍，鼠妇也。"

《本草经》云："鼠妇，一名负蟠，一名蛜蝛。味酸，温，无毒。治气癃不得小便，妇人月闭，血瘕，痫，痓，寒热，利水道。生平谷及人家地上。"

《名医别录》云："鼠妇，微寒，无毒。一名蛜蝛。生魏郡及人家地上，五月五日取。"

《埤雅》卷一一"蛜蝛"条云："鼠妇一名鼠姑，亦或谓之鼠粘。鼠妇犹鼠姑也，鼠粘犹鼠负也。因湿化生，今俗谓之湿生。"

《搜神记》卷一九云："豫章有一家，婢在灶下，忽有人长数寸，来灶间壁，婢误以履践之，杀一人。须臾，遂有数百人，着衰麻服，持棺迎丧，凶仪皆备。出东门，入园中覆船下。就视之，皆是鼠妇。婢作汤灌杀，遂绝。"

▲ 图1–98 伊威（《毛诗品物图考》）

▲ 图1–99 伊威（《诗经名物图解》）

▲ 图1–100 鼠妇（《金石昆虫草木状》）

▲ 图 1–101　蟏蛸（《毛诗品物图考》）

▲ 图 1–102　蟏蛸（《诗经名物图解》）

鼠妇（Porcellio），甲壳纲，鼠妇科。体呈椭圆形，长15—20毫米，灰褐色。体表有颗粒状凸起。第一触角短小，第二触角发达。胸部七节，各节后侧角尖锐。腹部六节，最后有一腹尾节，呈三角形。生活于陆上潮湿处。

毛传："蟏蛸，长踦也。"

《毛诗草木鸟兽虫鱼疏》云："蟏蛸，长踦，一名长脚，荆州、河内人谓之喜母，此虫来着人衣，尝有亲客至，有喜也。幽州人谓之亲客，亦如蜘蛛，网罗居之。"（图1–101、图1–102）

《尔雅·释虫》云："蟏蛸，长踦也。"郭璞注："小鼅鼄长脚者，俗呼为喜子。"鼅鼄即蜘蛛。

《埤雅》卷一〇"蟏蛸"条云："亦如蜘蛛布网，垂丝着人衣，当有亲客至，荆州、河内之人谓之喜母。"

《尔雅翼》卷二五"蟏蛸"条云："陆贾

曰：‘目瞤得酒食，灯花得钱财。乾鹊噪，行人至。蜘蛛集，百事喜。’刘子曰：‘今野人昼见蟢子者，以为有喜乐之端。夜梦见雀者，爵位之象。然见喜子者未必有喜，梦雀者未必弹冠，而人悦之者，以其利人也。’今人以早见为喜，晚见为常。又云在头则有喜事。蟏蛸既主有喜，而《豳诗》以在户言忧思感伤者，盖果蠃、伊威、蟏蛸、鹿场、熠燿，此五物者，家无人则集，所以令人感思。此自以着衣为有喜，各以为义尔。荆楚之俗，七月七日，设瓜果于庭中以乞巧，有喜子网于瓜上，则以为得巧。”

蟏蛸（Tetragnatha），亦称喜蛛、蟢子、喜母。蛛形纲，蟏蛸科。体细长，暗褐色。腹部长，圆筒形。螯肢长。步足长而多刺。常栖于水边草际或树间，结网成车轮状。入药称壁钱、壁蟢。

六、鱼类

1.鲂（fáng）鱼

遵彼汝坟，伐其条枚。未见君子，惄如调饥。
遵彼汝坟，伐其条肄。既见君子，不我遐弃。
鲂鱼赪尾，王室如燬。虽则如燬，父母孔迩。

——《诗经·周南·汝坟》

衡门之下，可以栖迟。泌之洋洋，可以乐饥。
岂其食鱼，必河之鲂？岂其取妻，必齐之姜？
岂其食鱼，必河之鲤？岂其取妻，必宋之子？

——《诗经·陈风·衡门》

《毛诗草木鸟兽虫鱼疏》云："鲂，今伊、洛、济、颍鲂鱼也。广而薄，肥恬而少力，细鳞，鱼之美者。渔阳泉州刀口、辽东梁水，鲂特肥

而厚，尤美于中国鲂，故其乡语：‘居就粮，梁水鲂。’”（图1-103、图1-104）

《尔雅·释鱼》云：“鲂，魾。”郭璞注：“江东呼鲂鱼为鳊，一名魾。”

《说文·鱼部》云：“鲂，赤尾鱼。”

《说苑·政理》云：“宓子贱为单父宰，过于阳昼，曰：‘子亦有以送仆乎？’阳昼曰：‘吾少也贱，不知治民之术，有钓道二焉，请以送子。’子贱曰：‘钓道奈何？’阳昼曰：‘夫投纶错饵，迎而吸之者，阳桥也，其为鱼也，薄而不美；若存若亡，若食若不食者，鲂也，其为鱼也，博而厚味。’宓子贱曰：‘善。’”

▲ 图1-103　鲂鱼（《毛诗品物图考》）

▲ 图1-104　鲂（《诗经名物图解》）

《尔雅翼》卷二八“鲂”条云：“鲂，缩头，穹脊，博腹，色青白而味美，今之鳊鱼也，汉水中者尤美。”

《本草纲目》卷四四“鲂鱼”条李时珍云：“鲂，方也。鳊，扁也。其状方，其身扁也。”又云：“鲂鱼处处有之，汉沔尤多。小头缩项，穹脊阔腹，扁身细鳞，其色青白。腹内有肪，味最腴美。其性宜活水。故《诗》云：‘岂其食鱼，必河之鲂。’俚语云：‘伊洛鲤鲂，美如牛羊。’又有一种火烧鳊，头尾俱似鲂，而脊骨更隆，上有赤鬣连尾，如蝙蝠之翼，黑质赤章，色如烟熏，故名。其大有至二三十斤者。”

鲂（Megalobrama skolkovii），亦称三角鲂、三角鳊。硬骨鱼纲，鲤科。体形似鳊，但背部特别隆起，腹面仅腹鳍后部具肉棱。银灰色，长达50余厘米。栖息于水的中下层，草食性。分布于中国各地江河、湖泊中。为淡水经济鱼类。可养殖。

▲ 图1-105　鲊（《毛诗品物图考》）

2.鲊（xù）

▲ 图1-106　鲊（《诗经名物图解》）

敝笱在梁，其鱼鲂鳏。齐子归止，其从如云。
敝笱在梁，其鱼鲂鲊。齐子归止，其从如雨。
敝笱在梁，其鱼唯唯。齐子归止，其从如水。

——《诗经·齐风·敝笱》

郑笺："鲊，似鲂而弱鳞。"

《毛诗草木鸟兽虫鱼疏》云："鲊，似鲂厚而头大，鱼之不美者，故里语曰：'网鱼得鲊，不如啖茹。'其头尤大而肥者，徐州人谓之鲢，或谓之鳙。幽州人谓之鸮鸔，或谓之胡鳙。"（图1-105、图1-106）

《本草纲目》卷四四“鲔鱼”条李时珍云：“鲔鱼，处处有之。状如鳙，而头小形扁，细鳞肥腹。其色最白，故《西征赋》云：‘华鲂跃鳞，素鲔扬鬐。’失水易死，盖弱鱼也。”

鲔，即鲢鱼。

3. 鳟（zūn）

九罭之鱼鳟鲂。我觏之子，衮衣绣裳。

鸿飞遵渚，公归无所，于女信处？

鸿飞遵陆，公归不复，于女信宿？

是以有衮衣兮，无以我公归兮，无使我心悲兮。

——《诗经·豳风·九罭》

▲ 图 1–107 鳟（《毛诗品物图考》）

▲ 图 1–108 鳟（《诗经名物图解》）

《毛诗草木鸟兽虫鱼疏》云：“鳟似鲲鱼而鳞细于鲲也，赤眼，多细文。”（图 1–107、图 1–108）

《尔雅·释鱼》云：“鮅，鳟。”郭璞注：“似鲆子，赤眼。”

《说文·鱼部》云："鳟，赤目鱼。"

《尔雅翼》卷二八"鳟"条云："鳟鱼，目中赤色一道横贯瞳，鱼之美者，今俗人谓之赤眼鳟，其音乃如蹲踞之蹲。食螺蚌，多柢独行，亦有两三头同行者，极难取，见网辄遁。"

赤眼鳟（Squaliobarbus curriculus），亦称红眼鱼。硬骨鱼纲，鲤科。体前部圆筒形，后部侧扁，长约30厘米。银灰色，眼上缘红色，鳞片后缘具一小黑斑。头平扁，须一般两对，颇细小。鳍无硬刺，尾鳍叉形。栖息于水的中下层。杂食性。中国各地淡水中均产。为常见食用鱼类。可养殖。

4.鲿（cháng）、鲨

鱼丽于罶，鲿鲨。君子有酒，旨且多。

——《诗经·小雅·鱼丽》

毛传："鲿，杨也。"

《毛诗草木鸟兽虫鱼疏》云："鲿，一名扬，今黄颊鱼，似燕头鱼身，形厚而长，骨正黄，鱼之大而有力解飞者。今江东呼黄鲿鱼，一名黄颊鱼，尾微黄，大者长尺七八寸许。"（图1–109）

《埤雅》卷一"鲿"条云："今黄鲿鱼是也，性浮而善飞跃，故一曰扬也。陆玑曰：'今黄颊鱼，燕头鱼身，颊骨正黄，鱼之有力解飞者。'一名黄扬。旧说鱼胆春夏近下，秋冬近上。"

黄颊鱼又称黄颡鱼，《本草纲目》卷四四"黄颡鱼"条李时珍云："黄颡，无鳞鱼也。身尾俱似小鲇，腹下黄，背上青黄，腮下有二横骨，两须，有胃。群游作声如轧轧。性最难死。"

▲ 图1–109　鲿（《诗经名物图解》）

黄颡鱼（Pelteobagrus fulvidraco）

亦称䱀鰤、䱀䰰。硬骨鱼纲，鲿科。体前部平扁，后部侧扁，长10余厘米。青黄色，大多具褐色斑纹。口宽，须四对。背鳍和胸鳍各具一硬刺，后缘具锯齿；刺活动时能发声；脂鳍低平，尾鳍分叉。无鳞。栖息于江湖底层。食性广。中国各地均产。肉质细嫩，为常见的食用鱼类。

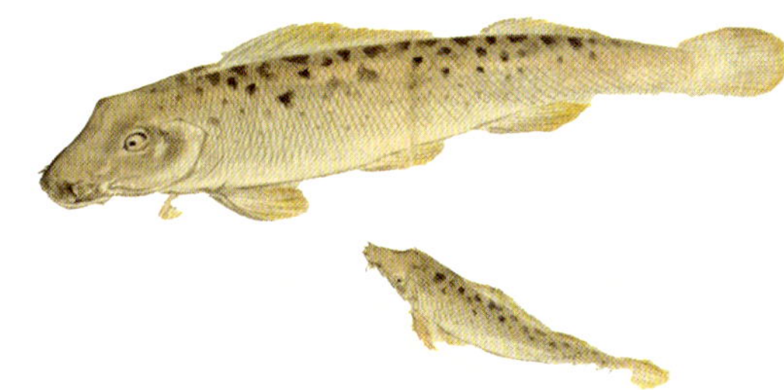

▲ 图1–110　鲨《诗经名物图解》

毛传："鲨，鮀也。"

《毛诗草木鸟兽虫鱼疏》云："鲨，吹沙也，似鲫鱼，狭而小，体圆而有黑点，一名重唇籥，鲨，常张口吹沙。"（图1–110）

《尔雅·释鱼》云："鲨，鮀。"郭璞注："今吹沙小鱼，体圆而有点文。"郝懿行《尔雅义疏》云："鲨亦作魦。"

《太平御览》卷九三七引《广志》云："吹沙鱼大如指，沙中行。"

《尔雅翼》卷二八"鲨"条云："鲨鱼，狭而小，常张口吹沙，故曰吹沙。非特吹沙，亦止食细沙，郭氏所谓'吹沙小鱼'者是也。其味甚美，大者不过二斤，然不若小者之佳。……今人呼为重唇，唇厚特甚，有若鼋黾，故以为名。今江南小溪中，每春鲨至甚多，土人珍之。夏则随水下，自是以后，时亦有之，然亦罕矣。来春复来，大抵正月辄至，鱼之最先至者。次则鲤至，次则鳜。至桃花水至而鳜肥，则三月矣。此鱼生流水之中，非畜于人。又其至而多，以明万物自然繁育，亦其先至，故鲿鲨鲂鲤鰋鳢，或其序尔。"

《本草纲目》卷四四"鲨鱼"条李时珍云："此非海中沙鱼，乃南方溪涧中小鱼也。居沙沟中，吹沙而游，咂沙而食。鮀者，肉多形圆，陀陀然也。"又云："鲨鱼，大者长四五寸，其头尾一般大。头状似鳟，体圆似鳝，厚肉重唇。细鳞，黄白色，有黑斑点文。背有鬐刺甚硬。其尾不歧。小时即有子。味颇美。俗呼为呵浪鱼。"

第二章

《山海经》的博物叙事

新世纪以来，中华优秀传统文化日益受到大众的关注和喜爱。其中作为中国神话经典的《山海经》，得到当下流行文化如小说、漫画、游戏等的青睐，衍生了大量包含《山海经》元素的文化产品。随着这些包含《山海经》元素的小说、影视剧、漫画、游戏等的不断推出，形成了密集的轰炸效应，从而使《山海经》这部过去“曲高和寡”的作品一时间成为家喻户晓的“爆款”。表面上看，《山海经》意外走红可能具有一定的偶然因素。实际上并非如此，神话是民族的梦，是人们的精神家园。无论人们离开精神家园多久、多远，他们时时都有重返精神家园的冲动和需求。这才是《山海经》在当代重新焕发生机、受到人们喜爱的深层次原因。

此外，袁珂师指出：

> 《山海经》这部书，总共虽然只有三万一千多字，却是包罗万象。除神话传说外，还涉及到地理、历史、宗教、民俗、历象、动

物、植物、矿物、医药、人类学、民族学、地质学……甚至连海洋学探讨的问题，也能在《山海经》这部书里，得到某些启发和印证。它真可以说是一部奇书，一部古代人们生活日用的百科全书。[14]

《山海经》以其百科全书式的性质能够满足各种知识背景人群的需求和期待，因此具有受众广泛的基础，这也是《山海经》大受欢迎的重要原因。

《山海经》因包含丰富的动物、植物和矿物的知识内容，而被奉为中国早期博物学最重要的经典。要想深入了解中国的博物学传统，《山海经》是一部绕不开的著作。在对《山海经》博物学的知识系统进行全面考察之前，我们需要初步了解《山海经》究竟是一部什么样的书。

⑭ 袁珂：《中国神话史》，上海文艺出版社，1988年，第17—18页。

第一节

初识《山海经》

时至今日，我们对《山海经》的认识还相当模糊。比如《山海经》的成书时代、写作地域、书的性质等问题，目前都还没有一致的看法。当然，这些问题不是三言两语所能回答的，而且这也不是本书的写作主旨。下面，拟对《山海经》的成书过程和《山海经图》这两个问题谈谈个人的理解。

一、《山海经》的成书过程

《山海经》是西汉末年刘歆（秀）主持校定的，因此关于《山海经》成书时代的考察，刘歆于《山海经》校定完毕后所作的《上山海经表》毫无疑问是最重要的第一手资料。宋尤袤本《山海经》所附《上山海经表》云：

> 侍中奉车都尉光禄大夫臣秀领校秘书言：校秘书太常属臣望所校《山海经》凡三十二篇，今定为一十八篇，已定。《山海经》者，出于唐虞之际。昔洪水洋溢，漫衍中国，民人失据，崎岖于丘陵，巢于树木。鲧既无功，而帝尧使禹继之。禹乘四载，随山刊木，定高山大川。盖（益）与伯翳主驱禽兽，命山川，类草木，别水土。四岳佐之，以周四方，逮人迹之所希至，及舟舆之所罕到。内别五方之山，外分八方之海，纪其珍宝奇物，异方之所生，水土草木禽兽昆虫麟凤之所止，祯祥之所隐，及四海之外，绝域之国，殊类之人。禹别九州，任土作贡，而益等类物善恶，著《山海经》，皆圣贤之遗事，古文之著明者也。

刘歆是亲见《山海经》原本的人，他既然明确指出《山海经》属于古文，当然是无可怀疑的。李零先生《出土发现与古书年代的再认识》一文认为《山海经》“据刘歆《上山海经表》，也是古文”[15]，而“汉代之所谓‘古文’，泛言之，是指汉代以前的一切古文字”[16]。职是之故，李零先生《简帛古书与学术源流》第一讲的附录《现存先秦两汉古书一览表》就把《山海经》列在“先秦古书”的“数术类”中[17]。

先秦是一个长时段的概念，那么《山海经》产生在先秦的哪个时段呢？我的看法是《山海经》大致成书于战国晚期，大约在公元前300年到公元前240年之间；如果以著作为标准，《山海经》成书的时间是在《孟子》之后、《吕氏春秋》之前。

需要指出的是，刘歆校定的《山海经》与今本《山海经》有所不同。刘歆校定本《山海经》只有《山经》和《海经》两个部分，共十三篇。而今本《山海经》共十八卷，分为三个部分：第一部分共五卷，分别是《南山经》《西山经》《北山经》《东山经》和《中山经》，称为《山经》；第二部分共八卷，分别是《海外四经》四卷和《海内四经》四卷，《海外四经》包括《海外南经》《海外西经》《海外北经》《海外东经》，《海内四经》包括《海内南经》《海内西经》《海内北经》《海内东经》，称为《海经》；第三部分共五卷，分别是《大荒东经》《大荒南经》《大荒西经》《大荒北经》和《海内经》，称为《大荒经》。

在刘歆校定之前，今本《山海经》的三个部分即《山经》《海经》和《大荒经》都是各自成书、单独流传的，这从三者的内容、行文风格等方面都可以直观地体会到。

⑮ 李零：《李零自选集》，广西师范大学出版社，1998年，第35页。

⑯ 同上书，第32页。

⑰ 李零：《简帛古书与学术源流》，三联书店，2008年，第32页。

如在《山经》《海经》和《大荒经》中，都有关于“窫窳”的记载：

又北二百里，曰少咸之山，无草木，多青碧。有兽焉，其状如牛而赤身，人面马足，名曰窫窳，其音如婴儿，是食人。(《北山首经》)

开明东有巫彭、巫抵、巫阳、巫履、巫凡、巫相，夹窫窳之尸，皆操不死之药以距之。窫窳者，蛇身人面，贰负臣所杀也。(《海内西经》)

有窫窳，龙首，是食人。(《海内经》)

《山经》《海经》和《大荒经》中亦有“狌狌”的相关记载：

《南山经》之首，曰䧿山。其首曰招摇之山……有兽焉，其状如禺而白耳，伏行人走，其名曰狌狌，食之善走。(《南山首经》)

氾林方三百里，在狌狌东。狌狌知人名，其为兽如豕而人面，在舜葬西。(《海内南经》)

有青兽，人面，名曰猩猩。(《海内经》)

可以看出，《山经》《海经》和《大荒经》关于窫窳和狌狌形貌的描写都有差异，反映了三者最初不可能是一部书。

刘歆不仅校订了《山海经》，而且《山海经》的名称也是刘歆重新拟定的。今本《山海经》的《山经》末尾有“禹曰：天下名山经五千三百七十山，六万四千五十六里，居地也。言其五臧，盖其余小山甚众，不足记云”和“右《五臧山经》五篇，大凡一万五千五百三字”的记载，说明《山经》原来就有一个旧的名称即《五臧山经》，省称则为《山经》。而《海经》和《大荒经》末尾并没有类似的记语，这与古书多有篇名之小题而无书名之大题的体例吻合⑱。刘歆根据《山经》的旧称，将《山经》五篇与《海外四经》四篇、《海内四经》四篇合在一起，将新的校定本题名为《山海经》。

或许有人要问，《山海经》一名不是早已见载于《史记》，怎么会是刘歆所题的名称呢？《史记·大宛列传》赞语云：“故言九州山川，《尚书》近之矣。至《禹本纪》《山海经》所有怪物，余不敢言之也。”陆侃如先生早在1928年就撰文指出：

> 我认为古代只有《山经》，至刘歆加入《海经》而合称《山海经》，其后又加《大荒》等篇而成今本。或有人将以《史记·大宛传》赞有《山海经》之称相难，我以为这“海”字是后代妄人加的，其证有三：（1）《汉书·张骞传》赞全抄《大宛》赞，而作“《山经》”；（2）《后汉书·西南国》论作“《山经》”，亦治史旧文；（3）《论衡·谈天篇》引《史记》原文作“《山经》”。由此知古只有《山经》也。⑲

我们认为，陆先生所举三证中，第一证据和第三证据可以确凿无疑地证明：东汉的班固和王充所见到的《史记》中原本作“《山经》”。不

⑱ 余嘉锡：《古书通例》，上海古籍出版社，1985年，第30页。

⑲ 陆侃如：《论〈山海经〉的著作时代》，《新月》第1卷第5期，1928年。

仅如此，司马迁说“言九州山川”，而《山海经》的《山经》部分描写的正是山川，此亦可反证司马迁所说的应该是《山经》。后人只知道有《山海经》，不知道还有《山经》一书曾经单独流传过，因此妄改《史记·大宛列传》的《山经》为《山海经》。

今本《山海经》包含《大荒经》以下五篇，毕沅《〈山海经〉古今本篇目考》云：“当是秀所增也。”郝懿行《山海经笺疏叙》云：“所谓十三篇者，去《荒经》以下五篇，正得十三篇也。古本此五篇皆在外，与经别行，为释经之外篇。及郭作传，据刘氏定本复为十八篇。”因为毕、郝二人都认为刘秀《上山海经表》“今定为一十八篇”中的“十八篇”与今本《山海经》十八卷相同，故以《大荒经》以下五篇为刘秀校定。不同的是，毕氏认为今本《山海经》中《大荒经》以下五篇为刘秀所增；郝氏则认为此五篇是郭璞作注的时候才收入进来的，从而恢复了刘秀定本的原貌。

刘秀校定《山海经》后，王充《论衡》和许慎《说文解字》都引用或采用了《山海经》的材料，经过检核，二书都没有涉及《大荒经》，说明他们所见到的《山海经》很可能不含《大荒经》。

《楚辞章句》的作者王逸是汉安帝元初（114—119）时期的人，他的《章句》引用了三次《山海经》。《天问》云：“一蛇吞象，厥大何如？”王逸注引《山海经》云：“南方有灵蛇，吞象，三年然后出其骨。”《海内南经》云：“巴蛇食象，三岁而出其骨。”属于《海经》，在刘歆所校《山海经》内，可置不论。王逸另外两次引用《山海经》则涉及了《大荒经》五篇，值得仔细考察。

《离骚》云:“驷玉虬以乘鹥兮。”王逸注:“鹥，凤皇别名也。《山海经》云：鹥身有五采而文，如凤。凤类也。以为车饰。”《海内经》云:“有五采之鸟，飞蔽一乡，名曰翳鸟。”郭注:“凤属也。《离骚》曰:‘驷玉虬而乘翳。’”两相比照，可知王逸注“《山海经》云：鹥身有五采而文，如凤。凤类也”十六字，应为后人据《山海经》文及郭璞注所作的旁注之文，传写阑入王注，“凤类也”即郭璞注“凤属也”。因为王逸注已经明云“鹥”为“凤皇别名”，又云“凤类”，岂不是自相矛盾。而且王注“以为车饰”一句当接“凤皇别名也”一句之下，方才文从字顺，今被“《山海经》云云”十六字的后人旁注之文插入，致使文意割裂，亦可为证。

《九叹·远逝》云:“绝都广以直指兮。”王逸注:“都广，野名也。《山海经》曰:‘都广在西南，其城方三百里，盖天地之中。’”《海内经》云:“西南黑水、青水之间，有广都之野。”郭注:“其城方三百里，盖天下之中，素女所出也。《离骚》曰:‘绝都广野而直指号。’”两相比照，可知王逸注“《山海经》”以下二十字实际引用的是郭注，郭璞后于王逸百余年，此注必为后人旁注之文而阑入王注也。毕沅、王念孙、郝懿行反据王逸注以为郭注当在经文，然细究郭注，必非经文。此云“广都之野”，又云“其城方三百里”，“野”不得谓之“城”，一也；经文明云广都之野在西南，而又云“盖天下之中”，自相矛盾，且“盖”字在二句之间作连词，此经无此文例，二也；先秦典籍无“素女”一词，似非此经所宜有，三也;《御览》卷八三七引此仍作注文，亦可为证，四也。

王逸《楚辞章句》两次引用的《山海经》，虽然涉及《海内经》，但一次包含了郭璞注，另一次实际就是郭璞注，都是后人据郭璞注本所作的旁注之文。而且看这两处《山海经》的郭璞注，都引用了《楚辞》，所以后人据此而旁注《楚辞》。因此，王逸《楚辞章句》并未涉及《大荒经》五篇。

东汉末年的高诱曾经为《吕氏春秋》和《淮南子》作注，而二书内容有颇多涉及《山海经》之处，那么高诱作注引《山海经》自然是题中应有之义。何志华先生专门考察了高诱引用《山海经》的情况，有的指明引用的是《大荒经》[20]，对此同样需要仔细甄辨。

《淮南子·墬形训》云："扶木在阳州。"高诱注："扶木，扶桑也，在汤谷之南。"何氏引《大荒东经》"汤谷上有扶木"为证。《海外东经》云"下有汤谷，汤谷上有扶木"，则高诱也可能是本《海外东经》作注。

《吕氏春秋·本味》云："流沙之西，丹山之南，有凤之丸，沃民所食。"高诱注："丸，古'卵'字也。"何氏引《大荒西经》"沃之野，凤鸟之卵是食"为证。《海外西经》云"此诸夭之野，鸾鸟自歌，凤鸟自舞。凤皇卵，民食之"，则高诱也可能是本《海外西经》作注。

《吕氏春秋·本味》云："沃民所食。"高诱注："沃之国在西方。"《淮南子·修务训》云："西教沃民。"高诱注："沃民，西方之国。"何氏引《大荒西经》"有沃之国，沃民是处"为证。《淮南子·墬形训》云："凡海外三十六国，自西北至西南方，有……沃民。"高注实本《墬形训》也。

《吕氏春秋·任数》云："西服寿靡。"高诱注："靡，亦作'麻'。"

⑳ 何志华：《高诱引〈山海经〉考》，《书目季刊》1998年第2期。

何氏引《大荒西经》“有寿麻之国”为证。高注为校版本异文，未必本《大荒西经》为说也。

高诱注《吕氏春秋》和《淮南子》二书，虽多次引《山海经》或本《山海经》为说，但尚无确实的证据来证明他引用的是《大荒经》五篇的内容。因此推测，高诱所见的《山海经》极有可能并不包含《大荒经》。

三国时期魏国张揖所著《广雅》中的《释地》云：

> 东方有鱼焉，如鲤，六足，鸟尾，其名曰鲐。南方有鸟焉，三首六目，六足三翼，其名曰鸀鵌。西方有兽焉，如鹿，白尾，马足人手，四角，其名曰玃如。北方有民焉，九首蛇身，其名曰相繇。中央有蛇焉，人面豺身，鸟翼，蛇行，其名曰化蛇。此五方之异物也。

所举五方异物，诚如钱大昭《广雅疏义》所言：“此皆本《山海经》也。”[21]东方之“鲐”见于《东次三经》跂踵之山。南方之“鸀鵌”见于《南山首经》基山。西方之“玃如”见于《西山首经》皋涂之山。中央之“化蛇”见于《中次二经》阳山。北方之“相繇”，钱大昭《广雅疏义》引《海外北经》“共工之臣曰相柳氏，九首，以食于九山。相柳之所抵所厥，为泽溪。禹杀相柳，其血腥，不可以树五谷种。禹厥之，三仞三沮，乃以为众帝之台。在昆仑之北，柔利之东。相柳者，九首人面，蛇身而青”为证[22]，王念孙《广雅疏证》引《大荒北经》“共工臣名曰相繇，九首，蛇身自环，食于九土。其所歍所尼，即为源泽，不辛乃

[21] 钱大昭：《广雅疏义》，黄建中、李发舜点校，中华书局，2016年，第735页。

[22] 同上书，第736页。

苦，百兽莫能处”为证[23]，《广雅·释地》明云“相繇”，当本之《大荒北经》，王是而钱非也。

张揖既然将《大荒经》之文与《山经》之文并举，那么他所见到的《大荒经》极有可能已经并入刘秀所校的古本《山海经》了。

《汉书·司马相如传》云：“过乎泱莽之野。”张揖注：“《山海经》所谓大荒之野。”《大荒西经》云：“大荒之中，有山名曰大荒之山，日月所入。有人焉，三面，是颛顼之子，三面一臂，三面之人不死，是谓大荒之野。”张揖引《大荒西经》之文而明云《山海经》，此可证张揖所见《山海经》已经包括《大荒经》了。

《史记·司马相如列传》云：“过乎泱莽之野。”《集解》引《汉书音义》云：“《山海经》所谓大荒之野。”《史记·司马相如列传》云：“蛭蜩蠼蝚。”《集解》引《汉书音义》云：“《山海经》曰：‘不咸之山有飞蛭，四翼。’”《索隐》引司马彪云：“《山海经》云：‘不咸之山有飞蛭，四翼。’”《大荒北经》云：“大荒之中，有山名曰不咸。有肃慎之国。有蜚蛭，四翼。”司马彪引《大荒北经》之文而明云《山海经》，此可证司马彪所见《山海经》已经包括《大荒经》了。

张揖和司马彪都早于郭璞，既然他们所见的《山海经》已经包含《大荒经》，那么郝懿行所认为《大荒经》为郭璞所并入的观点就不能成立。从目前的资料来看，《大荒经》在郭璞之前就已经并入《山海经》了，并入时间当在三国魏人张揖作《广雅》之前、汉末高诱注《吕氏春秋》和《淮南子》之后。

事实上，早于郭璞（276—324）的张华（232—300）在其所著的

[23] 王念孙：《广雅疏证》，江苏古籍出版社，1984年，第296页。

《博物志》中也提到了《大荒经》的内容。《博物志·异人》云:“东海之外，大荒之中，有大人国、僬侥氏，长三丈。”《大荒东经》云:“东海之外，大荒之中，有山名曰大言，日月所出。有波谷山者。又有大人之国。”《大荒南经》云:“有小人，名曰焦侥之国，几姓，嘉谷是食。”郭璞注:“皆长三尺。”对于《博物志》一书,《四库全书总目》云:

> 或原书散佚，好事者掇取诸书所引《博物志》，而杂采他小说以足之。故证以《艺文类聚》《太平御览》所引，亦往往相符。其余为他书所未引者，则大抵剽掇《大戴礼》《春秋繁露》《孔子家语》《本草经》《山海经》《拾遗记》《搜神记》《异苑》《西京杂记》《汉武内传》《列子》诸书，饾饤成帙，不尽华之原文也。

即以《博物志》此条而言,“长三丈”可能就是郭璞注“长三尺”之误。因此,《总目》称《博物志》多为后人剽掇之文，所以《博物志》的材料不尽可据。

《太平御览》卷九〇八引《抱朴子》云:“刘子知二负之尸，东方生识啖铁之兽，实赖乌禹之书，大荒之籍矣。”“乌禹之书”自然是指《山海经》(“乌”疑为“益”字之误),“大荒之籍”自然是指《大荒经》。《抱朴子》的作者葛洪(约283—363)与郭璞(276—324)约为同时，似乎葛洪还能见到单本流传的《大荒经》与十三篇的古本《山海经》，说明那时包含《大荒经》的十八篇的今本《山海经》还没有取得“定于一尊”的地位。

二、图文互证:《山海经图》的价值

前人已经指出，《山海经》最初的形式是有图有文，是真正意义上的图书。由于早期文献是靠抄写流传的，抄文容易抄图难，因此很多本来有图的文献在传抄过程中就只剩下文字了。我们现在所能看到的《山海经图》都是明清时期的作品，对于它们的价值，前人评价并不高。实际上，有的《山海经图》继承了古本《山海经图》，具有较高的文献价值，不能轻忽。

古人在阅读《山海经》文本的时候，意识到《山海经》的原初形式应该是文字和图画相互配合的。宋代朱熹（图2-1）在《记山海经》一文中说：

> 予尝读《山海》诸篇，记诸异物飞走之类，多云东向，或云东首，皆为一定而不易之形，疑本依图画而为之，非实纪载此处有此物也。㉔

他首先提出《山海经》文字是依据图画来写作的看法。明代胡应麟阅读《山海经》的体验和朱熹相同，他说：

㉔ 朱熹:《朱熹集》，郭齐、尹波点校，四川教育出版社，1996年，第3715页。

> 经载叔均方耕，讙兜方捕鱼，长臂人两手各操一鱼，竖亥右手把算，羿执弓矢，凿齿执盾，此类皆与纪事之词大异。近世坊间戏取《山海经》怪物为图，意古先有斯图，撰者因而纪之，故其文义应尔。[25]

▲ 图 2–1　朱熹（《至圣先贤半身像册》）

晋代郭璞是第一个为《山海经》作注释的人，他在为《海外南经》“羽民”作注时说“画似仙人也”，为“讙头”作注时说“画亦似仙人也”，为“厌火国”作注时说“画似猕猴而黑色也”，为“离朱”作注时说“今图作赤鸟”。

晚于郭璞的陶渊明在《读山海经十三首》中写道：“泛览周王传，流观山海图。”显示他所看到的《山海经》仍然是带图画的。虽然这些《山海经》古图现在都已经失传，但《山海经》最初为图文并茂的形式则是可以确定的。

我们现在所能看到的《山海经图》都是明清时代的作品。明代主要有两种，一种是刊刻于万历二十一年（1593）的胡文焕《山海经图》两卷，独立成书。它的图像不与《山海经》经文配合，而且有的图像内容也不见于今本《山海经》的记载，甚至有的图像根本就不在《山海经》记载的范围之内。另外一种是刊刻于万历二十五年（1597）的蒋应镐《山海经图》。与胡文焕图不同的是，蒋本的图像是作为插图的形式附

㉕ 胡应麟:《少室山房笔丛》，上海书店出版社，2001年，第315页。

在经文之中并与经文相互配合的，而且其所有图像的内容都是根据今本《山海经》经文进行创作的。

胡文焕和蒋应镐的《山海经图》风气一开，迅速引起了社会的积极反响。此后，新出版的《山海经》有的沿用他们的绘图，有的重新绘图，仿佛又回到了最初《山海经》图文并茂的时代。

然而让人诧异的是，大受读者欢迎的《山海经图》，却在学者处落得大大的差评。《四库全书总目》的“存目”收有明代王崇庆《山海经释义》十八卷，图二卷，其中的二卷图是根据蒋应镐图绘制的。《总目》说“其图亦书肆俗工所臆作，不为典据”。《四库全书》收有清代吴任臣《山海经广注》一书，书中载有《山海经图》五卷，图大部分是根据胡文焕图绘制的。《总目》说：

> 旧本载《图》五卷，分为五类，曰灵祇，曰异域，曰兽族，曰羽禽，曰鳞介，云本宋咸平舒雅旧稿，雅本之张僧繇，其说影响依稀，未之敢据。其图亦以意为之，无论不真出雅与僧繇，即说果确实，二人亦何由见而图之。故今惟录其注，图则从删。

四库馆臣称《山海经图》是“书肆俗工所臆作”或“以意为之”，甚至将图一删了之。

《山海经图》难入四库馆臣的法眼，固然与学者历来重文轻图的倾向有关，但更重要的是他们没有对《山海经图》进行深入研究，未能抉发其价值所在，因此给予了一个并不准确的评价。同样，就连精研《山海经》的清代学者郝懿行亦对明清的《山海经图》评价不高，他在《山海经笺疏叙》中说："今所见图复与繇、雅有异，良不足据。"虽然这一并不中肯的评价可能是受了《四库全书总目》的影响，但基本上反映了传统学人对《山海经图》的认识。

明清时期的《山海经图》，有一类如蒋应镐图和汪绂图等是根据今本《山海经》经文进行创作的，它们具有一定的艺术价值；另外一类如胡文焕图等和今本《山海经》经文的内容多有不同之处，其不同之处往往保存了古本《山海经》的信息，值得重视。下面，举四个例子予以证明。

其一：

> 又南三百里，曰栒状之山……有鸟焉，其状如鸡而鼠毛，其名曰蚩鼠，见则其邑大旱。（《东山首经》）

胡文焕和吴任臣《山海经图》中的蚩鼠都被画作鸡的样子，外加一个老鼠尾巴，可以看出图的作者所见《山海经》"鼠毛"极可能是写作"鼠尾"的，胡文焕《山海经图》卷下"蚩鼠"图的图说就明确说："状如鸡而鼠尾，名曰蚩鼠，见则国大旱。"那么"鼠毛"和"鼠尾"哪个是正确的呢？

《山海经》在描写怪奇动物时，往往有一个主体动物形象，比如蚩鼠就是鸡，另外脑袋、尾巴、四肢等则可能是其他动物的形象。而对其他动物的选取并非随意为之，而是选取该动物较有区别性特征的部分，如虎爪、牛尾等。比较而言，在区别性上，老鼠的毛就不如尾巴的特征

▲ 图2–2 蚩鼠（清彩绘本）

强，因此《山海经》作“鼠尾”的可能性更大。蚩鼠，汉代许慎《说文解字》写作“鸐鼠”，说：“鸐鼠似鸡，鼠尾。”可见许慎所见的《山海经》正作“鼠尾”，证明了《山海经图》蚩鼠的老鼠尾巴是根据古本《山海经》来画的（图2–2、图2–3）。

其二：

西五十里，曰扶猪之山……有兽焉，其状如貉而人目，其名曰麐。（《中次四经》）

▲ 图2–3 蚩鼠（《怪奇鸟兽图》）

现藏于美国赛克勒美术馆的《蕃兽图》卷，卷前题有“山海百灵”四字（图2–4）。画卷中的动物虽然都没有题写名字，但从图像来看，其中一些怪奇动物是来自《山海经》的。如有一幅八只眼睛的动物，在其他《山海经图》中都没有出现过。这个八只眼睛的动物，其实就是《山海经》的麐兽。今本《山海经》写作“人目”，而《蕃兽图》作者所见《山海经》显然是写作“八目”的，那么二者哪个是正确的呢？郭璞《山海经图赞》说：“有兽八目，厥号曰麐。”《图赞》是根据《山海经》经文写的，可知郭璞所见《山海经》正作“八目”。《玉篇·鹿部》“麐”字、《广韵·真韵》“麐”字引《山海经》皆作“似貉而八目”，可证古本《山海经》写作“八目”，据此，

《蕃兽图》中的麐兽应是根据古本《山海经》来画的（图2–5）。

其三：

> 又东三百四十里，曰尧光之山……有兽焉，其状如人而彘鬣，穴居而冬蛰，其名曰猾裹，其音如斫木，见则县有大繇。（《南次二经》）

▲ 图2–4　山海百灵（《山海百灵图》）

▲ 图2–5　麐（《山海百灵图》）

胡文焕和吴任臣《山海经图》中的猾裹兽的主体形象是猴子，却长着人的面孔，浑身布满猪的鬣毛（图2–6、图2–7）。胡文焕《山海经图》卷下“猾衷（裹）”图的图说云：“尧光山有兽，状如猕猴，人面彘鬣。”与今本《山海经》的记载相比照，除了“彘鬣”，其他都不相同，其中必有一误。《山海经》写作“如人”，但根据《山经》的写作文例，只有对“神”进行描写，才可以说“如人”，如《西次三经》玉山，“西王母其状如人”；《中次三经》和山，“吉神泰逢司之，其状如人而虎尾”等，即可为证。猾裹属于兽，却说“如人”，与《山经》文例不合，当有误。胡文焕

▲ 图2-6 猾褢（清彩绘本）

▲ 图2-7 猾褢（《怪奇鸟兽图》）

《山海经图》写作“状如猕猴，人面彘鬣”，猕猴是动物，与《山经》的文例符合。虽然《山海经》没有出现“猕猴”一词，但却有含义为猕猴的“禺”，如《南山首经》招摇之山，“有兽焉，其状如禺而白耳，伏行人走，其名曰狌狌”，郭璞注：“禺，似猕猴而大，赤目长尾，今江南山中多有。”又《南山经》长右之山，“有兽焉，其状如禺而四耳”，《山海经图》卷上“长彘”条图说就写成：“有兽状如猴，四耳。”这说明《山海经》的“禺”字，《山海经图》往往写作大家更容易理解的“猕猴”或者“猴”。因此根据《山海经图》的图说及图画，我们可以把今本《山海经》的“其状如人而彘鬣”校正为“其状如禺，人面彘鬣”，即今本“如”下脱“禺”字，“面”字又误成“而”字。

其四：

> 又西三百里，曰阴山……有兽焉，其状如狸而白首，名曰天狗，其音如榴榴，可以御凶。（《西次三经》）

▲ 图2-8 天狗（清彩绘本）

胡文焕和吴任臣《山海经图》中的天狗嘴里叼着一条蛇（图2-8），胡文焕《山海经图》图说云："阴山有兽，状如狸，白首，名曰天狗，食蛇。"与今本《山海经》比较，多了"食蛇"二字。郭璞《山海经图赞》"天狗"云："乾麻不长，天狗不大。厥质虽小，攘灾除害。气之相生，在乎食带。"乾麻即天麻，郭璞为与"天狗"避复而改称"乾麻"。《庄子·齐物论》"蝍蛆甘带"，其中的"带"，《释文》引崔譔云："蛇也。"又引司马彪云："小蛇也。"因此"带"就是"蛇"的意思，郭璞为了与"大""害"二字押韵而改"食蛇"为"食带"。所谓"气之相生，在乎食带"者，就是说天狗能够食蛇，所以"可以御凶"。根据《图赞》"在乎食带"，可以知道郭璞所见《山海经》应有"食蛇"二字，证明了《山海经图》所画的天狗根据的是古本《山海经》。

从上文所举的四个例子来看，《山海经图》可以用来纠正今本《山海经》的错误，因此具有极高的文献价值。不仅如此，《山海经图》还体现了古人卓越的艺术想象力和创造力，具有一定的艺术审美价值，因此才能在民间广泛流传。

第二节

《山海经》博物的叙事模式

《山海经》作为我国早期博物学最重要的经典，记载了大量的动物、植物和矿物的知识。它对动物、植物和矿物采取怎样的叙事方式，传达怎样的思想情感，是我们在展开对《山海经》博物知识进行分类考察之前需要先行解答的。

一、万物皆有名

世间万物皆有名称。

有名之前是无名，无名是指人与万物处于不分彼此的混沌状态。对于混沌未分的状态，《庄子·应帝王》有一个寓言化的描写："泰氏，其卧徐徐，其觉于于，一以己为马，一以己为牛。"其形象地反映了这种物我未分、混沌为一的早期人类的心态。从无名到有名，它是早期人类经历了一个漫长的认知过程才取得的一项伟大成就，人类得以从混沌未分的状态中解放出来，开始确立了自己作为"人"在这个世界上的坐标。从无名到有名，人类从"洞同天地，浑沌为朴"[26]的一元世界中开始建立自己的秩序，开始反思自己作为人在天地间的地位和作用。《说文·一部》云"一，惟初太始，道立于一。造分天地，化成万物"，以及《说文·大部》云"大，天大，地大，人亦大"就很好地说明了这一点。

万物的名称是从无到有的，然而名称是由谁来确定的呢？根据早期神话传说的记载，名称是由上帝或圣人制定的。

《圣经·旧约·创世记》的第一章说，上帝亲自为事物命名。第二章记载的另一种说法则是，上帝造出人类始祖亚当后就将野地各样走兽

㉖《淮南子·诠言训》。

和空中各样飞鸟都带到亚当面前，亚当叫它们什么，那它们的名字就是什么。[27]

无独有偶，我国古代同样有着与此相似的记载。《礼记·祭法》云："黄帝正名百物。"孔颖达疏："黄帝正名百物者，上虽有百物而未有名，黄帝为物作名，正名其体也。"[28]陈澔《礼记集说》云："正名百物者，立定百物之名也。"[29]可见，古人认为百物之名都是黄帝（图2-9）制定的。

▲ 图2-9　黄帝有熊氏（《历代帝王圣贤名臣大儒遗像》）

《尚书·吕刑》云："禹平水土，主名山川。"伪孔传："禹治洪水，山川无名者主名之。"[30]《大戴礼记·五帝德》亦云："禹敷土，主名山川。"《尔雅·释水》云："从《释地》已下至九河，皆禹所名也。"《尔雅》从《释地》到九河，包括《释地》《释丘》《释山》《释水》四篇，可见古人认为山川之名多为禹（图2-10）所制定。

▲ 图2-10　大禹（《历代帝王圣贤名臣大儒遗像》）

[27]《圣经》新标点和合本，中国基督教协会，1995年，第1—3页。

[28] 阮元校刻：《十三经注疏》，中华书局，2009年，第3451页。

[29]《四书五经》（中），中国书店，1985年，第255页。

[30] 阮元校刻：《十三经注疏》，中华书局，2009年，第528页。

这种认为万物之名由神制定的看法，我们可以称之为“名称神定说”。而为何在中西文化中都产生了“名称神定说”这种相似的认识呢？

英国学者詹·乔·弗雷泽《金枝》说：

> 未开化的民族对于语言和事物不能明确区分，常以为名字和它们所代表的人或物之间不仅是人的思想概念上的联系，而且是实在的物质的联系，从而巫术容易通过名字，犹如通过头发指甲及人身其他任何部分一样，来为害于人。事实上，原始人把自己的名字看作是自身极重要的部分，因而非常注意保护它。[31]

可以看出，初民认为名称是事物天然的组成部分，或者说名称和事物是一体的，不能分割。正是因为初民认为名称与事物之间有神秘的内在联系，从而产生了种种关于名称的禁忌。我国古代对于名字的避讳，正是初民名称禁忌习俗的延续。[32]名称在初民心目中是如此神秘、如此重要，因此他们认为只有神才有资格、才有能力为事物制定名称。反之，只有神制定的名称才有合法性，才能获得大家普遍的认同。这正是中西文化都有“名称神定说”产生的真正原因。

至于《尚书·吕刑》孔颖达疏“山川与天地并生，民应先与作名，但禹治水，万事改新，古老既死，其名或灭，故当时无名者，禹皆主名之”[33]，盖未达“名称神定说”之旨也。

随着人类认识的不断进步，人们逐渐放弃了“名称神定说”这种神话式的认识，开始了关于名称与事物之间关系的真正科学意义上的探讨。

[31] ［英］詹·乔·弗雷泽：《金枝》，徐育新等译，中国民间文艺出版社，1987年，第362页。

[32] 郑振铎：《释讳篇》，载氏著《郑振铎古典文学论文集》，上海古籍出版社，1984年，第158—179页；宜看李安宅《语言的魔力·名的魔力》，载氏著《语言·意义·美学》，四川人民出版社，1991年，第6—9页。

[33] 阮元校刻：《十三经注疏》，中华书局，2009年，第528页。

公元前4世纪，在大哲学家苏格拉底周围，曾发生过一场关于名称与事物的关系的争论。在柏拉图（公元前427—前347）的对话录《克拉底洛篇》（Kratylos）里保留着对这一争论的回忆。《克拉底洛篇》全名《克拉底洛——论词的正确性问题》，共分六个部分，即：序言（争论的目的），（1）语言产生于约定，（2）按本质的命名，（3）原始名称和派生名称，（4）对问题的重新考察，结语。"按本质的命名"这一部分论述得最详尽，约占全部篇幅的一半。其中论及荷马传说和古典传统的名称，以及上帝、魔鬼、英雄、各种事物、概念等等的名称的来历。争论的中心问题是：事物的名称是根据事物的性质被赋予的呢，还是根据协商而规定的？

争论是在克拉底洛、赫尔摩根和苏格拉底三个人之间展开的。克拉底洛与赫尔摩根两人的观点针锋相对。《克拉底洛篇》中叙述说："克拉底洛宣称，存在着一种由每一事实的本质产生的名称的原始的正确性；如果某些人想用什么语音称谓一个事物就这样称谓，那就不成其为名称了；名称的某种正确性，原始地存在于希腊人，也存在于野蛮人，对一切人都是一样的。"

赫尔摩根则相反，他认为事物的名称是按规定而产生的。他说："……我不能相信名称的正确性在于别的什么东西而不在于约定俗成。因为我认为，如果有谁确定一个名称，那个名称也就是正确的名称；若是他在后来改用别的名称而不再使用原先的名称来称呼，那么后来这个名称的正确性丝毫也不次于前者，这正如我们改变奴隶的名字一样，因为任何人的某个名字都不是按本质产生的，它乃是在法律和习惯的基础上属于确立这种习惯，并且这样称谓它的人们的。”

苏格拉底在这场争论中的态度有点模棱两可。他先是同意克拉底洛的看法，认为确实存在“名称的本质的正确性”……可是，在《克拉底洛篇》的最后部分，苏格拉底又说词的“按本质的正确性”实际上并不存在，因为只有对事物的本质有正确的深入的认识，才可能创造出具有正确性的词，而这对最初创造词的先民来说，实在是很难做到的。[34]

可以看出，苏格拉底实际上是游移于“按本质”论和“按规定”论两者之间的。

这一关于“按本质”和“按规定”的争论，在后来的哲学家中不断引起反响。例如，亚力士多德是赞成“按规定”论的，伊壁鸠鲁基本上同意“按本质”论，但有时又向“习惯”让步，似乎有点类似苏格拉底的调和态度。4世纪末形成的大哲学学派斯多葛派坚决主张语言“按本质”而产生，怀疑论者则反对斯多葛派的主张，认为语言是由“协商”(即“按规定”)而取得自己的意义的。后来的语言学家也不时回到这个问题上来。这充分证明《克拉底洛篇》所记录的这场争论，不断地刺激着人们去思索语言问题，这也说明了这一论题的重要性。[35]

几乎与此同时，我国学者也开始了对名实关系问题的热烈探讨。这

㉞ 徐志民:《欧美语言学简史》，学林出版社，1990年，第14—15页。

㉟ 同上书，第16页。

时正是我国的春秋战国时期，正处于一个激烈的变革时代，好些事物旧有的“名”已经不能适应新的内容“实”了，而各种新起的名义还没有得到社会的公认。这种情况在社会生活领域中表现得特别突出，而在意识形态上便形成了“名”“实”之争。老子（图2-11）在《道德经》中提出了“名可名，非常名。无名，天地之始。有名，万物之母”的观点，所谓“常名”，是指与客观事物有本质联系的概念，而“可名”则指名称，即语言中的词。老子认为可名（即名称）与客观事物没有本质联系，它只是表达概念的符号。语言一开始时，天为什么叫天，地为什么叫地，名称和客观事物是没有必然的联系的，所以老子说：“无名，天地之始。”但是，老子并没有否定“名”的意义和作用，他指出“有名，万物之母”，是我国历史上第一个指出“名”“实”不可分的人，也是我国语言学史上第一个比较科学地指出名称和客观事物之间关系的人。他对“名”“实”的这种看法，对后世有较大的影响，在他以后的一些哲学家、思想家，有的接受了他的看法，有的发展了他的看法。

▲ 图2-11　老子（《历代帝王圣贤名臣大儒遗像》）

例如，墨子《贵义篇》云：“瞽不知白黑者，非以其名也，以其取也。”意思是说，盲人不知道黑白，并不是由于他们不知道黑白的名称。杨朱云：“实无名，名无实，名实伪而已矣。”意思是说，事物本来是没有名字的，名称不是事物，名称只不过是假定的符号而已。可见，墨子、杨朱接受了老子的看法，着重指出名称和客观事物间没有本质、必然联系的一面。

到了公孙龙，他对“名”“实”的看法又进了一步。他在《名实论》中说：“正其所实者，正其名也，其名正则唯乎其彼此焉。谓彼而彼，不唯乎彼，则彼谓不行。谓此而此，不唯乎此，则此谓不行。”这段话的意思是说，客观事物的名称是人们定下的，某一事物在名称未定之前，可以以此称彼。例如，在未定名称之前，我们可能称天为地；但是各个事物名称既定，就不可以此呼彼了，也就是说，天就是天，地就是地，不可以改变，也不能改变了。

关于“名”与“实”问题的讨论，直到战国末年的荀子（图2–12），才在诸子的基础上提出了科学的看法。他在《正名》中说：“名无固宜，约之以命，约定俗成谓之宜，异于约则谓之不宜。”这一段话对“名”和“实”的关系，也就是名称和事物的关系，说得非常透彻，可以说对我国古代先秦诸子的“名”“实”之争进行了科学的总结。

荀子指出“名无固宜”，就是说名称和客观事物之间的关系，在一开始时，是没有本质联系、必然关系的，否则世界上各种语言就都应该一样。事实上各种不同的语言，是用各种不同的词语形式来表达同一客观事物的。可见，名称不过是人类社会为了表达客观事物而假定的各种符号，即“约之以命”。但是，这个假定并不是个人意志的武断的假

▲ 图2–12 荀况（《至圣先贤半身像册》）

定，而是人类社会的“约定俗成”。事物的名称，一旦经人类社会“约定俗成”以后，任何人就不可以也不可能随便改变了，正如荀子所指出“异于约，则谓之不宜”。因为语言是人类社会交际、交流思想的工具，个人是无法随便改变语言的。在这里，荀子深刻地揭示了“名”和“实”的辩证关系，“名”对于“实”既不是本质联系，也不是个人意志的武断符号。客观事物一旦经人类社会“约定俗成”定下名称以后，就具有客观内容和社会内容，而不再是什么假定的符号了。[36]

可以说，早在公元前3世纪，荀子就彻底地、科学地解决了“名”“实”关系的问题[37]，这在世界语言学史上是十分罕见的。

直到20世纪，瑞士语言学家费尔迪南·德·索绪尔在其广受学界好评的《普通语言学教程》中说：

能指和所指的联系是任意的，或者，因为我们所说的符号是能指和所指相联结所产生的整体，我们可以更简单地说：语言符号是任意的。……能指对它所表示的观念来说，看来是自由选择的，相反，对使用它的语言社会来说，却不是自由的，而是强制的。语言并不同社会大众商量，它所选择的能指不能用另外一个来代替。[38]

索绪尔所论和荀子的“名无固宜”“约定俗成”之说，其内涵实际上是一致的。

[36] 濮之珍:《中国语言学史》，上海古籍出版社，1987年，第48—49页。

[37] 何九盈:《中国古代语言学史》，广东教育出版社，2000年，第6页。

[38] ［瑞士］费尔迪南·德·索绪尔:《普通语言学教程》，高名凯译，商务印书馆，1980年，第102、107页。

《山海经》是我国先秦时期记载万物名称最多的一部文献，据笔者《〈山海经〉专名研究》的统计，全书共有2138个专名。这些专名划分为“神人名”“郡国名”“山名”“水名”“谷野名”“草名”“木名”“鸟名”“兽名”“虫名”“鱼名”“矿物名”“乐舞名”“食物名”“器物名”“疾病名”“祭祀名”和“风名”18个类别，此外，还有9个不能确定其类别的专名放在“存疑”一目中。[39]

《山海经》对万物名称的叙事方式主要有5种。

其一，以“有×焉，其状如××，其名曰××”或“名曰××”为基本表述方式：

有草焉，其状如韭而青华，其名曰祝余。（《南山首经》）

有木焉，其状如榖而黑理，其华四照，其名曰迷榖。（《南山首经》）

有兽焉，其状如禺而白耳，伏行人走，其名曰狌狌。（《南山首经》）

有鱼焉，其状如牛，陵居，蛇尾有翼，其羽在魼下，其音如留牛，其名曰鯥。（《南山首经》）

有鸟焉，其状如鸠，其音若呵，名曰灌灌。（《南山首经》）

有神焉，其状如人而二首，名曰骄虫。（《中次六经》）

很明显，“其名曰”或“名曰”后面为此物的名称，“有×焉”之“×”为此物的类别。

[39] 贾雯鹤：《〈山海经〉专名研究》，中国社会科学出版社，2020年，第56—57页。

其二，以“有×，曰××”或“有×焉，名曰××”为基本表述方式：

> 其南有谷，曰育遗。（《南次三经》）
> 有蛇焉，名曰肥遗。（《西山首经》）
> 其上有木焉，名曰文茎。（《西山首经》）
> 其中有鸟焉，名曰鴢。（《中次三经》）
> 有兽焉，名曰獜。（《中次四经》）
> 其上有石焉，名曰帝台之棋。（《中次七经》）
> 有草焉，名曰梨。（《中次七经》）

很明显，“曰”或“名曰”后面为此物的名称，“有×”或“有×焉”之“×”为此物的类别。

其三，以“××之水出焉，其中多××”或“其中有××”为基本表述方式：

> 丽麐之水出焉，而西流注于海，其中多育沛。（《南山首经》）
> 灌水出焉，而北流注于禺水，其中有流赭。（《西山首经》）

很明显，“其中多”或“其中有”后面为此物的名称。

其四，以“××之山，其上多××，其下多××”“其阳多××，其阴多××”或“其中多××”为基本表述方式：

又东五百里，曰成山，四方而三坛，其上多金、玉，其下多青雘。(《南次二经》)

又东四百里，曰虖勺之山，其上多梓、楠，其下多荆、杞。(《南次二经》)

又西二百里，曰翠山……其阳多黄金、玉，其阴多旄牛、麢、麝。(《西山首经》)

西南二百里，曰鸟危之山，其阳多磬石，其阴多檀、楮，其中多女床。(《西次二经》)

很明显，“其上多”“其下多”“其阳多”“其阴多”或“其中多”后面为此物的名称。

其五，以“其×有××”“其×多××”或“×多××”为基本表述方式：

其草有萆荔。(《西山首经》)

其兽多葱聋。(《西山首经》)

其鸟多䳋。(《西山首经》)

兽多猛豹，鸟多尸鸠。(《西山首经》)

其木多檀、楮。(《西次二经》)

其兽多豹、虎，多闾、麋、麖、麂，其鸟多白鷮，多翟，多鸩。(《中次八经》)

其草多䪥、韭，多药、空夺。(《中次九经》)

很明显，“其×有××”“其×多××”或“×多××”后面为此物的名称，前面为此物的类别。

需要指出的是，《山海经》中事物的名称有个别“异物同名”和“一物异名”的现象。

其一，异物同名（即同名异指，就是不同的事物而有相同的名称）。

肥遗，既是鸟的名称，又是蛇的名称：

又西六十里，曰太华之山……有蛇焉，名曰肥遗，六足四翼，见则天下大旱。（《西山首经》）

又西七十里，曰英山……有鸟焉，其状如鹑，黄身而赤喙，其名曰肥遗。（《西山首经》）

又北百八十里，曰浑夕之山……有蛇一首两身，名曰肥遗。（《北山首经》）

嚣，既是兽的名称，又是鸟的名称：

又西七十里，曰羭次之山……有兽焉，其状如禺而长臂，善投，其名曰嚣。（《西山首经》）

又北三百五十里，曰梁渠之山……有鸟焉，其状如夸父，四翼一目，犬尾，名曰嚣。（《北次二经》）

栎，既是鸟的名称，又是木的名称：

又西三百五十里，曰天帝之山……有鸟焉，其状如鹑，黑文而赤翁，名曰栎。(《西山首经》)

西二百五十里，曰白于之山，上多松、柏，下多栎、檀。(《西次四经》)

蛮蛮，既是鸟的名称，又是鱼（或兽）的名称：

《西次三经》之首，曰崇吾之山……有鸟焉，其状如凫而一翼一目，相得乃飞，名曰蛮蛮。(《西次三经》)

又西二百里，至刚山之尾，洛水出焉，而北流注于河，其中多蛮蛮，其状鼠身而鳖首，其音如吠犬。(《西次四经》)

蕃，既是草的名称，又是鸟的名称：

《西次四经》之首，曰阴山……其草多茆、蕃。(《西次四经》)

又北三百五十里，曰涿光之山……其鸟多蕃。(《北山首经》)

梨，既是草的名称，又是木的名称：

又东南十里，曰太山。有草焉，名曰梨。(《中次七经》)

又东南一百二十里，曰洞庭之山……其木多柤、梨、橘、櫾。(《中次十二经》)

其二，一物异名（就是相同的事物而有不同的名称）。

蛮蛮和比翼鸟同属一物：

《西次三经》之首，曰崇吾之山……有鸟焉，其状如凫而一翼一目，相得乃飞，名曰蛮蛮。（《西次三经》）

比翼鸟在其东，其为鸟青、赤，两鸟比翼。（《海外南经》）

郭璞认为，蛮蛮即比翼鸟。

陆吾和开明兽同属一物：

西南四百里，曰昆仑之丘，是实惟帝之下都，神陆吾司之。其神状虎身而九尾，人面而虎爪，是神也，司天之九部及帝之囿时。（《西次三经》）

昆仑南渊深三百仞。开明兽身类虎而九首，皆人面，东向立昆仑上。（《海内西经》）

袁珂先生认为，开明兽即神陆吾。

之所以会出现相同的事物而有不同的名称，是因为对相同的事物会有不同的认识，不同的认识产生了不同的名称。

二、《山海经》动物名的命名原则及规律

动物名包括鸟名、兽名、虫名、鱼名，下面我们举例说明其命名原则及规律。

（一）以动物之鸣声而得名

动物的鸣叫声各不相同，这成为区分不同动物的重要特征，因此古人往往根据动物的鸣声来为它们命名。王献唐《炎黄氏族文化考》云：

> 羊以鸣声得音，羊鸣声音如羊，初本无名，试效其音为代，此呼彼称，久之遂为正名。原始物名之起，类由于此，非有人一一为之立名也。[40]

这正确地揭示了根据动物鸣声命名的事实。

鸟名

以鸣声为动物命名的情况在鸟名中尤其普遍，段玉裁《说文解字

[40] 王献唐:《炎黄氏族文化考》，齐鲁书社，1985年，第223页。

注》于“鸼”字下云：“凡鸟名多取其声为之。”《尔雅·释鸟》云：“仓庚，商庚。”郝懿行《尔雅义疏》亦云：“鸟名多是自呼。”以上，说的正是鸟名得名的这个特点。

1. 鴸

《南次二经》之首，曰柜山……有鸟焉，其状如鸱而人手，其音如痺，其名曰鴸，其鸣自号也。(《南次二经》)

袁珂注：“自呼其名也。”[41]所谓自呼其名，是古人认为鸟的鸣叫声像在呼叫自己的名字，即唐代诗人宋之问《陆浑山庄》诗所云“山鸟自呼名”。因此，他们就根据鸟的鸣声来为之命名。

2. 颙

东四百里，曰令丘之山……有鸟焉，其状如枭，人面四目而有耳，其名颙，其鸣自号也。(《南次三经》)

3. 凫徯

又西二百里，曰鹿台之山……有鸟焉，其状如雄鸡而人面，名

[41] 袁珂:《山海经校注》，巴蜀书社，1993年，第11页。

曰凫徯，其鸣自叫也。(《西次二经》)

4.毕方

又西二百八十里，曰章莪之山……有鸟焉，其状如鹤，一足，赤文而白喙，名曰毕方，其鸣自叫也，见则其邑有讹火。(《西次三经》)

5.鵁

又北二百里，曰蔓联之山……有鸟焉，群居而朋飞，其毛如雌雉，名曰鵁，其鸣自呼。”(《北山首经》)

6.鶌鶌

《北次三经》之首，曰太行之山。其首曰归山……有鸟焉，其状如鹊，白身赤尾，六足，其名曰鶌鶌，是善惊，其鸣自詨。(《北次三经》)

郭注:“今吴人谓呼为詨。”故其鸣自詨犹其鸣自呼也。

7.鵹鶘

又南三百里，曰卢其之山……其中多鵹鶘，其状如鸳鸯而人足，

其鸣自訆。（《东次二经》）

兽名

1. 孟极

又北二百八十里，曰石者之山……有兽焉，其状如豹而文题白身，名曰孟极，是善伏，其鸣自呼。（《北山首经》）

2. 天马

又东北二百里，曰马成之山，其上多文石，其阴多金玉。有兽焉，其状如白犬而黑头，见人则飞，其名曰天马，其鸣自訆。（《北次三经》）

3. 辣辣

又北三百里，曰泰戏之山，无草木，多金玉。有兽焉，其状如羊，一角一目，目在耳后，其名曰辣辣，其鸣自訆。（《北次三经》）

4. 从从

又南三百里，曰栒状之山，其上多金玉，其下多青碧石。有兽焉，其状如犬，六足，其名曰从从，其鸣自詨。（《东山首经》）

5. 狪狪

又南三百里，曰泰山，其上多玉，其下多金。有兽焉，其状如豚而有珠，名曰狪狪，其鸣自訆。(《东山首经》)

6. 軨軨

《东次二经》之首，曰空桑之山……有兽焉，其状如牛而虎文，其音如钦，其名曰軨軨，其鸣自叫。(《东次二经》)

7. 犰狳

又南三百八十里，曰余峨之山……有兽焉，其状如菟而鸟喙，鸱目蛇尾，见人则眠，名曰犰狳，其鸣自訆。(《东次二经》)

8. 朱獳

又南三百里，曰耿山……有兽焉，其状如狐而鱼翼，其名曰朱獳，其鸣自訆。(《东次二经》)

9. 精精

又南水行九百里，曰踇隅之山……有兽焉，其状如牛而马尾，名曰精精，其鸣自叫。(《东次三经》)

10. 当康

又东南二百里，曰钦山……有兽焉，其状如豚而有牙，其名曰当康，其鸣自叫。(《东次四经》)

鱼名

《东次三经》中有“鮯鮯之鱼”：

又南水行五百里，流沙五百里，有山焉，曰跂踵之山……有鱼焉，其状如鲤而六足，鸟尾，名曰鮯鮯之鱼，其名自叫。

从上面的引述来看，对于动物自呼其名的表述方式虽然有“其鸣自号”“其名自号”“其鸣自叫”“其名自叫”“其鸣自呼”“其鸣自詨”“其鸣自訆”之异，但实际上它们是相通的。《春秋繁露·深察名号》云：“名之为言鸣与命也。”《广雅·释诂三》：“命、鸣，名也。”[42]这是古人认为名号与鸣声是相互关联的，即《中论·贵验》引子思（图2-13）所云：“事自名也，声自呼也。”

[42] 陆宗达、王宁:《“名”、“命”、“明”、“鸣”义相通说》，载陆宗达、王宁《古汉语词义答问》，甘肃人民出版社，1986年，第120—123页。

既然这些动物是根据动物的鸣叫声来命名的，那么这些专名应该是摹声词。由于鸟声多尖利宛转，因此这类根据鸟的鸣叫声命名的鸟名中，或是单音节词，或是两个不同字的双音节词。

由于兽的叫声多粗重浑厚，因此这类根据兽的叫声命名的兽名中，多是双音节重言词，或是双音节叠韵词。兽名为双音节重言词的有辣辣、从从、狪狪、軨軨、精精等，为双音节叠韵词的有犰狳、朱獳、当康。

虫名中没有以鸣声命名之例，而鱼名中只有一例，即鮯鮯之鱼。

▲ 图2–13　子思（《至圣先贤半身像册》）

（二）以动物的形体特征而得名

形体特征主要是指动物的外形、外貌特征，古人往往据此为动物命名。

1. 鸡

章太炎先生《文始》四认为鸡得声义于奚，《说文 · 大部》："奚，大腹也。"故鸡以其大腹而得名。[43]

[43] 章太炎:《章太炎全集》（七），上海人民出版社，1999年，第260—261页。

2. 孔鸟

有孔鸟。（《海内经》）

郭注："孔雀也。"袁珂注："《周书·王会篇》云：'方人以孔鸟。'《尔雅翼》卷一三云：'孔雀生南海，尾凡七年而后成，长六七尺，展开如车轮，金翠斐然。'"[44]孔有大义，《老子》第二十一章："孔德之容。"河上公注："孔，大也。"故孔鸟以其体形大而得名。

3. 豪彘

又西五十二里，曰竹山……有兽焉，其状如豚而白毛，毛大如笄而黑端，名曰豪彘。（《西山首经》）

郭注："狟猪也，夹髀有粗豪，长数尺，能以脊上豪射物。"豪彘以其身有粗豪（毫）而得名。

4. 夔牛

又东北三百里，曰岷山……其兽多犀、象，多夔牛。（《中次九经》）

郭注："今蜀山中有大牛，重数千斤，名为夔牛，即《尔雅》所谓

[44] 袁珂：《山海经校注》，巴蜀书社，1993年，第520页。

魏。”夔，脂部群纽；魏，微部疑纽。韵为旁转，声为旁纽，故得通用。魏，今本《尔雅·释畜》作“犩”，郝懿行《尔雅义疏》云：“犩亦魏也，高大之称。《释文》引《字林》云：‘黑色而大，重三千斤。’”《左传·闵公元年》：“魏，大名也。”《淮南子·本经训》：“魏阙之高，上际云天。”高诱注：“门阙高崇嵬嵬然，故曰魏阙。”故夔牛当以其体形高大而得名。

5.封豕

有封豕。(《海内经》)

郭注：“大猪也。”封有大义，《小尔雅·广诂》：“封，大也。”《诗·大雅·烈文》：“无封靡于尔邦。”毛传：“封，大也。”豕即猪，故郭注谓封豕即大猪。

6.鲋

《说文·鱼部》云：“鲋，鱼名。从鱼付声。”段注：“鲋见《易》《礼》，郑注《易》曰：‘鲋，鱼微小。’虞翻曰：‘鲋，小鲜也。’”《广雅·释鱼》：“鲼，鲋也。”王引之《疏证》：“《井》九二‘井谷射鲋’，刘逵《吴都赋》注引郑注云：‘所生无大鱼，但多鲋鱼耳。’言微小也。”[45]章太炎先生《新方言·释言》认为“付声字皆有短小义”[46]，故鲋鱼以其短小而得名。

[45] 王念孙：《广雅疏证》，江苏古籍出版社，1984年，第366页。

[46] 章太炎：《章太炎全集》(七)，上海人民出版社，1999年，第43页。

7. 箴鱼

又南三百里，曰栒状之山……其中多箴鱼，其状如儵，其喙如箴。（《东山首经》）

箴鱼以“其喙如箴”而得名。

8. 珧

又西南四百里，曰峄皋之山，其上多金玉，其下多白垩，峄皋之水出焉，东流注于激女之水，其中多蜃、珧。（《东次二经》）

郭注：“蜃，蚌也；珧，玉珧，亦蚌属。”郝疏：“《尔雅》云：‘蜃小者珧。’即小蚌也。”从兆之字，多有小义。《说文·羊部》：“羠，羊未卒岁也。”羊未卒岁，即是小羊。《说文·鱼部》：“鮃，大鳠也。其小者名鮡。”并可为证，故珧的命名之义为小。

9. 仆累、蒲卢

又东十里，曰青要之山，实惟帝之密都。……南望墠渚，禹父之所化，是多仆累、蒲卢。（《中次三经》）

郭注："仆累，蜗牛也。《广雅》曰：'蒲卢者，螔、蝓也。"郝懿行疏："蒲卢声转为仆累。"实际上果蠃、仆累、蒲卢并为一声之转。果蠃的转语甚多，程瑶田《果蠃转语记》对此论之甚详[47]。王国维《〈尔雅〉草木虫鱼鸟兽释例下》认为："果蠃、果蠃者，圆而下垂之意。"[48]故凡"圆而下垂"之物皆得以名之为果蠃。因此，仆累、蒲卢实以其体形"圆"而得名。

（三）以动物的行动特征而得名

1. 鵸鵌

又东三百里，曰基山……有鸟焉，其状如鸡而三首六目，六足三翼，其名曰鵸鵌。（《南山首经》）

鵸鵌，黄侃先生《尔雅音训》卷下认为其与蝙蝠、蟞蚨皆自憋怤来，言其飞之急疾也[49]，故鵸鵌以其飞之急疾而得名。

2. 猿（猨、蝯）

《尔雅·释兽》云："猱蝯善援。"郭注："便攀援。"王引之《经义述闻》卷二八"猱蝯善援，貜父善顾，威夷长脊而泥"条引王念孙云："此举其物之情状，因以著其命名之义。善援故曰蝯。"[50]《说文·虫部》："蝯，善援。"段注："许意以蝯善攀援，故称蝯。"

[47] 程瑶田：《程瑶田全集》（第三册），陈冠明等校点，黄山书社，2008年，第491—504页。

[48] 王国维：《观堂集林》，中华书局，1959年，第222页。

[49] 黄侃：《尔雅音训》，上海古籍出版社，1983年，第291—292页。

[50] 王引之：《经义述闻》，国学基本丛书本，商务印书馆，1936年，第1126页。

3.举父

《西次三经》之首，曰崇吾之山……有兽焉，其状如禺而文臂，豹尾而善投，名曰举父。(《西次三经》)

郝懿行疏："《尔雅》云：'豦，迅头。'郭注云：'今建平山中有豦，大如狗，似猕猴，黄黑色，多髯鬣，好奋迅其头，能举石擿人，玃类也。'如郭所说，惟能举石擿人，故经曰善投，亦因名举父。举、豦声同，故古字通用。"举父以善举石擿人而得名。

《尔雅·释兽》云："玃父善顾。"郭注："能攫持人，好顾眄。"即其认为玃父以能攫持人而得名。

王引之《经义述闻》卷二八"猱蝯善援，玃父善顾，威夷长脊而泥"条云："虎豹熊罴之属，皆能攫持人，而不谓之玃，然则玃父之名，非以其能攫持人而命之也。玃之为言犹瞿也，《说文》：'瞿，视遽皃。'徐锴曰：'左右惊顾也。'《震》上六曰：'视瞿瞿。'左思《魏都赋》曰：'吴蜀二客，矍焉相顾。'是瞿为顾视貌也。玃父善顾，故谓之玃父矣。"[51]

闻一多先生《尔雅新义》亦同于王氏之说，云："郭注说玃父'能攫持人'，似读玃为攫，失其义矣。"[52]

玃、举二字，并属段玉裁古韵十七部中的第五部，则玃父当即举父。《山海经》言举父"善投"，与豦"能举石擿人"、玃父"能攫持人"意思相近，因此郭注并非无故。

[51] 王引之：《经义述闻》，国学基本丛书本，商务印书馆，1936年，第1126—1127页。

[52] 闻一多：《闻一多全集》第2册，三联书店，1982年，第231页。

4. 窫窳

又北二百里，曰少咸之山，无草木，多青碧。有兽焉，其状如牛而赤身，人面马足，名曰窫窳，其音如婴儿，是食人。(《北山首经》)

窫窳，古书无定字，或作猰貐。对于猰貐的命名之义，陆宗达、王宁先生《训诂与训诂学》认为："《说文・九下・豸部》：'貐，猰貐。似貙，虎爪，食人，迅走。''貙'，又名'貙豻'。《汉书・司马相如传》'蟃蜒''貙豻'。《尔雅・释兽》'貙似狸'，郭璞注：'今貙虎也。大如狗，文如狸。'又说：'今山民呼貙虎之大者为貙豻。''猰貐'似貙豻，也是虎属。它的特点是行走快。所以说'迅走'。《说文・二上・走部》：'趩，超特也。''超特'与'迅走'义通。'猰'与'趩'同源。'猰貐'是因走得快而得名。"[53]

5. 鳣

鳣即鳝鱼。鳣的命名之义，俞敏先生认为是出于动作"蟺"[54]。《说文・虫部》："蟺，夗蟺也。"段注："夗，转卧也，引申为凡宛曲之称。夗蟺叠韵，盖谓凡虫之宛曲之状。"故鳣得名于其行动时的宛曲之状。

[53] 陆宗达、王宁：《训诂与训诂学》，山西教育出版社，1994年，第73页。

[54] 俞敏：《俞敏语言学论文集》，商务印书馆，1999年，第432页。

（四）以动物的习性而得名

1. 穷奇

又西二百六十里，曰邽山。其上有兽焉，其状如牛，猬毛，名曰穷奇，音如獆狗，是食人。(《西次四经》)

蒋礼鸿《义府续貂》“梼杌”条云:“穷奇者，傲狠不耦于物也。”[55]故穷奇以“傲狠不耦于物”而得名。

2. 鸣蛇

又西三百里，曰鲜山……其中多鸣蛇，其状如蛇而四翼，其音如磬。(《中次二经》)

鸣蛇当以“其音如磬”而得名。

上面只是谈了动物得名的部分缘由，可以起到一斑窥豹的作用。实际上，动物得名的原因还有不少，这里就不一一详述。另一方面，很多名称因为种种原因，现今已经难以探测它们得名的原因。

[55] 蒋礼鸿:《义府续貂》，中华书局，1981年，第8页。

三、常与非常

如果让大家只能用一个字来形容对《山海经》的第一印象，相信很多人会说这个字——“怪”。其实这不只是现代人的感受，古人也有同样的认识。司马迁《史记·大宛列传》赞语说：“故言九州山川，《尚书》近之矣。至《禹本纪》《山海经》所有怪物，余不敢言之也。”前文已经指出，这里的《山海经》原文应该是《山经》。班固《汉书·张骞传》赞语说：“故言九州山川，《尚书》近之矣。至《禹本纪》《山经》所有，放哉！”班固的赞语正如王先谦《补注》所说：“此全本《史记·大宛传赞》。”放，颜师古注引如淳云：“放荡迂阔，不可信也。”[56]

《山经》，司马迁以一言蔽之，曰“怪物”。班固称《山经》“放哉”，即因它多言怪物，故不可信。怪物是因，放哉是果。

司马迁拈出的“怪物”二字，对《山经》而言，可谓曲尽其妙。检索《山海经》，“怪”字在《海经》和《大荒经》中一次都没有出现，而在《山经》中一共出现了22次，其中1次用在《西次三经》崒山节后的“自崒山至于钟山，四百六十里，其间尽泽也。是多奇鸟、怪兽、奇鱼，皆异物焉”，然而这几句是他书羼入《山经》的文字，因此《山经》使用“怪”字实际共有21次。

[56] 王先谦:《汉书补注》，中华书局，1983年，第1228页。

又东三百八十里，曰猨翼之山，其中多怪兽，水多怪鱼，多白玉，多蝮虫，多怪蛇，多怪木，不可以上。(《南山首经》)

又东三百七十里，曰杻阳之山……怪水出焉，而东流注于宪翼之水。(《南山首经》)

又东三百里，曰基山，其阳多玉，其阴多金，多怪木。(《南山首经》)

又东四百里，至于旄山之尾，其南有谷，曰育遗，多怪鸟，凯风自是出。(《南次三经》)

又东五百里，曰灌湘之山，上多木，无草，多怪鸟，无兽。(《南次三经》)

又东五百八十里，曰禺稾之山，多怪兽，多大蛇。(《南次三经》)

西南四百里，曰昆仑之丘……是多怪鸟兽。(《西次三经》)

又西二百八十里，曰章莪之山，无草木，多瑶、碧，所为甚怪。(《西次三经》)

又西二百里，曰符惕之山，其上多棕、楠，下多金、玉，神江疑居之。是山也，多怪雨，风云之所出也。(《西次三经》)

又北水行五百里，流沙三百里，至于洹山，其上多金、玉。三桑生之，无枝，其高百仞。百果树生之。其下多怪蛇。(《北次二经》)

《中次五经》薄山之首，曰苟床之山，无草木，多怪石。(《中次五经》)

又东二十七里，曰堵山，神天愚居之，是多怪风雨。(《中次七经》)

又东百五十里，曰崌山。江水出焉，东流注于大江，其中多怪蛇。(《中次九经》)

又东南百二十里，曰洞庭之山，其上多黄金，其下多银、铁，其木多柤、梨、橘、櫾，其草多葌、蘪芜、芍药、芎䓖。帝之二女居之，是常游于江渊。澧沅之风交潇湘之渊，是在九江之间，出入必以飘风暴雨。是多怪神，状如人而载蛇，左手右手操蛇。是多怪蛇、怪鸟。(《中次十二经》)

又东南二百里，曰荣余之山，其上多铜，其下多银，其木多柳、芑，其虫多怪蛇、怪虫。(《中次十二经》)

《山经》的“怪”字使用范围十分广泛，几乎是无物不可言“怪”。估计司马迁老先生见到“怪”字“刷屏”的《山经》，毫不犹豫就留下了“怪物”两个字的最初印象。

《山经》为什么会记载这么多的怪物呢？要知道，《山经》主要记载的是天下的高山大川，而古人认为高山大川正是怪物出没的地方。汪继培《尸子》卷下云：“徐偃王好怪，没深水而得怪鱼，入深山而得怪兽者，多列于庭。”《大戴礼记·四代》云：

平原大薮，瞻其草之高丰茂者，必有怪鸟兽居之。且草可财也，如艾而夷之，其地必宜五谷。高山多林，必有怪虎豹蕃孕焉；深渊大川必有蛟龙焉。民亦如之，君察之，可以见器见才矣。

因此《山经》多言怪物，原是理所应当的。

“怪物”二字是同义并列的关系，因此“怪物”可以倒过来称作“物怪”。《史记·天官书》云：“所见天变，皆国殊窟穴，家占物怪，以合时应，其文图籍禨祥不法。”《汉书·宣元六王传》云：“诸子书或反经术，非圣人；或明鬼神，信物怪。”颜师古注：“物亦鬼。”

怪物的含义是什么呢？先看“怪”字，《说文·心部》云：“怪，异也。”玄应《一切经音义》卷六“怪之”条云：“怪异也，惊怪也。凡奇异非常皆曰怪。”常为正常，非正常即是怪，因此《玉篇·心部》云：“怪，异也，非常也。”《南山首经》云：“又东三百八十里，曰稷翼之山，其中多怪兽，水多怪鱼，多白玉，多蝮虫，多怪蛇，多怪木，不可以上。”郭璞注：“凡言怪者，皆谓貌状倔奇不常也。”不常即非常。干宝《撰搜神记请纸表》云：“臣前聊欲撰记古今怪异非常之事。”[57]“怪”“异”“非常”三者同义，《诗经·小雅·正月》孔颖达疏：“《郑驳异义》与《洪范五行传》皆云：‘非常曰异。’”

《庄子·齐物论》“恢恑憰怪”，成玄英疏：“怪者，妖异之物。”《文选·扬雄〈羽猎赋〉》“怪物暗冥”，吕向注：“怪，谓奇怪之物。”

再看“物”字。《史记·齐悼惠王世家》云：“相舍人怪之，以为物。”《索隐》引姚氏云：“物，怪物。”《史记·留侯世家》赞语云：“学者多言无鬼神，然言有物。”《索隐》：“物谓精怪及药物也。”《史记·扁鹊仓公列传》云：“长桑君亦知扁鹊非常人也。出入十余年，乃呼扁鹊私坐，间与语曰：‘我有禁方，年老，欲传与公，公毋泄。’扁鹊曰：‘敬诺。’乃出其怀中药予扁鹊：‘饮是以上池之水，三十日当知物矣。’”

[57] 李剑国：《新辑搜神记》，中华书局，2007年，第17页。

《索隐》:“旧说云上池水谓水未至地，盖承取露及竹木上水，取之以和药，服之三十日，当见鬼物也。”物为鬼神精怪之义，其证甚多。司马迁的“怪物”之“物”正是用的鬼神精怪之义。

《春秋繁露·王道》云:“乾溪有物女，水尽则女见，水满则不见。”物女即水神。《汉书·郊祀志》云:“有物曰:‘蛇，白帝子。’”颜师古注:“物，谓鬼神也。”《风俗通义·怪神》“世间多有精物妖怪百端”条云:“家当有老青狗物。”孙诒让《札迻》卷一〇云:“古书多谓鬼魅为物。……此云‘狗物’，犹言‘狗魅’也。”

《周礼·春官·籥章》云:“国祭蜡，则龡《豳颂》，击土鼓，以息老物。”孙诒让《正义》云:“物即万物之神，亦即《神仕》所谓物鬽也。”[58]《周礼·春官·神仕》云:“凡以神仕者，掌三辰之法，以犹鬼、神、示之居，辨其名物。以冬日至致天神人鬼，以夏日至致地示物鬽，以禬国之凶荒、民之札丧。”郑玄注:“百物之神曰鬽。”孙诒让《正义》云:“云‘百物之神曰鬽’者，《说文·鬼部》云:‘鬽，老精物也，从鬼彡。彡，鬼毛。重文魅，或从未声。’百物之神，即物之老而能为精怪者。”[59]

《论衡·订鬼篇》云:“鬼者，老物精也。夫物之老者，其精为人。亦有未老，性能变化，象人之形。”

《抱朴子·金丹》云:“凡小山皆无正神为主，多是木石之精，千岁老物，血食之鬼，此辈皆邪炁，不念为人作福，但能作祸。”《抱朴子·登涉》云:

[58] 孙诒让:《周礼正义》，王文锦、陈玉霞点校，中华书局，1987年，第1917页。

[59] 同上书，第2233页。

又万物之老者，其精悉能假托人形，以眩惑人目而常试人，唯不能于镜中易其真形耳。是以古之入山道士，皆以明镜径九寸已上，悬于背后，则老魅不敢近人。或有来试人者，则当顾视镜中，其是仙人及山中好神者，顾镜中故如人形。若是鸟兽邪魅，则其形貌皆见镜中矣。又老魅若来，其去必却行，行可转镜对之，其后而视之，若是老魅者，必无踵也，其有踵者，则山神也。

古人认为怪物大都来自殊乡异域，这符合对异邦的想象。自己所居住的地方是中心，是常；他者所居住的地方为四裔，是非常，自然会怪物横行。《论衡·订鬼篇》云："鬼者，物也，与人无异。天地之间，有鬼之物，常在四边之外，时往来中国，与人杂则（厕），凶恶之类也。"鬼魅怪物"常在四边之外"，即在中国之外。

《左传·宣公三年》云：

楚子伐陆浑之戎，遂至于雒，观兵于周疆。定王使王孙满劳楚子。楚子问鼎之大小轻重焉。对曰："在德不在鼎。昔夏之方有德也，远方图物，贡金九牧，铸鼎象物，百物而为之备，使民知神奸。故民入川泽山林，不逢不若。螭魅罔两，莫能逢之，用能协于上下以承天休。桀有昏德，鼎迁于商，载祀六百。商纣暴虐，鼎迁于周。德之休明，虽小，重也。其奸回昏乱，虽大，轻也。天祚明德，有所厎止。成王定鼎于郏鄏，卜世三十，卜年七百，天所命也。周德虽衰，天命未改，鼎之轻重，未可问也。"

“远方图物”，杜预注：“图画山川奇异之物而献之。”“铸鼎象物”，杜预注：“象所图物，著之于鼎。”“百物而为之备，使民知神奸”，杜预注：“图鬼神百物之形，使民逆备之。”“螭魅罔两”，杜预注：“螭，山神，兽形。魅，怪物。罔两，水神。”“远方图物”“铸鼎象物”和“百物”中的“物”字相同，都是指妖魔鬼怪。从“远方图物”一句可以看出，“物”出自远方，因此对古人而言，与远方联系的不是诗，而是怪物。而“铸鼎象物”的目的就是要将这些怪物的形象和名字公示于众，从而达到“使民知神奸”的目的。如果老百姓知道怪物的形象和名字，那么自然会“入川泽山林，不逢不若。螭魅罔两，莫能逢之”。

根据《左传·文公十八年》的记载，舜的时代，天下有四大恶人，名叫浑敦、穷奇、梼杌、饕餮。最终舜将他们“投诸四裔，以御螭魅”，即孔颖达疏所说：“是放之四方之远处。螭魅若欲害人，则使此四者当彼螭魅之灾，令代善人受害也。”换句话说，就是坏人自有恶人磨，以魔降魔的意思。

魑魅的形象，说法不一。《周礼·春官·神仕》贾公彦疏引服虔注《左传·文公十八年》云：“魑，山神，兽形，或曰如虎而啖虎。或曰魅，人面兽身而四足，好惑人，山林异气所生，为人害。”《史记·五帝本纪》云：“舜宾于四门，乃流四凶族，迁于四裔，以御魑魅。”《集解》引服虔云：“魑魅，人面兽身，四足，好惑人，山林异气所生，以为人害。”《山海经·海内北经》：“袜，其为物人身黑首，从（纵）目。”郭璞注：“袜，即魅也。”

可能有人会问，为什么老百姓知道怪物的形象和名字，就不会被怪物加害呢？因为知道某地有某怪，可以绕道而行，不与怪物遭遇。古人认为，即使因种种不可抗拒的原因，突然遭遇怪物，如果事先知道怪物的形象和名字，那么只要当一见到怪物就大声叫出怪物的名字，也会起到紧急避险的作用。对此，《抱朴子·登涉》记载甚详：

山中山精之形，如小儿而独足，走向后，喜来犯人。人入山，若夜闻人音声大语，其名曰蚑，知而呼之，即不敢犯人也。一名热内，亦可兼呼之。又有山精，如鼓赤色，亦一足，其名曰晖。又或如人，长九尺，衣裘戴笠，名曰金累。或如龙而五色赤角，名曰飞飞。见之皆以名呼之，即不敢为害也。

又云：

山中有大树，有能语者，非树能语也，其精名曰云阳，呼之则吉。山中夜见火光者，皆久枯木所作，勿怪也。山中夜见胡人者，铜铁之精。见秦〔人〕者，百岁木之精。勿怪之，并不能为害。山水之间见吏人者，名曰四徼，呼之名即吉。山中见大蛇着冠帻者，名曰升卿，呼之即吉。山中见吏，若但闻声不见形，呼人不止，以白石掷之则息矣；一法以苇为矛以刺之即吉。山中见鬼来唤人，求食不止者，以白茅投之即死也。山中鬼常迷惑使失道径者，以苇杖投之即死也。山中寅日，有自称虞吏者，虎也。称当路君者，狼也。称令长者，老狸也。卯日称丈人者，兔也。称东王父者，麋也。称西王母者，鹿也。辰日称雨师者，龙也。称河伯者，鱼也。称无肠公子者，蟹也。巳日称寡人者，社中蛇也。称时君者，龟也。午日称三公者，马也。称仙人者，老树也。未日称主人者，羊也。称吏者，獐也。申日称人君者，猴也。称九卿者，猿也。酉日称将军者，老鸡也。称捕贼者，雉也。戌日称人姓字者，犬也。称成阳公者，狐也。亥日称神君者，猪也。称妇人者，金玉也。子日称社君者，鼠也。称神人者，伏翼也。丑日称书生者，牛也。但知其物名，则不能为害也。

又云：

或问曰：辟山川庙堂百鬼之法。抱朴子曰："道士常带天水符、及上皇竹使符、老子左契、及守真一思三部将军者，鬼不敢近人也。其次则论百鬼录，知天下鬼之名字，及《白泽图》《九鼎记》，则众鬼自却。"

可见古人要想避免怪物的伤害，熟知怪物的形象和名字是必备的技能。

同时，熟知怪物的形象和名字也是成为博物君子的必要条件。刘秀《上山海经表》云：

孝武皇帝时，尝有献异鸟者，食之百物，所不肯食。东方朔见之，言其鸟名，又言其所当食，皆如朔言。问朔何以知之，云出

《山海经》。孝宣帝时，击磻石于上郡，陷得石室，其中有反缚盗械人。时臣秀父向为谏议大夫，言此贰负之臣也。诏问何以知之，亦以《山海经》对。其文曰："贰负杀窫窳，帝乃梏之疏属之山，桎其右足，反缚两手。"上大惊。朝士由是多奇《山海经》者，文学大儒皆读学以为奇，可以考祯祥变怪之物，见远国异人之谣俗。故《易》曰："言天下之至赜而不可乱也。"博物之君子，其可不惑焉。

东方朔（图2-14）和刘向（图2-15）之所以能在皇帝面前展现他们博物的风采，完全是拜《山海经》所赐。

▲ 图2-14　东方朔（《历代帝王圣贤名臣大儒遗像》）

▲ 图2-15　刘向（《至圣先贤半身像册》）

刘秀《上山海经表》没有说出东方朔所见异鸟的名字，而郭璞《注山海经叙》则明言“东方生晓毕方之名”，则所见异鸟为毕方。

《论衡·别通篇》云：

> 禹、益并治洪水，禹主治水，益主记异物，海外山表，无远不至，以所闻见，作《山海经》。非禹、益不能行远，《山海》不造。然则《山海》之造，见物博也。董仲舒睹重常之鸟，刘子政晓贰负之尸，皆见《山海经》，故能立二事之说。使禹、益行地不远，不能作《山海经》；董、刘不读《山海经》，不能定二疑。

异物即怪物，刘子政即刘向。与刘秀、郭璞所说不同，东方朔换成了董仲舒（图2–16），而重常不见于今本《山海经》，“重常”疑为“毕方”之误。

▲ 图2–16 董仲舒（《历代帝王圣贤名臣大儒遗像》）

《左传》说九鼎上图画着百物的形象（图2–17），而《山海经》则以文字的形式记载着怪物，因此很早就有人将二者相提并论。左思《吴都赋》云：

> 其上则猿父哀吟，猼子长啸。狖鼯猓然，腾趠飞超。争接县垂，竞游远枝。惊透沸乱，牢落翚散。其下则有枭羊麡狼，

▲ 图2-17　异物灵汇鼎（明王希旦《大禹九鼎图述》）

猰貐貙象。乌菟之族，犀兕之党。钩爪锯牙，自成锋颖。精若耀星，声若震霆。名载于《山经》，形镂于夏鼎。

夏鼎即九鼎。

后世学者甚至认为九鼎图就是《山海图》，根据图像所形成的文字就是《山海经》。明代杨慎《山海经后序》云：

《左传》曰：“昔夏氏之方有德也，远方图物，贡金九牧，铸鼎象物，百物而为之备，使民知神奸，入山林不逢不若，魑魅魍魉，莫能逢之。”此《山海经》之所由始也。神禹既锡玄圭，以成水功，遂受舜禅，以家天下。于是乎收九牧之金以铸鼎，鼎之象则取远方之图。山之奇，水之奇，草之奇，木之奇，禽之奇，兽之奇，说其形，著其生，别其性，分其类。其神奇殊汇，骇世惊听者，或见或闻，或恒有，或时有，或不必有，皆一一书焉。盖其经而可守者，具在《禹贡》；奇而不法者，则备在九鼎。九鼎既成，以观万国，同彼象而魏之，日使耳而目之，脱輶轩之使，重译之贡，续有呈焉，固以为恒而不怪矣，此圣王明民牖俗之意也。夏后氏之世，虽曰尚忠，而文反过于成周。太史终古藏古今之图，至桀焚黄图，终古乃抱之以归殷。又史官孔甲于黄帝、姚、姒盘盂之铭，皆缉之以为书。则九鼎之图，其传固出于终古、孔甲之流也。谓之曰《山海图》，其文则谓之《山海经》。至秦而九鼎亡，独图与经存。晋陶潜诗“流观《山海图》”，阮氏《七录》有张僧繇《山海图》，可证已。今则经存而图亡，后人因其义例而推广之，益以秦汉郡县地名，故读者疑信相牉。信者直以为禹、益所著，既迷其元，而疑者遂斥为后人赝作诡撰，抑亦轧矣。汉刘歆《七略》所上，其文古矣。晋郭璞注释所序，其说奇矣。此书之传，二子之功与？但其著作之源，后学或忽，故著其说，附之策尾。[60]

杨慎提出《山海图》即九鼎图的看法虽然不能证实，但确有一定的合理性。《山海图》即使不是全部来自九鼎图，当有部分来自它也应无疑问。而且相较于司马迁而言，杨慎对《山海经》的认识更为全面和准确。《山海经》在司马迁眼里只有"怪物"，只有"非常"。而在杨慎眼里，《山海经》既有"奇而不法者，则备在九鼎"，奇即怪，不法即非常；又有"其经而可守者，具在《禹贡》"，经者，常也。换句话说，《山海经》的内容包含了常与非常两方面的内容。只不过非常的内容更容易给人造成视觉冲击，从而留下深刻的印象。但我们不能因此忽视《山海经》关于常的内容，它同样是《山海经》重要的组成部分。

常即常见之物，或者说是普通之物。《山海经》关于普通植物、动物和矿物的叙事模式是简单罗列名字，对它们的形状、性能和功效等都不着一字，极尽俭省之能事。

又东四百里，曰虖勺之山，其上多梓、楠，其下多荆、杞。（《南次二经》）

又东三百七十里，曰仑者之山，其上多金、玉，其下多青雘。

[60] 杨慎：《升庵全集》，商务印书馆，1937年，第17页。

(《南次三经》)

又西八十里，曰小华之山，其木多荆、杞，其兽多㸲牛，其阴多磬石，其阳多㻬琈之玉。(《西山首经》)

又西百八十里，曰大时之山，上多穀、柞，下多杻、橿，阴多银，阳多白玉。(《西山首经》)

又西二百五十里，曰众兽之山，其上多㻬琈之玉，其下多檀、楮，多黄金，其兽多犀、兕。(《西次二经》)

又北三百八十里，曰虢山，其上多漆，其下多桐、椐，其阳多玉，其阴多铁。(《北山首经》)

上面的文字就是《山经》关于普通植物、动物和矿物叙事的基本方式，除了名称外，没有任何有价值的信息。博物读者对这样的博物叙事显然难称满意，但这就是我国上古文献博物叙事的现实。甚而《山经》中还有博物叙事杂乱无章的情况出现，《中次八经》云：

东北百里，曰荆山，其阴多铁，其阳多赤金，其中多牦牛，多豹、虎，其木多松、柏，其草多竹，多橘、櫾。漳水出焉，而东南流注于睢，其中多黄金，多鲛鱼。其兽多闾、麈。

橘、櫾、松、柏都属于木类，但它们中间却插入了“其草多竹”一句。而“其兽多闾、麈”一句孤零零地掉在全节最后，其实它应该接在“其中多牦牛，多豹、虎”之后，作“其兽多牦牛，多豹、虎，多闾、麈”。这个现象说明《山经》的作者可能不是一个擅长写文章的人，更像一个只会记流水账的账房先生。

“没有对比，就没有伤害”，让我们看看古希腊希罗多德（约前484—前425）《历史》中关于鳄鱼的描写：

> 鳄鱼是怎样一种动物呢？它是这样的：在冬天的四个月里，它什么都不吃；它是水陆两栖的四足兽。母鳄在岸上产卵和孵化，它们一天当中大部分是生活在干地上，但是在夜里它们便退回河中，因为河里的水是比夜中的空气和露水温暖的。在我们所知道的动物当中，这是仅有的一种能够从最小的东西长成最大的东西的动物，因为鳄鱼卵只比鹅卵大不了许多，而小鳄鱼和卵的大小也相仿佛，可是当它长成之后，这个动物可以有十七佩巨斯长或者更长。它的眼和猪的眼相似，它有和它的身体大小相适应的巨大的牙齿和尖齿。它和所有其他的动物不同，它没有舌头。它的下颚不能动，在这一点上它也是非常奇特的，因为它是世界上唯一上颚动而下颚不动的动物。它还有强大有力的爪，背上有非常坚硬的穿不透的鳞皮。它在水里看不见东西，但是在陆地上它的目光是很锐利的。既然它住在水里，因此在它的口腔里满都是水蛭。所有的鸟兽看到它都会逃避，但是它却和一种叫做特洛奇洛斯的小鸟和平相处，因为这种小鸟可以给它做事情。原来每当鳄鱼从水里到岸上来的时候，它习惯于张开大嘴躺在那里（多半是向着西风张着），在这个时候，称为特洛奇洛斯的小鸟便到它的嘴里去啄食水蛭。鳄鱼喜欢小鸟对

它的恩惠，因此它便注意不去伤害这种小鸟。[61]

这样详尽的描写都可以用来拍摄一集《动物世界》了。相信这才是博物读者希望看到的博物叙事，而不只是一个干瘪的名称。

《山海经》最让人感兴趣的是其所记载的非常之物。非常是相对于正常而言，非常之物的主要特征包括以下六个方面。

（一）复合型组合

人兽合体

又东三百里，曰青丘之山……英水出焉，南流注于即翼之泽，其中多赤鱬，其状如鱼而人面。（《南山首经》）

又东三百四十里，曰尧光之山……有兽焉，其状如禺，人面彘鬣，穴居而冬蛰，其名曰猾裹。（《南次二经》）

东五百里，曰祷过之山……有鸟焉，其状如䴔而白首，三足人面，其名曰瞿如。（《南次三经》）

又东四百里，曰令丘之山……有鸟焉，其状如枭，人面四目而有耳，其名曰颙。（《南次三经》）

又西七十里，曰羭次之山……有鸟焉，其状如枭，人面而一足，名曰橐𩇯。（《西山首经》）

又西二百里，曰鹿台之山……有鸟焉，其状如雄鸡而人面，名

[61] ［古希腊］希罗多德：《历史》，王以铸译，商务印书馆，1959年，第140页。

曰凫徯。(《西次二经》)

西南三百六十里，曰崦嵫之山……有兽焉，其状马身而鸟翼，人面蛇尾，是好举人，名曰孰湖。有鸟焉，其状如鸮而人面，蜼目犬尾，其名自号也，见则其邑大旱。(《西次四经》)

又北三百二十里，曰灌题之山……有鸟焉，其状如雌雉而人面，见人则跃，名曰竦斯。(《北山首经》)

又北二百里，曰少咸之山……有兽焉，其状如牛而赤身，人面马足，名曰窫窳。(《北山首经》)

又北二百里，曰狱法之山……有兽焉，其状如犬而人面，善投，见人则笑，其名曰山猙。(《北山首经》)

又北三百里，曰北嚣之山……有鸟焉，其状如乌，人面，名曰䳩鶌。(《北次二经》)

又东北二百里，曰剡山……有兽焉，其状如彘而人面，黄身而赤尾，其名曰合窳。(《东次四经》)

又西三百里，曰阳山……阳水出焉，而北流注于伊水，其中多化蛇，其状人面而豺身，鸟翼而蛇行，其音如呼，见则其邑大水。(《中次二经》)

又西二百里，曰蔓渠之山……有兽焉，其名曰马肠，其状人面虎身，其音如婴儿，是食人。(《中次二经》)

毕方鸟在其东，青水西，其为鸟青，人面。(《海外南经》)

鵹鸟人面，居山上。(《海外西经》)

狌狌知人名，其为兽如豕而人面，在舜葬西。(《海内南经》)

开明兽身类虎而九首，皆人面，东向立昆仑上。(《海内西经》)

窫窳者，蛇身人面，贰负臣所杀也。(《海内西经》)

昆仑虚北所，有阘非，人面而兽身，青色。(《海内北经》)

有玄丹之山。有五色之鸟，人面有发。(《大荒西经》)

有青兽，人面，名曰猩猩。(《海内经》)

以上所举的动物包括鸟兽虫鱼，都长着“人面”。而人兽合体中，就以“人面”最多。

又北百八十里，曰单张之山……有兽焉，其状如豹而长尾，人首而牛耳，一目，名曰诸犍。(《北山首经》)

诸犍长着“人首”，在《山海经》一书中，人首和人面的意思相同。

《南次二经》之首，曰柜山……有鸟焉，其状如鸱而人手，其音如痺，其名曰鴸。(《南次二经》)

西南三百八十里，曰皋涂之山……有兽焉，其状如鹿而白尾，马足人手而四角，名曰玃如。有鸟焉，其状如鸱而人足，名曰数斯，食之已瘿。(《西山首经》)

又南三百里，曰卢其之山……沙水出焉，南流注于涔水，其中多鴽鹕，其状如鸳鸯而人足。(《东次二经》)

又西百八十里，曰黄山……有鸟焉，其状如鸮，青羽赤喙，人

舌能言，名曰鹦䳇。（《西山首经》）

又北二百里，曰北岳之山……有兽焉，其状如牛而四角，人目彘耳，其名曰诸怀。（《北山首经》）

以上所举的动物分别长着“人手”“人足”“人舌”或“人目”。

又北三百五十里，曰钩吾之山……有兽焉，其状羊身人面，其目在腋下，虎齿人爪，其音如婴儿，名曰狍鸮。（《北次二经》）

狍鸮长着人面、人爪，具有人的两个特征。

陵鱼人面手足，鱼身，在海中。（《海内北经》）

陵鱼长着人面、人手和人足，就是说除了身体是鱼，其余部位都是人的特征。

其实，古人早在原始社会时期就有人和物结合的作品。如人面和鱼身的混合形象（图2-18、图2-19、图2-20），人头形彩陶（图2-21、图2-22、图2-23）、人足彩陶（图2-24）即是明证。《山海经》中不仅动物有人兽混杂的形象，而且神人同样具有人兽混杂的形象。

又西三百二十里，曰槐江之山……神英招司之，其状马身而人面，虎文而鸟翼，徇于四海，其音如榴。（《西次三经》）

西南四百里，曰昆仑之丘，是实惟帝之下都，神陆吾司之，其神状虎身而九首，人面而虎爪，是神也，司天之九部及帝之囿时。(《西次三经》)

西水行四百里，流沙二百里，至于蠃母之山，神长乘司之，是天之九德也，其神状如人而豹尾。(《西次三经》)

又西三百五十里，曰玉山，是西王母所居也。西王母其状如人，豹尾虎齿而善啸，蓬头戴胜，是司天之厉及五残。(《西次三经》)

又西百二十里，曰刚山……是多神魅，其状人面兽身，一足一手，其音如钦。(《西次四经》)

又东二十里，曰和山……吉神泰逢司之，其状如人而虎尾，是好居于萯山之阳，出入有光。(《中次三经》)

《中次六经》缟羝山之首，曰平逢之山……有神焉，其状如人而二首，名曰骄虫，是为螫虫，实惟蜂蜜之庐，其祠之用一雄鸡，禳飞而勿杀。(《中次六经》)

又东北百五十里，曰骄山……神蠱围处之，其状如人而羊角虎爪，恒游于睢漳之渊，出入有光。(《中次八经》)

又东百三十里，曰光山……神计蒙处之，其状人身而龙首，恒游于漳渊，出入必用飘风暴雨。(《中次八经》)

又东百五十里，曰岐山……神涉蠱处之，其状人身而方面，三足。(《中次八经》)

又东百五十里，曰夫夫之山……神于儿居之，其状人身而两蛇头，常游于江渊，出入有光。(《中次十二经》)

▲ 图2-18 人面鱼纹彩陶盆（其一，俯视图，陕西西安半坡遗址出土）

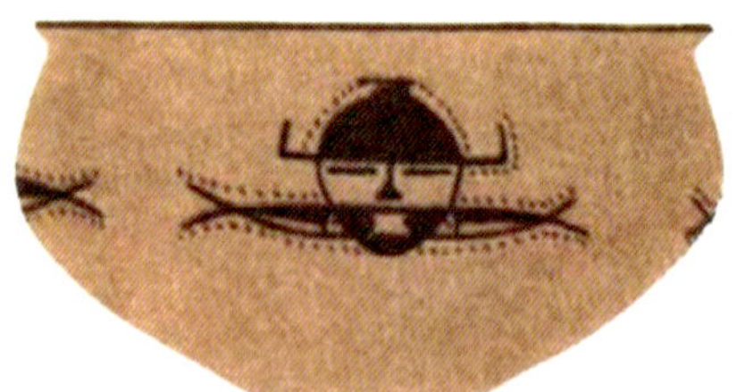

▲ 图2-19 人面鱼纹彩陶盆（其二，正视图，陕西西安半坡遗址出土）

▲ 图2-20 人面鱼纹彩陶盆（其三，斜视图，陕西临潼姜寨遗址出土）

▲ 图2-21 人头形瓶（甘肃秦安县大地湾遗址出土）

▲ 图2-22 人头形器口壶（其一，青海乐都县柳湾遗址出土）

▲ 图2-23 人头形器口壶（其二，青海乐都县柳湾遗址出土）

▲ 图2-24 人足罐（甘肃玉门市火烧沟遗址出土）

又东南百二十里，曰洞庭之山……是多怪神，状如人而载蛇，左手右手操蛇。(《中次十二经》)

讙头国在其南，其为人人面有翼，鸟喙，方捕鱼。(《海外南经》)

南方祝融，兽身人面，乘两龙。(《海外南经》)

轩辕之国在此穷山之际，其不寿者八百岁，在女子北，人面蛇身，尾交首上。(《海外西经》)

钟山之神，名曰烛阴，视为昼，瞑为夜，吹为冬，呼为夏，不饮不食不息，息为风，身长千里。在无𦜣之东。其为物人面蛇身，赤色，居钟山下。(《海外北经》)

相柳者，九首人面，蛇身而青。(《海外北经》)

奢比之尸在其北，兽身人面，大耳，珥两青蛇。(《海外东经》)

东方句芒，鸟身人面，乘两龙。(《海外东经》)

氐人国在建木西，其为人人面而鱼身，无足。(《海内南经》)

雷泽中有雷神，龙身而人头，鼓其腹。在吴西。(《海内东经》)

有神人面兽身，名曰犁䰠之尸。(《大荒东经》)

有神八首人面，虎身十尾，其名曰天吴。(《大荒东经》)

东海之渚中，有神人面鸟身，珥两黄蛇，践两黄蛇，名曰禺猇。黄帝生禺猇，禺猇生禺京。禺京处北海，禺猇处东海，是惟海神。(《大荒东经》)

有神人面，大耳，兽身，珥两青蛇，名曰奢比尸。(《大荒东经》)

大荒之中，有人名曰驩头。鲧妻士敬，士敬子曰炎融，生驩头。驩头人面鸟喙，有翼，食海中鱼，杖翼而行。(《大荒南经》)

西海陼中，有神人面鸟身，珥两青蛇，践两赤蛇，名曰弇兹。（《大荒西经》）

西海之中，流沙之滨，赤水之后，黑水之前，有大山名曰昆仑之丘。有神人面虎身，有文有尾，皆白，处之。（《大荒西经》）

北海之渚中，有神人面鸟身，珥两青蛇，践两赤蛇，名曰禺强。（《大荒北经》）

有神九首，人面鸟身，名曰九凤。又有神衔蛇操蛇，其状虎首人身，四蹄长肘，名曰强良。（《大荒北经》）

有犬戎国，有神人面兽身，名曰犬戎。（《大荒北经》）

西北海之外，赤水之北，有章尾山。有神人面蛇身而赤，直目正乘，其瞑乃晦，其视乃明，不食不寝不息，风雨是谒，是烛九阴，是谓烛龙。（《大荒北经》）

流沙之东，黑水之西，有朝云之国、司彘之国。黄帝妻雷祖，生昌意。昌意降处若水，生韩流。韩流擢首谨耳，人面豕喙，麟身渠股，豚止，取淖子曰阿女，生帝颛顼。（《海内经》）

有盐长之国。有人焉，鸟首，名曰鸟民。（《海内经》）

有人曰苗民。有神焉，人首蛇身，长如辕，左右有首，衣紫衣，冠旃冠，名曰延维，人主得而食之，伯天下。（《海内经》）

从上面的引文可见，《山海经》中的神人有许多都具有人兽复合的形体，说明古人并不认为人兽合体是一种负面的形象，反而认为这正是神人的特异的地方，是非常的体现。

我国古代甚至有“圣人异相”的说法，所谓异相，《荀子》称作“非相”，就是和正常人的形象不太一样，或者说长得奇形怪状。今天的人要为之崩溃的事情——可能恨不得马上奔美容院去，而古人却认为这才是圣人的标配。

《荀子·非相》云：

> 盖帝尧长，帝舜短；文王长，周公短；仲尼长，子弓短。昔者卫灵公有臣曰公孙吕，身长七尺，面长三尺，焉广三寸，鼻目耳具而名动天下。楚之孙叔敖，期思之鄙人也，突秃长左，轩较之下而以楚霸。叶公子高微小短瘠，行若将不胜其衣，然白公之乱也，令尹子西、司马子期皆死焉。叶公子高入据楚，诛白公，定楚国，如反手尔，仁义功名善于后世。故士不揣长，不揳大，不权轻重，亦将志乎心尔。长短、小大、美恶形相，岂论也哉！且徐偃王之状，目可瞻马；仲尼之状，面如蒙倛；周公之状，身如断菑；皋陶之状，色如削瓜；闳夭之状，面无见肤；傅说之状，身如植鳍；伊尹之状，面无须麋；禹跳汤偏，尧舜参牟子。从者将论志意，比类文学邪？直将差长短，辨美恶而相欺傲也！

以上即列举了一系列“非相”的圣贤。

《白虎通·圣人》云：

> 又圣人皆有异表，《传》曰：“伏羲日禄衡连珠，大目山准龙状，

> 作《易》八卦以应枢。”黄帝龙颜，得天匡阳，上法中宿，取象文昌。颛顼戴干，是谓清明，发节移度，盖象招摇。帝喾骈齿，上法月参，康度成纪，取理阴阳。尧眉八彩，是谓通明，历象日月，璇、玑、玉衡。舜重瞳子，是谓滋凉，上应摄提，以象三光。《礼说》曰：“禹耳三漏，是谓大通，兴利除害，决河疏江。皋陶马喙，是谓至诚，决狱明白，察于人情。汤臂三肘，是谓柳、翼，攘去不义，万民咸息。文王四乳，是谓至仁，天下所归，百姓所亲。武王望羊，是谓摄扬，盱目陈兵，天下富昌。周公背偻，是谓强俊，成就周道，辅于幼主。孔子反宇，是谓尼甫，德泽所兴，藏元通流。”圣人所以能独见前睹，与神通精者，盖皆天所生也。

班固直接点出了“圣人皆有异表”的观点，异表即异相。

《论衡·骨相篇》云：

> 传言黄帝龙颜，颛顼戴午，帝喾骈齿，尧眉八采，舜目重瞳，禹耳三漏，汤臂再肘，文王四乳，武王望阳，周公背偻，皋陶马口，孔子反羽。斯十二圣者，皆在帝王之位，或辅主忧世，世所共闻，儒所共说，在经传者，较著可信。若夫短书俗记，竹帛胤文，非儒者所见，众多非一。苍颉四目（图2-25），为黄帝史。晋公子重耳仳胁，为诸侯霸。苏秦骨鼻，为六国相。张仪仳胁，亦相秦、魏。项羽重瞳，云虞舜之后，与高祖分王天下。

▲ 图2-25　仓颉（《历代帝王圣贤名臣大儒遗像》）

看来圣人异相的名单还在拉长。

《刘子·命相》云：

> 伏羲日角，黄帝龙颜，帝喾戴肩，颛顼骈骭，尧眉八采，舜目重瞳，禹耳三漏，汤臂二肘，文王四乳，武王龂齿，孔子返宇，颜回重瞳，皋陶乌喙。若此之类，皆圣贤受天殊相而生者也。舜目重瞳，是至明之相，而项羽、王莽亦目重瞳子。越王句践长颈乌喙，非善终之象；夏禹亦长颈乌喙。王莽之重瞳，譬驽马有骥之一毛而不可谓之骥也。禹之长颈乌喙，犹龙有蛇之一鳞而不可谓之蛇也。

舜、项羽、王莽（还有南唐后主李煜）都是重瞳，夏禹、皋陶、句践都是鸟喙，其命运各有不同，看来长相并不具有决定性因素。换句话说，圣人可能异相，但异相的人并不都是圣人。

多种兽组合

1. 两种兽组合

虎身、牛尾组合：

又东五百里，曰浮玉之山……有兽焉，其状如虎而牛尾，其音如吠犬，其名曰彘，是食人。（《南次二经》）

羊身、马尾组合：

《西山经》华山之首，曰钱来之山……有兽焉，其状如羊而马尾，名曰羬羊，其脂可以已腊。（《西山首经》）

禺身、豹尾组合：

《西次三经》之首，曰崇吾之山……有兽焉，其状如禺而文臂，豹尾而善投，名曰举父。（《西次三经》）

马身、虎爪组合：

又西三百里，曰中曲之山……有兽焉，其状如马而白身黑尾，一角，锯牙虎爪，音如鼓，其名曰駮，是食虎豹，可以御兵。（《西次四经》）

马身、牛尾组合：

又北二百五十里，曰求如之山……其中多水马，其状如马，文臂牛尾，其音如呼。（《北山首经》）

兔身、鼠首组合：

又东北二百里，曰天池之山……有兽焉，其状如兔而鼠首，以其背飞，其名曰飞鼠。（《北次三经》）

牛身、马尾组合：

又南水行九百里，曰踇隅之山……有兽焉，其状如牛而马尾，名曰精精，其鸣自叫。（《东次三经》）

犬身、彘鬣组合：

又西百二十里，曰釐山……滽滽之水出焉，而南流注于伊水。有兽焉，名曰�，其状如獳犬而有鳞，其毛如彘鬣。（《中次四经》）

犬身、虎爪组合：

又东南三十里，曰依轱之山……有兽焉，其状如犬，虎爪有甲，其名曰獜，善駚坌，食者不风。（《中次十一经》）

狸身、虎爪组合：

又东北七十里……有兽焉，其状如狸而白首，虎爪，名曰梁渠，见则其国有大兵。（《中次十一经》）

2.三种兽组合

鼠身、菟（兔）首、麋耳组合：

又北二百里，曰丹熏之山……有兽焉，其状如鼠而菟首麋耳，其音如獋犬，以其尾飞，名曰耳鼠，食之不脎，又可以御百毒。（《北山首经》）

禺身、牛尾、马蹄组合：

又北二百里，曰蔓联之山，其上无草木。有兽焉，其状如禺而有鬣，牛尾文臂马蹄，见人则呼，名曰足訾，其鸣自呼。(《北山首经》)

马身、羊目、牛尾组合：

又南五百里，曰硜山，南临硜水，东望湖泽。有兽焉，其状如马而羊目，四角牛尾，其音如獆狗，其名曰峳峳，见则其国多狡客。(《东次二经》)

3. 四种兽组合

虎身、犬首、马尾、彘鬣组合：

又北三百里，曰北嚣之山……有兽焉，其状如虎而白身，犬首马尾彘鬣，名曰独狢。(《北次二经》)

兽鱼组合

狐身、鱼翼组合：

又南三百里，曰耿山……有兽焉，其状如狐而鱼翼，其名曰朱

獳，其鸣自訆，见则其国有恐。(《东次二经》)

麋身、鱼目组合：

《东次三经》之首，曰尸胡之山……有兽焉，其状如麋而鱼目，名曰妴胡，其鸣自訆。(《东次三经》)

兽鸟虫组合

菟（兔）身、鸟喙、鸱目、蛇尾组合（兔属兽，鸱属鸟，蛇属虫）：

又南三百八十里，曰余峨之山……有兽焉，其状如菟而鸟喙，鸱目蛇尾，见人则眠，名曰犰狳，其鸣自訆，见则虫蝗为败。(《东次二经》)

鸟兽组合

鸡身、鼠尾组合：

又南三百里，曰栒状之山……有鸟焉，其状如鸡而鼠尾，其名曰蚩鼠，见则其邑大旱。(《东山首经》)

凫身、鼠尾组合：

又南五百里，曰硜山……有鸟焉，其状如凫而鼠尾，善登木，其名曰絜钩，见则其国多疫。(《东次二经》)

鸡身、鼠足、虎爪组合：

《东次四经》之首，曰北号之山……有鸟焉，其状如鸡而白首，鼠足而虎爪，其名曰鬿雀，亦食人。(《东次四经》)

虫兽组合

有虫，兽首蛇身，其名曰琴虫。(《大荒北经》)

有黑虫，如熊状，名曰猎猎。(《大荒北经》)

鱼兽组合

鲋身、彘尾组合：

又东三百里，曰鸡山……黑水出焉，而南流注于海，其中有鱄鱼，其状如鲋而彘尾，其音如豚，见则天下大旱。(《南次三经》)

鱼身、犬首组合：

又北二百里，曰北岳之山……诸怀之水出焉，而西流注于嚣水，其中多鮨鱼，鱼身而犬首，其音如婴儿，食之已狂。(《北山首经》)

鱼鸟组合

鲤身、鸟翼组合：

又西二百八十里，曰泰器之山。观水出焉，西流注于流沙，是多鳐鱼，状如鲤，鱼身而鸟翼，苍文而白首赤喙，常行西海，游于东海，以夜飞，其音如鸾鸡，其味酸甘，食之已狂，见则天下大穰。(《西次三经》)

鲤身、鸡足组合：

又北二百里，曰狱法之山。瀤泽之水出焉，而东北流注于泰泽，其中多鱳鱼，其状如鲤而鸡足，食之已疣。(《北山首经》)

鱼身、鸟翼组合：

又东南二百里，曰子桐之山。子桐之水出焉，而西流注于余如之泽，其中多䱻鱼，其状如鱼而鸟翼，出入有光，其音如鸳鸯，见则天下大旱。(《东次四经》)

鱼虫组合

鱼身、蛇尾组合：

东五百里，曰祷过之山……泿水出焉，而南流注于海，其中有虎蛟，其状鱼身而蛇尾，其音如鸳鸯，食者不肿，可以已痔。(《南次三经》)

蛇身、鱼翼组合：

又南三百里，曰独山，其上多金、玉，其下多美石。末涂之水出焉，而东南流注于江，其中多偹蛹，其状如黄蛇，鱼翼，出入有光，见则其邑大旱。(《东山首经》)

鱼鸟虫组合

龟身、鸟首、虺尾组合：

又东三百七十里，曰杻阳之山……怪水出焉，而东流注于宪翼之水，其中多玄龟，其状如龟而鸟首虺尾，其名曰旋龟，其音如判木，佩之不聋，可以为底。(《南山首经》)

两种草的组合

葵叶、禾秀组合：

又北三十里，曰牛首之山。有草焉，名曰鬼草，其叶如葵而赤茎，其秀如禾，服之不忧。(《中山首经》)

蓌干、藁本根组合：

又东十里，曰青要之山……有草焉，其状如蓌而方茎，黄华赤实，其本如藁本，名曰荀草，服之美人色。(《中次三经》)

葵叶、蘡薁果组合：

又东四十里，曰少陉之山。有草焉，名曰萵草，叶状如葵而赤茎白华，实如蘡薁，食之不愚。(《中次七经》)

草木组合

樗干、麻叶组合：

又西五十二里，曰竹山……有草焉，其名曰黄雚，其状如樗，其叶如麻，白华而赤实，其状如赭，浴之已疥，又可以已胕。”(《西山首经》)

葵根、杏叶组合：

《中山经》薄山之首，曰甘枣之山……其下有草焉，葵本而杏叶，黄华而荚实，名曰萚，可以已瞢。(《中山首经》)

两种木的组合

桃果、枣叶组合：

又西北三百七十里，曰不周之山……爰有嘉果，其实如桃，其叶如枣，黄华而赤柎，食之不劳。(《西次三经》)

杨干、枣果组合：

《东次四经》之首，曰北号之山，临于北海。有木焉，其状如杨而赤华，其实如枣而无核，其味酸甘，食之不疟。(《东次四经》)

樗干、桐叶组合：

又西二百五十里，曰柄山……有木焉，其状如樗，其叶如桐而荚实，其名曰茇，可以毒鱼。(《中次四经》)

木草组合

榆叶、菽果组合：

又北三十五里，曰阴山……其中多彫棠，其叶如榆叶而方，其实如赤菽，食之已聋。（《中山首经》）

（二）身体部位数目有增减

一般而言，正常的动物都只有一个身体、一个脑袋、一张嘴巴、两只眼睛、两只耳朵。鸟有两只脚、两只翅膀，兽有四只脚，鸟兽都只有一条尾巴。凡是比动物身体部位正常数目增多或者减少，称作身体部位数目的增减。

躯干增加

两个躯干：

又北百八十里，曰浑夕之山……有蛇一首两身，名曰肥遗，见则其国大旱。（《北山首经》）

三个躯干：

又西二百二十里，曰三危之山……有鸟焉，一首而三身，其状

如鸈，其名曰鴖。(《西次三经》)

十个躯干：

又北四百里，曰谯明之山。谯水出焉，西流注于河，其中多何罗之鱼，一首而十身，其音如吠犬，食之已痈。(《北山首经》)

又南三百二十里，曰东始之山……泚水出焉，而东北流注于海，其中多美贝，多茈鱼，其状如鲋，一首而十身，其臭如蘪芜，食之不糟。(《东次四经》)

脑袋增加

两个脑袋：

又西二百里，曰翠山……其鸟多鸓，其状如鹊，赤黑而两首四足，可以御火。(《西山首经》)

并封在巫咸东，其状如彘，前后皆有首，黑。(《海外西经》)

有兽左右有首，名曰屏蓬。(《大荒西经》)

并封、屏蓬实即一物，前后或左右有首，即有两个脑袋。

三个脑袋：

又东三百里，曰基山……有鸟焉，其状如鸡而三首六目，六足

三翼，其名曰䳜𪇆，食之无卧。(《南山首经》)

西水行百里，至于翼望之山……有鸟焉，其状如乌，三首六尾而善笑，名曰𪁺鵸，服之使人不眯，又可以御凶。(《西次三经》)

四个脑袋：

又北三百里，曰带山……彭水出焉，而西流注于芘湖之水，其中多儵鱼，其状如鸡而赤毛，三尾六足四首，其音如鹊，食之已忧。(《北山首经》)

六个脑袋：

开明南有树鸟，六首。(《海内西经》)

有青鸟，身黄，赤足，六首，名曰𫛍鸟。(《大荒西经》)

树鸟、𫛍鸟实即一物。

九个脑袋：

又南五百里，曰凫丽之山……有兽焉，其状如狐而九尾九首，虎爪，名曰蠪蛭，其音如婴儿，是食人。(《东次二经》)

开明兽身类虎而九首，皆人面，东向立昆仑上。(《海内西经》)

嘴巴减少

又东四百里，曰洵山……有兽焉，其状如羊而无口，不可杀也，其名曰𪊨。(《南次二经》)

眼睛减少

《西次三经》之首，曰崇吾之山……有鸟焉，其状如凫而一翼一目，相得乃飞，名曰蛮蛮，见则天下大水。(《西次三经》)

西水行百里，至于翼望之山……有兽焉，其状如狸，一目而三尾，名曰讙，其音如夺百声，是可以御凶，服之已瘅。(《西次三经》)

又北百八十里，曰单张之山，其上无草木。有兽焉，其状如豹而长尾，人首而牛耳，一目，名曰诸犍，善吒，行则衔其尾，居则蟠其尾。(《北山首经》)

又北三百五十里，曰梁渠之山……有鸟焉，其状如夸父，四翼一目，犬尾，名曰嚣，其音如鹊，食之已腹痛，可以止衕。(《北次二经》)

又北三百里，曰泰戏之山，无草木，多金、玉。有兽焉，其状如羊，一角一目，目在耳后，其名曰辣辣，其鸣自訆。(《北次三经》)

又东南三百里，曰女烝之山，其上无草木、石。膏水出焉，而

西流注于鬲水，其中多薄鱼，其状如鳣而一目，其音如欧，见则天下大旱。（《东次四经》）

又东二百里，曰太山，上多金、玉、桢木。有兽焉，其状如牛而白首，一目而蛇尾，其名曰蜚，行水则竭，行草则死，见则天下大疫。（《东次四经》）

眼睛增加

三只眼睛：

东三百里，曰首山……多䲦鸟，其状如枭而三目，有耳，其音如录，食之已垫。（《中次五经》）

四只眼睛：

又东四百里，曰令丘之山……有鸟焉，其状如枭，人面四目而有耳，其名曰颙，其鸣自号也，见则天下大旱。（《南次三经》）

六只眼睛：

又东三百里，曰基山……有鸟焉，其状如鸡而三首六目，六足三翼，其名曰鹇鸺，食之无卧。（《南山首经》）

又南三百里，曰景山……有鸟焉，其状如蛇而四翼，六目三

足，名曰酸与，其鸣自詨，见则其邑有恐。（《北次三经》）

八只眼睛：

西五十里，曰扶猪之山，其上多礝石。有兽焉，其状如狢而八目，其名曰麐。（《中次四经》）

耳朵增加

又东三百里，曰基山……有兽焉，其状如羊，九尾四耳，其目在背，其名曰猼訑，佩之不畏。（《南山首经》）

东南四百五十里，曰长右之山，无草木，多水。有兽焉，其状如禺而四耳，其名曰长右，其音如吟，见则郡县大水。（《南次二经》）

脚减少

一只脚：

又西七十里，曰羭次之山……有鸟焉，其状如枭，人面而一足，名曰橐𩇯，冬见夏蛰，服之不雷。（《西山首经》）

又西二百八十里，曰章莪之山……有鸟焉，其状如鹤，一足，赤文而白喙，名曰毕方，其鸣自叫也，见则其邑有讹火。（《西次三经》）

又西二十里，曰复州之山……有鸟焉，其状如鸮而一足，彘

尾，其名曰跂踵，见则其国大疫。(《中次十经》)

东海中有流波山，入海七千里。其上有兽，状如牛，苍身而无角，一足，出入水则必以风雨，其光如日月，其声如雷，其名曰夔。(《大荒东经》)

三只脚：

又北四百里，曰乾山……有兽焉，其状如牛而三足，其名曰獂，其鸣自詨。(《北次三经》)

又东五十七里，曰大苦之山……其阳狂水出焉，西南流注于伊水，其中多三足龟，食者无大疾，可以已肿。(《中次七经》)

又东南三十五里，曰从山，其上多松、柏，其下多竹。从水出于其上，潜于其下，其中多三足鳖，枝尾，食之无蛊疾。(《中次十一经》)

脚增加

三只脚：

东五百里，曰祷过之山……有鸟焉，其状如䴔而白首，三足人面，其名曰瞿如，其鸣自号也。(《南次三经》)

又南三百里，曰景山……有鸟焉，其状如蛇而四翼，六目三足，名曰酸与，其鸣自詨，见则其邑有恐。(《北次三经》)

四只脚：

又西二百里，曰翠山……其鸟多鸓，其状如鹊，赤黑而两首四足，可以御火。(《西山首经》)

又西三百七十里，曰乐游之山。桃水出焉，西流注于稷泽，是多白玉，其中多䱻鱼，其状如蛇而四足，是食鱼。(《西次三经》)

六只脚：

又东三百里，曰基山……有鸟焉，其状如鸡而三首六目，六足三翼，其名曰鵸鵂，食之无卧。(《南山首经》)

又西六十里，曰太华之山……有蛇焉，名曰肥遗，六足四翼，见则天下大旱。(《西山首经》)

又西三百五十里，曰英鞮之山……涴水出焉，而北注于陵羊之泽，是多冉遗之鱼，鱼身蛇首，六足，其目如马耳，食之使人不眯，可以御凶。(《西次四经》)

又北三百里，曰带山……彭水出焉，而西流注于芘湖之水，其中多儵鱼，其状如鸡而赤毛，三尾六足四首，其音如鹊，食之已忧。(《北山首经》)

《北次三经》之首，曰太行之山，其首曰归山……有鸟焉，其状如鹊，白身赤尾，六足，其名曰鷾鷾，是善惊，其鸣自詨。(《北次三经》)

又南三百里，曰栒状之山，其上多金、玉，其下多青碧。有兽焉，其状如犬，六足，其名曰从从，其鸣自詨。(《东山首经》)

又南三百八十里，曰葛山，无草木。澧水出焉，东流注于余泽，其中多珠鳖鱼，其状如肺而有目，六足，有珠，其味酸甘，食之无疠。(《东次二经》)

又南水行五百里，流沙五百里，有山焉，曰跂踵之山，广员二百里，无草木，有大蛇，其上多玉。有水焉，广员四十里皆涌，其名曰深泽，其中多蠵龟。有鱼焉，其状如鲤而六足，鸟尾，名曰鮯鮯之鱼，其名自叫。(《东次三经》)

翅膀减少

《西次三经》之首，曰崇吾之山……有鸟焉，其状如凫而一翼一目，相得乃飞，名曰蛮蛮，见则天下大水。(《西次三经》)

翅膀增加

三只翅膀：

又东三百里，曰基山……有鸟焉，其状如鸡而三首六目，六足三翼，其名曰鵸鵌，食之无卧。(《南山首经》)

四只翅膀：

又西六十里，曰太华之山……有蛇焉，名曰肥遗，六足四翼，见则天下大旱。（《西山首经》）

又北三百五十里，曰梁渠之山……有鸟焉，其状如夸父，四翼一目，犬尾，名曰嚻，其音如鹊，食之已腹痛，可以止衕。（《北次二经》）

又南三百里，曰景山……有鸟焉，其状如蛇而四翼，六目三足，名曰酸与，其鸣自詨，见则其邑有恐。（《北次三经》）

又西二百里，曰鲜山，多金、玉，无草木。鲜水出焉，而北流注于伊水，其中多鸣蛇，其状如蛇而四翼，其音如磬，见则其邑大旱。（《中次二经》）

有蜚蛭，四翼。（《大荒北经》）

十只翅膀：

又北三百五十里，曰涿光之山。嚻水出焉，而西流注于河，其中多鳛鳛之鱼，其状如鹊而十翼，鳞皆在羽端，其音如鹊，可以御火，食之不瘅。（《北山首经》）

尾巴增加

三条尾巴：

西水行百里，至于翼望之山……有兽焉，其状如狸，一目而三尾，名曰讙，其音如夺百声，是可以御凶，服之已瘅。（《西次三经》）

又北三百里，曰带山……彭水出焉，而西流注于芘湖之水，其中多儵鱼，其状如鸡而赤毛，三尾六足四首，其音如鹊，食之已忧。（《北山首经》）

五条尾巴：

又西二百八十里，曰章莪之山……有兽焉，其状如赤豹，五尾一角，其音如击石，其名曰狰。（《西次三经》）

六条尾巴：

西水行百里，至于翼望之山……有鸟焉，其状如乌，三首六尾而善笑，名曰鵸鵌，服之使人不眯，又可以御凶。（《西次三经》）

九条尾巴：

又东三百里，曰基山……有兽焉，其状如羊，九尾四耳，其目

在背，其名曰猼訑，佩之不畏。（《南山首经》）

又东三百里，曰青丘之山……有兽焉，其状如狐而九尾，其音如婴儿，能食人，食者不蛊。（《南山首经》）

又南五百里，曰凫丽之山……有兽焉，其状如狐而九尾九首，虎爪，名曰蠪蛭，其音如婴儿，是食人。（《东次二经》）

青丘国在其北，有狐四足九尾。一曰在朝阳北。（《海外东经》）

有青丘之国，有狐九尾。（《大荒东经》）

（三）身体器官有移位

又东三百里，曰基山……有兽焉，其状如羊，九尾四耳，其目在背，其名曰猼訑，佩之不畏。（《南山首经》）

又北三百五十里，曰钩吾之山……有兽焉，其状羊身人面，其目在腋下，虎齿人爪，其音如婴儿，名曰狍鸮，是食人。（《北次二经》）

眼睛应该长在额头上，而猼訑的眼睛却长在背上，狍鸮的眼睛长在腋下，都不是正常的位置。

又北三百里，曰泰戏之山……有兽焉，其状如羊，一角一目，目在耳后，其名曰辣辣，其鸣自訆。（《北次三经》）

眼睛应该长在耳朵的前面，𤟤𤟤的眼睛却长在耳朵的后面。

又北五百里，曰伦山……有兽焉，其状如麋，其州在尾上，其名曰罴九。（《北次三经》）

郭璞注："州，窍也。"即肛门。《广韵·屋韵》云："豚，尾下窍也。"肛门都位于尾巴的下方，罴九的肛门却在尾巴的上方。

又东五十里，曰放皋之山……有兽焉，其状如蜂，枝尾而反舌，善呼，其名曰文文。（《中次七经》）

郝懿行疏："《说文》云：'燕，枝尾，反舌者。'盖舌本在前，不向喉。"反舌就是舌根在口腔的前方，舌尖在口腔的后方，与正常情况刚好相反。

（四）奇特的颜色或花纹

《南山经》之首，曰䧿山，其首曰招摇之山……有木焉，其状如榖而黑理，其华四照，其名曰迷榖，佩之不迷。（《南山首经》）

汪绂注："此盖亦榖类，但黑理为异耳。"黑理即黑色的纹理。

又东三百七十里，曰杻阳之山，其阳多赤金，其阴多白金。有兽焉，其状如马而白首，其文如虎而赤尾，其音如谣，其名曰鹿蜀，佩之宜子孙。（《南山首经》）

“其文如虎”即长着老虎的花纹，“赤尾”即红色的尾巴。

又西七十里，曰英山……有鸟焉，其状如鹑，黄身而赤喙，其名曰肥遗，食之已疠，可以杀虫。（《西山首经》）

又西四百里，曰小次之山……有兽焉，其状如猿而白首赤足，名曰朱厌，见则大兵。（《西次二经》）

《西次三经》之首，曰崇吾之山……有木焉，员叶而白柎，赤华而黑理，其实如枳，食之宜子孙。（《西次三经》）

又北百八十里，曰单张之山……有鸟焉，其状如雉而文首，白翼黄足，名曰白鵺，食之已嗌痛，可以已痸。（《北山首经》）

又东北二百里，曰马成之山……有鸟焉，其状如乌，首白而身青足黄，其名曰鶌鶋，其鸣自詨，食之不饥，可以已寓。（《北次三经》）

又北二百里，曰发鸠之山，其上多柘木。有鸟焉，其状如乌，文首白喙赤足，名曰精卫，其鸣自詨，是炎帝之少女名曰女娃，女娃游于东海，溺而不返，故为精卫，常衔西山之木石以堙于东海。漳水出焉，东流注于河。（《北次三经》）

又东十里，曰青要之山……其中有鸟焉，名曰鴢，其状如凫，

青身而朱目赤尾，食之宜子。(《中次三经》)

又东南三百里，曰丰山。有兽焉，其状如蝯，赤目赤喙黄身，名曰雍和，见则其国有大恐。(《中次十一经》)

又东四十里，曰支离之山……有鸟焉，其名曰婴勺，其状如鹊，赤目赤喙白身，其尾若勺，其鸣自呼。(《中次十一经》)

又西北一百里，曰堇理之山……有鸟焉，其状如鹊，青身，白喙白目白尾，名曰青耕，可以御疫，其鸣自叫。(《中次十一经》)

又东五十里，曰宣山……其上有桑焉，大五十尺，其枝四衢，其叶大尺余，赤理黄华青柎，名曰帝女之桑。(《中次十一经》)

又东三十二里，曰鲜山……有兽焉，其状如膜犬，赤喙赤目白尾，见则其邑有火，名曰狢即。(《中次十一经》)

又东三百五十里，曰几山……有兽焉，其状如彘，黄身白首白尾，名曰闻豨，见则天下大风。(《中次十二经》)

又东南二百里，曰即公之山……有兽焉，其状如龟而白身赤首，名曰蛫，是可以御火。(《中次十二经》)

有白鸟，青翼黄尾玄[62]喙。(《大荒西经》)

以上都是多种颜色或花纹的混搭。

又东五百里，曰丹穴之山……有鸟焉，其状如鹤，五采而文，名曰凤鸟，首文曰德，翼文曰顺，背文曰义，膺文曰仁，腹文曰信，是鸟也，饮食自歌自舞，见则天下大安宁。(《南次三经》)

[62] 玄即黑色。

西南三百里，曰女床之山……有鸟焉，其状如翟而五采文，名曰鸾鸟，见则天下安宁。(《西次二经》)

又北三百里，曰带山……有鸟焉，其状如乌，五采而文，名曰鵸鵌，是自为牝牡，食之不疽。(《北山首经》)

又东三百里，曰阳山……有鸟焉，其状如雌雉而五采以文，是自为牝牡，名曰象蛇，其鸣自詨。(《北次三经》)

《中次七经》苦山之首，曰休与之山。其上有石焉，名曰帝台之棋，五色而文，其状如鹑卵，帝台之所以祷百神者也，服之不蛊。(《中次七经》)

林氏国有珍兽，大若虎，五采毕具，尾长于身，名曰驺吾，乘之日行千里。(《海内北经》)

有五采鸟三：一名曰皇鸟，一名曰鸾鸟，一名曰凤鸟。(《大荒西经》)

有弇州之山，五采之鸟仰天，名曰鸣鸟，爰有百乐歌舞之风。(《大荒西经》)

有玄丹之山。有五色之鸟，人面有发。(《大荒西经》)

有五采之鸟，飞蔽一乡，名曰翳鸟。(《海内经》)

以上或称“五采”，或称“五色”，意思相同，即五彩斑斓的意思。

（五）奇特的声音

又东三百七十里，曰杻阳之山……怪水出焉，而东流注于宪翼之水，其中多玄龟，其状如龟而鸟首虺尾，其名曰旋龟，其音如判木[63]，佩之不聋，可以为底。（《南山首经》）

又东三百里，曰青丘之山……有兽焉，其状如狐而九尾，其音如婴儿，能食人，食者不蛊。有鸟焉，其状如鸠，其音若呵，名曰灌灌，佩之不惑。英水出焉，南流注于即翼之泽，其中多赤鱬，其状如鱼而人面，其音如鸳鸯，食之不疥。（《南山首经》）

《南次二经》之首，曰柜山……有兽焉，其状如豚，有距，其音如犬吠，其名曰狸力，见则其县多土功。（《南次二经》）

又东三百四十里，曰尧光之山……有兽焉，其状如禺，人面彘鬣，穴居而冬蛰，其名曰猾褢，其音如斫木[64]，见则其县有大繇。（《南次二经》）

又东五百里，曰浮玉之山……有兽焉，其状如虎而牛尾，其音如吠犬，其名曰彘，是食人。（《南次二经》）

又东五百里，曰鹿吴之山……有兽焉，名曰蛊雕，其状如豹而有角，其音如婴儿，是食人。（《南次二经》）

东五百里，曰祷过之山……泿水出焉，而南流注于海，其中有虎蛟，其状鱼身而蛇尾，其音如鸳鸯，食者不肿，可以已痔。（《南次三经》）

又西七十里，曰英山……禺水出焉，北流注于招水，其中多鲜

[63] 判木即劈开木头。

[64] 斫木即砍伐木头。

鱼，其状如鳖，其音如羊。(《西次二经》)

又西三百五十里，曰玉山……有兽焉，其状如犬而豹文，其角如牛，其名曰狡，其音如吠犬，见则其国大穰。(《西次三经》)

又西二百里，至刚山之尾。洛水出焉，而北流注于河，其中多蛮蛮，其状鼠身而鳖首，其音如吠犬。(《西次四经》)

又西二百六十里，曰邽山。其上有兽焉，其状如牛，猬毛，名曰穷奇，音如獆狗，是食人。(《西次四经》)

又北二百八十里，曰大咸之山……有蛇名曰长蛇，其毛如彘豪，其音如鼓柝[65]。(《北山首经》)

又北五百里，曰錞于毋逢之山……是有大蛇，赤首白身，其音如牛，见则其邑大旱。(《北次三经》)

又南三百里，曰姑逢之山……有兽焉，其状如狐而有翼，其音如鸿雁，其名曰獙獙，见则天下大旱。(《东次二经》)

又西百二十里，曰釐山……有兽焉，其状如牛，苍身，其音如婴儿，是食人，其名曰犀渠。(《中次四经》)

又西七十里，曰密山……豪水出焉，而南流注于洛，其中多旋龟，其状鸟首而鳖尾，其音如判木。(《中次六经》)

又西五十里，曰橐山……橐水出焉，而北流注于河，其中多修辟之鱼，状如黾而白喙，其音如鸱，食之已白癣。(《中次六经》)

[65] 鼓柝即敲梆子。

（六）奇特的味道

又西二百八十里，曰泰器之山。观水出焉，西流注于流沙，是多鳐鱼，状如鲤，鱼身而鸟翼，苍文而白首赤喙，常行西海，游于东海，以夜飞，其音如鸾鸡，其味酸甘，食之已狂，见则天下大穰。（《西次三经》）

西南四百里，曰昆仑之丘……有木焉，其状如棠，黄华赤实，其味如李而无核，名曰沙棠，可以御水，食之使人不溺。有草焉，名曰蓍草，其状如葵，其味如葱，食之已劳。（《西次三经》）

又南三百八十里，曰葛山，无草木。澧水出焉，东流注于余泽，其中多珠蟞鱼，其状如肺而有目，六足，有珠，其味酸甘，食之无疠。（《东次二经》）

《东次四经》之首，曰北号之山，临于北海。有木焉，其状如杨而赤华，其实如枣而无核，其味酸甘，食之不疟。（《东次四经》）

又西九十里，曰阳华之山，其阳多金、玉，其阴多青雄黄，其草多薯薁，多若华，其状如楸，其实如瓜，其味酸甘，食之已疟。（《中次六经》）

又东北八百里，曰兔床之山……其草多鸡榖，其本如鸡卵，其味酸甘，食者利于人。（《中次十一经》）

上文中，笔者对《山海经》非常之物的六个主要特征分别进行了介绍，可以看出，有的只有其中一项特征，有的却兼有几项特征。

前文虽然指出怪即非常，怪物即非常之物，但在今天的语境下，怪物几乎完全是一个贬义词，非常之物却是一个中性词。从上面对非常之物的部分介绍来看，如凤鸟、鸾鸟等在古代都是瑞祥动物，是受到人们欢迎的。《文选》中载司马迁《难蜀父老》云：

> 盖世必有非常之人，然后有非常之事；有非常之事，然后有非常之功。夫非常者，固常人之所异也。故曰：非常之原，黎民惧焉。

李周翰注：“非常人，圣人也。”这就是正面使用“非常”的例子。

第三章

《山海经》的草类

《山海经》对于草类的描写可以分为两种情况。

一种情况是在对某植物进行性状描写时作为类比物而被提及，如麻作为植物共出现三次：

又西五十二里，曰竹山……有草焉，其名曰黄雚，其状如樗，其叶如麻，白华而赤实，其状如赭，浴之已疥，又可以已胕。（《西山首经》）

又西百二十里，曰浮山……有草焉，名曰薰草，麻叶而方茎，赤华而黑实，臭如蘼芜，可以已疠。（《西山首经》）

有木，青叶紫茎，玄华黄实，名曰建木，百仞无枝，上有九欘，下有九枸，其实如麻，其叶如芒，大暤爰过，黄帝所为。（《海内经》）

其中两次是麻叶，一次是麻实。作为常见植物的麻，在《山海经》

中却没有作为物产出现过。

另一种情况是作为物产出现，其中部分作为物产的草类还在对某植物进行性状描写时作为类比物而被提及，如葵共出现十一次：只有一次是作为物产出现，即《北山首经》边春之山，“多葱、韭、葵、桃、李”；其余十次都是作为类比物而出现。

下文主要对作为物产的草类择要进行考察。

1. 祝余

> 《南山经》之首，曰䧿山，其首曰招摇之山……有草焉，其状如韭而青华，其名曰祝余，食之不饥。（《南山首经》）

《南山经》的第一列山系叫作䧿山，它的第一座山叫招摇山。山中有一种草，样子像韭菜，开青色的花朵，名叫祝余，吃了它可以不饥饿。

吕调阳云：“祝余，即贝母，苗似大蒜，青华，根作瓣如贝子。拔之有顷，渐堕如祝者，时一俯屈，故名。……陶弘景《本草》：‘贝母，服之不饥，断谷。’与此经合。”（图3-1、图3-2、图3-3）

贝母又称“蝱”，见于《诗经》，《鄘风·载驰》云：“陟彼阿丘，言采其蝱。女子善怀，亦各有行。许人尤之，众稚且狂。”

毛传：“蝱，贝母也。”

《毛诗草木鸟兽虫鱼疏》云：“蝱，今药草贝母也，其叶如栝楼而细

▲ 图3-1　贝母（《金石昆虫草木状》）

▲ 图3-2　贝母（《各样药材图册》）

▲ 图3-3　贝母（《中国自然历史绘画·本草集》）

小，其子在根下，如芋子，正白，四方连累相着，有分解也。”（图3-4）

蝱，《尔雅·释草》作“莔”，云：“莔，贝母。”郭璞注：“根如小贝，员而白华，叶似韭。”

《本草经》云：“贝母，一名空草。味辛，平，无毒。治伤寒烦热，淋沥邪气，疝瘕，喉痹，乳难，金疮，风痉。”

《名医别录》云：“贝母，味苦，微寒，无毒。主治腹中结实，心下满，洗洗恶风寒，目眩、项直，咳嗽上气，止烦热渴，出汗，安五脏，利骨髓。一名药实，一名苦华，一名苦菜，一名商草，一名勒母，一名蝱。生晋地。十月采根，暴干。”

《证类本草》卷八“贝母”条引《图经》云：“贝母生晋地，今河中、江陵府、郢、寿、随、郑、蔡、润、滁州皆有之。根有瓣子，黄白色，如聚贝子，故名贝母。二月生苗，茎细青色，叶亦青，似荞麦，叶随苗出。七月开花碧绿色，形如鼓子花。八月采根，晒干。”

▲ 图3-4　蝱（《毛诗品物图考》）

贝母（Fritillaria），百合科。多年生草本，春生夏萎。鳞茎扁球形。叶下部对生、上部轮生，茎顶的叶片呈线状披针形，先端卷曲如卷须。春季开花，花呈钟状，淡黄绿色，下垂。约60种，中国产20种和2个变种。常用鳞茎繁殖。药用部分为鳞茎。有浙贝母；另有卷叶贝母（Fritillaria cirrhosa），亦称“川贝母”“川贝”，性微寒、味苦甘，功能清热润肺、化痰止咳，主治肺热燥咳、虚劳久咳、咯血等症。主要成分有川贝母碱、西贝母碱等多种生物碱，有镇咳、祛痰、解痉、抗溃疡等作用。

尚志钧疑祝余为知母。《尔雅·释草》云：“薚，莐藩。”郭璞注：“生山上，叶如韭，一曰提母。”

《本草经》云：“知母，一名蚳母，一名连母，一名野蓼，一名地参，一名水参，一名水浚，一名货母，一名蝭母。味苦，寒，无毒。治消渴，热中，除邪气，肢体浮肿。下水，补不足，益气。生川谷。”

《名医别录》云：“知母，无毒。主治伤寒久疟烦热，胁下邪气，膈中恶，及风汗内疸。久服令人泄。一名女雷，一名女理，一名儿草，一名鹿列，一名韭逢，一名儿踵草，一名东根，一名水须，一名沈燔，一名薚。生河内。二月、八月采根，暴干。”

《太平御览》卷九九〇引《范子计然》云：“提母出三辅，黄白者善。”

《证类本草》卷八“知母”条引《图经》云：“知母，生河内川谷，今濒河诸郡及解州、滁州亦有之。根黄色，似菖蒲而柔润。叶至难死，掘出随生，须燥乃止。四月开青花如韭花，八月结实。二月、八月采根曝干用。”（图3–5、图3–6、图3–7）

▲ 图3-5　卫州知母（《金石昆虫草木状》）

▲ 图3-6　知母（《庶物类纂图翼》第一）

▲ 图3-7　知母（《中国自然历史绘画·本草集》）

知母（Anemarrhena asphodeloides），百合科。多年生草本。根状茎横生，外面密被黄褐色纤维状叶鞘分裂物。叶基出从生，线形。花葶出自叶丛间，顶生总状花序，夏季开花，花白色，具淡紫色条纹。蒴果。种子黑色，有翅。产于中国东北、西北和华北，华东有栽培。根状茎入药，性寒、味苦，功能清热、滋阴、降火，主治热病烦渴、肺热咳嗽、虚劳发热、消渴等症。

郭郛以祝余为山韭菜的古名，经文既然说祝余“如韭”，则恐怕不是山韭菜。

祝余，郭璞《山海经图赞》小题与正文皆作“祝荼”，云：“祝荼嘉草，食之不饥。”

2.菅（jiān）

凡䧿山之首，自招摇之山以至箕尾之山，凡十山，二千九百五十里。其神状皆鸟身而龙首，其祠之礼毛用一璋玉瘗，糈用稌米，一璧，稻米，白菅为席。（《南山首经》）

总计䧿山山系的开始，从招摇山到箕尾山共有十座山，行经的路程为二千九百五十里。山神的样子都是鸟的身子、龙的脑袋。祭祀山神的仪式要用一块玉璋埋在地里，祭神的精米要用稌米；还要用一块玉璧和稻米祭祀，用白茅草编织成席子（以作为神降临后的座席）。

郭璞注：“菅，茅属也。”

郝懿行疏：“《尔雅〔·释草〕》云：‘白华，野菅。’《广雅〔·释草〕》云：‘菅，茅也。’席者，藉以依神。《淮南·说山训》云：‘巫之用糈藉。’高诱注云：‘糈米，所以享神。藉，菅茅。’是享神之礼用菅茅为席也。”（图3-8）

▲ 图3-8　菅茅（《各样药材图册》）

《太平御览》卷九九六引《异物志》云：“香菅似茅，而叶长大于茅。不生污下之地，（生）丘陵山岗。凡所蒸享，必得此菅苞裹，助调五味，益其芬菲。”这道出了祭祀要用菅茅编织成的席子的原因。

菅亦见于《诗经》，《小雅·白华》云：“白华菅兮，白茅束兮。之子之远，俾我独兮。英英白云，露彼菅茅。天步艰难，之子不犹。”

毛传：“白华，野菅也，已沤为菅。”

《毛诗草木鸟兽虫鱼疏》云：“菅，似茅而滑泽无毛，根下五寸中有白粉者柔韧，宜为索，沤及曝尤善也。”（图3-9）

《本草纲目》卷一三“白茅”条李时珍云：“有数种：夏花者，为茅；秋花者，为菅，二物功用相近，而名谓不同。”又云：“菅茅只生山上，似白茅而长，入秋抽茎，开花成穗如荻花，结实尖黑，长分许，粘衣刺人。其根短硬如细竹根，无节而微甘，亦可入药，功不及白茅，《尔雅》所谓‘白华，野菅’是也。”

菅（Themeda villosa），禾本科。多年生草本。叶片线形。夏秋抽出由许多总状花序组成的大型花序，总状花序下面有舟形苞片；小穗无芒或有一短直芒。多生于山坡草地。中国西南、华南和华中各地以及印度都有分布。可作造纸原料。

◀ 图3-9　菅（《诗经名物图解》）

3. 萆荔（bì lì）

又西八十里，曰小华之山……其草有萆荔，状如乌韭，而生于石上，食之已心痛。（《西山首经》）

再往西八十里，就是小华山。山中有一种萆荔草，样子像乌韭，却长在石头上，吃了它可以治疗心痛病。

郭璞注："乌韭，在屋者曰昔邪，在墙者曰垣衣。"郝懿行疏："《广雅〔·释草〕》云：'昔邪，乌韭也。'《本草》云：'乌韭生山谷石上。'《唐本草》苏恭注谓之石苔。"（图3–10）

▲ 图3–10　乌韭（《金石昆虫草木状》）

郭璞注："萆荔，香草也。"《楚辞·离骚》云："贯薜荔之落蕊。"王逸注："薜荔，香草也，缘木而生。"是薜荔即萆荔。（图3–11）

《尔雅翼》卷三"薜荔"条云："今薜荔叶厚实而圆，多蔓，好敷岩石上若罔，故云'罔薜荔兮为帷'也。或寅缘上木，古木之上有绝大者，开华结实，其实上锐而下平，外青而中瓤，经霜则瓤红而甘，鸟乌所啄，童儿亦食之，谓之木馒头，亦曰鬼馒头，其状如饼饵中馒头也，食之发瘴，岭外尤多。州郡待客，取以为高饤。或言岭外郡刻木作馒头状，言之过也。虽云藤蔓，枝叶劲厚，如木之属，非复草也。"

▲ 图3–11　薜荔草（《各样药材图册》）

薜荔又称木莲，《本草纲目》卷一八"木莲"条李时珍云："木莲延树木垣墙而生，四时不凋，厚叶坚强，大于络石。不花而实，实大如杯，微似莲蓬而稍长，正如无花果之生者。六七月，实内空而红。八月后，则满腹细子，大如稗子，一子一须。其味微涩，其壳虚轻，乌、鸟、童儿皆食之。"

薜荔（Ficus pumila），亦称木莲、鬼馒头。桑科。常绿藤本，含乳汁。叶两型，不生花序托枝上的叶小而成心状卵形；生花序托枝上的叶大而近厚革质，椭圆形，下面网脉蜂窝状。夏秋开花，雌雄异株，花集生于肉质、囊状花序托内，以后发育成倒卵形的隐花果。产于中国中部和南部；亦见于日本、越南。果实富果胶，可制食用的凉粉；亦可入药，性平、味甘，功能补肾固精、通乳、活血消肿、解毒，主治肾虚腰酸、阳痿遗精、乳汁稀少、痈疽初起等症。

尚志钧认为萆荔可能是《本草经》中的蠡实。

《本草经》云："蠡实，一名剧草，一名三坚，一名豕首。味甘，平，无毒。治皮肤寒热，胃中热气，风寒湿痹。坚筋骨，令人嗜食。久服轻身。"

《名医别录》云："蠡实，温，无毒。主止心烦满，利大小便，长肌肤肥大。花叶，治喉痹，多服令人溏泄。一名荔实。生河东。五月采实，阴干。"

《本草纲目》卷一五"蠡实"条引苏颂云："今陕西诸郡及鼎、澧州亦有之，近汴尤多。叶似薤而长厚，三月开紫碧花，五月结实作角子，如麻大而赤色有棱，根细长，通黄色，人取以为刷。三月开花，五月采实，并阴干用。”（图3–12、图3–13）

马蔺（Iris lactea），亦称蠡实、马莲。鸢尾科。多年生草本。根状茎短而粗壮，基部残叶裂成纤维状。叶基生，多数，坚韧，线形。春季开花，花蓝色，1—3朵生于花葶顶端；花柱分枝3枚，花瓣状。蒴果长椭圆形，具6条纵棱。生于山野草地。产于中国华北、东北、西藏、四川、山东、安徽、江苏等地；朝鲜、俄罗斯等国也有分布。花及种子为止血、利尿药；叶富韧性，用以缚物，亦可作造纸原料；根可制刷子。

▲ 图3–12 冀州蠡实（《金石昆虫草木状》）

◀ 图3–13 蠡实（《中国药用本草绘本》）

4. 条

又西八十里，曰符禺之山……其草多条，其状如葵而赤华，荚实，如婴儿舌，食之使人不惑。（《西山首经》）

再往西八十里，就是符禺山。山上的草多条，样子像葵，开红色的花朵，结荚果，就像婴儿的舌头，吃了它可以让人头目不昏眩。

汪绂注："或云此即戎葵。"郭郛以条为蜀葵，即戎葵。

《尔雅·释草》云："菺，戎葵。"郭璞注："今蜀葵也。似葵，华如木槿华。"郝懿行《尔雅义疏》云："蜀葵似葵而大，'戎''蜀'皆大之名，非自戎、蜀来也。或名吴葵、胡葵，'胡''吴'亦皆谓大也。"

《古今注·草木》云："荆葵，一名茙葵，一名芘芣。似木槿而光色夺目，有红有紫有青有白有黄，茎叶不殊，但花色有异耳。一曰蜀葵。"

《尔雅翼》卷八"菺"条云："菺，戎葵，郭氏曰：'今蜀葵也，似葵，华如木槿。'然今蜀葵非一种，有深红浅红，有紫有白，茎皆相似。其开花自本，以渐至末。盛夏次第开敷，光彩可观。惟黄者特异，叶大而衢深，有如龙爪，黄花紫心，六瓣而侧，今人亦谓之侧金盏，收以傅疮肿之属，大抵作器皿多仿此。凡草木从戎者，本皆自远国来，古人谨而志之。今戎葵一名蜀葵，则自蜀来也，如胡豆谓之戎菽，亦自胡中来。戎者，胡、蜀之总名耳。其来之始，今不复知。蜀、羌、髳自商时已通中国矣。"此说与郝懿行不同。

《本草纲目》卷一六"蜀葵"条李时珍云："蜀葵处处人家植之。春初种子，冬月宿根亦自生苗，嫩时亦可茹食。叶似葵菜而大，亦似丝瓜叶，有岐叉。过小满后长茎，高五六尺。花似木槿而大，有深红浅红紫黑白色、单叶千叶之异。昔人谓其疏茎密叶、翠萼艳花、金粉檀心者，颇善状之。惟红、白二色入药。其实大如指头，皮薄而扁，内仁如马兜铃仁及芜荑仁，轻虚易种。其秸剥皮，可缉布作绳。”（图3-14、图3-15、图3-16）

▲ 图3-14　蜀葵（《庶物类纂图翼》第九）

▲ 图3-15　红蜀葵（《金石昆虫草木状》）

▲ 图3-16　黄蜀葵（《金石昆虫草木状》）

蜀葵（Althaea rosea），亦称一丈红。锦葵科。二年生草本，被毛。叶近圆心形，掌状5—7浅裂。夏秋季开花，花腋生，自下向上顺次开放，至末梢成长穗状，花冠红、紫、黄或白色，心皮彼此连成一圈围于中轴。产于中国，栽培供观赏。花瓣中的紫色素常用为饮料或点心的着色剂。全草入药，能清热、消肿、解毒，治吐血、血崩。

尚志钧疑条为锦葵科植物苘麻一类植物。

《本草纲目》卷一五“苘麻”条李时珍云：“苘麻，今之白麻也。多生卑湿处，人亦种之。叶大似桐叶，团而有尖。六七月开黄花。结实如半磨形，有齿，嫩青老黑。中子扁黑，状如黄葵子。其茎轻虚洁白。北人取皮作麻。以茎蘸硫黄作淬灯，引火甚速。其嫩子，小儿亦食之。”（图3-17）

▲ 图3-17　苘麻（《庶物类纂图翼》第八）

苘麻（Abutilon theophrasti），亦称青麻。锦葵科。一年生草本。茎圆筒形，青或红紫色，表面密被茸毛。叶绿色，大而圆，心脏形，亦被短毛。花单生叶腋，钟形、黄色。蒴果呈半磨盘形。种子小，肾形，淡灰或黑色。喜温，喜光，耐旱，耐涝，耐寒，适应性强。原产中国，从长江流域至华北、东北各地都有分布。茎部韧皮纤维较脆硬，主要供制绳索、麻袋、渔网或造纸。种子入药，亦可提取油脂用于制肥皂、油漆等。

5.条

又西六十里，曰石脆之山……其草多条，其状如韭而白华黑实，食之已疥。(《西山首经》)

再往西六十里，就是石脆山。山上的草多条，样子像韭，开白花，结黑色的果实，吃了它可以治疗疥疮。

郝懿行疏：“条草与上文同名异状。又韭亦白华黑实也。”

吕调阳注：“条，《本草拾遗》谓之金镫，《嘉祐本草》谓之山慈姑，舂汁酒饮，主痈疽疔肿也。”（图3-18、图3-19）

◀ 图3-18 鼎州金灯（《金石昆虫草木状》）

▶ 图3-19 金灯花（《中国自然历史绘画·花鸟画谱》）

▲ 图3-20 山慈菰（《中国自然历史绘画·本草集》）

《本草纲目》卷一三“山慈姑”条云：“山慈姑处处有之。冬月生叶，如水仙花之叶而狭。二月中抽一茎，如箭杆，高尺许。茎端开花白色，亦有红色、黄色者，上有黑点，其花乃众花簇成一朵，如丝纽成可爱。三月结子，有三棱。四月初苗枯，即掘取其根，状如慈姑及小蒜，迟则苗腐难寻矣。根苗与老鸦蒜极相类，但老鸦根无毛，慈姑有毛壳包裹为异尔。用之，去毛壳。”（图3-20、图3-21）

尚志钧疑条为百合科植物韭一类植物。（图3-22）郭郛认为条可能是百合科的黄精。

▲ 图3-21 山茨菰（《各样药材图册》）

▲ 图3-22 韭（《中国自然历史绘画·本草集》）

《名医别录》云："黄精，味甘，平，无毒。主补中益气，除风湿，安五脏。久服轻身、延年、不饥。一名重楼，一名菟竹，一名鸡格，一名救穷，一名鹿竹。生山谷，二月采根，阴干。"

《广雅·释草》云："黄精，龙衔也。"

《太平御览》卷九八九引《博物志》云："黄帝问天姥曰：'天地所生，岂有食之令人不死者乎？'姥曰：'太阳草，名黄精，饵食之，可以长生。'"又引《神仙传》云："白菟公服黄精而得仙。"

《神仙传》卷六云："王烈，字长休，邯郸人。常服黄精并炼铅，年二百三十八岁，有少容，登山如飞。"

南宋朱弁《苏子翼送黄精酒》诗云："仙经何物堪却老，较功无如太阳草。龙衔鸡衔名虽异，菟公羊公事可考。"

《证类本草》卷六"黄精"条引《图经》云："黄精，旧不载所出州郡，但云生山谷，今南北皆有之，以嵩山、茅山者为佳。三月生，苗高一二尺以来，叶如竹叶而短，两两相对。茎梗柔脆，颇似桃枝，本黄末赤。四月开细青白花，如小豆花状。子白如黍，亦有无子者。根如嫩生姜，黄色。二月采根。蒸过，曝干用。今通八月采，山中人九蒸九曝，作果卖，甚甘美而黄黑色。"

《救荒本草》卷四"黄精苗"条云："黄精苗，俗名笔管菜，一名重楼，一名菟竹，一名鸡格，一名救穷，一名鹿竹，一名葳蕤，一名仙人余粮，一名垂珠，一名马箭，一名白及。生山谷，南北皆有之，嵩山、茅山者佳。根生肥地者大如拳，薄地者犹如拇指。叶似竹叶，或两叶，或三叶，或四五叶，俱皆对节而生。味甘，性平，无毒。又云茎光滑者谓之太

阳之草，名曰黄精，食之可以长生；其叶不对节，茎叶毛钩子者谓之太阴之草，名曰钩吻，食之入口立死。又云茎不紫，花不黄为异。救饥：采嫩叶煠熟，换水浸去苦味，淘洗净，油盐调食。山中人采根，九蒸九暴，食甚甘美。其蒸暴用瓮去底，安釜上，装置黄精令满，密盖蒸之，令气溜即暴之。如此九蒸九暴，令极熟，若不熟则刺人喉咽。久食长生辟谷。其生者若初服，只可一寸半，渐渐增之，十日不食他食。能长服之，止三尺，服三百日后，尽见鬼神，饵必升天。又云花实极可食，罕得见，至难得。”

《本草纲目》卷一二“黄精”条李时珍云：“黄精野生山中，亦可劈根长二寸，稀种之，一年后极稠，子亦可种。其叶似竹而不尖，或两叶、三叶、四五叶，俱对节而生。其根横行，状如葳蕤，俗采其苗煠熟，淘去苦味食之，名笔管菜。”（图3-23、图3-24）

▲ 图3-23 滁州黄精（《金石昆虫草木状》）

▲ 图3-24 黄精（《各样药材图册》）

黄精（Polygonatum sibiricum），百合科。多年生草本。根状茎横生，节膨大，肉质肥大。茎长而较柔弱。叶通常4—5枚轮生，线状披针形，先端卷曲而缠绕他物，无柄。夏季开花，花乳白色或淡黄色，钟状，下垂。浆果球形，黑色。野生山坡林下。分布于中国东北、华北、华东、华中等地。根状茎入药，性平、味甘，功能补脾益气、滋肾润肺，主治脾胃虚弱、肺虚咳嗽、消渴等症。

6. 黄雚（huán）

又西五十二里，曰竹山……有草焉，其名曰黄雚，其状如樗，其叶如麻，白华而赤实，其状如赭，浴之已疥，又可以已胕。（《西山首经》）

再往西五十二里，就是竹山。山中有一种草，名叫黄雚，样子像臭椿树，叶子像麻叶，开白色的花朵，结红色的果实，就是像赭那样的红色，用它来洗浴可以治疗疥疮，还可以治疗浮肿病。

郝懿行疏："《说文》云：'疥，搔也。'此草浴疥，可以去风痒。《本草别录》云：'对庐主疥，煮洗之，似庵蔄。'即此也。"对庐是何种植物，目前已难以确知。

吕调阳注："黄雚，即黄环，蜀人名为株藤，根皮黄色，横纹成环，巨蔓如株箨，状似樗，叶排比似麻。三月作华，色状皆如篱豆华而微紫。作荚大如皂荚，而皮有茸不泽，实名狼跋子，扁而紫赤，正如赭状。主恶疮蜗疥，杀虫鱼，根治痰嗽，消水肿也。经言'白华'，或华色非一耳。"

《本草经》云："黄环，一名凌泉，一名大就。味苦，平，有毒。治蛊毒，鬼疰，鬼魅，邪气在脏中，除欬逆，寒热。生山谷。"

《名医别录》云："黄环，有毒。生蜀郡。三月采根，阴干。"

《梦溪笔谈·补笔谈》卷三"药议"条云："黄镮，即今之朱藤也，天下皆有。叶如槐，其花穗悬，紫色，如葛花，可作菜食，火不熟亦有

▲ 图3–25　黄环（《金石昆虫草木状》）

小毒。京师人家园圃中作大架种之，谓之紫藤花者是也。实如皂荚，《蜀都赋》所谓‘青珠黄镮’者，黄镮即此藤之根也。古今皆种以为亭槛之饰。今人采其茎，于槐榦上接之，伪为矮槐。其根入药用，能吐人。”

《救荒本草》卷六“藤花菜”条云：“藤花菜，生荒野中沙岗间。科条丛生。叶似皂角叶而大，又似嫩椿叶而小，浅黄绿色。枝间开淡紫花，味甘。救饥：采花煠熟，水浸淘净，油盐调食。微焯过，晒干煠食尤佳。”《植物名实图考》卷二二“黄环”条谓即此。

《本草纲目》卷一八“黄环”条李时珍云：“此物叶黄而圆，故名黄环，如萝藦呼白环之义。亦是葛类，故名就葛。跋乃狼足名，其荚似之，故曰狼跋子。”（图3–25、图3–26）

郭郛以黄藋即黄蒿，又名黄花蒿。

《本草纲目》卷一五“黄花蒿”条李时珍云：“香蒿臭蒿通可名草蒿。此蒿与青蒿相似，但此蒿色绿带淡黄，气辛臭不可食，人家采以罨酱黄酒麴者是也。”（图3–27）

◀ 图3-26　黄环（《各样药材图册》）

▶ 图3-27　黄花蒿（《庶物类纂图翼》第七）

《植物名实图考》卷一一“黄花蒿”条云：“黄花蒿，俗呼臭蒿，以覆酱豉。《本草纲目》始收入药。”

黄花蒿（Artemisia annua），亦称青蒿、臭蒿。菊科。一年生草本。茎上部多分枝。茎中部的叶三回羽状全裂，裂片线形。头状花序多数，排列成尖塔形圆锥状，秋季开黄色花。中国各地都有分布。全草供药用，功效与青蒿相似；所含青蒿素，治疟疾有一定效果，又可提取芳香油。可泡作清凉饮料。苗茎可嫁接菊花。

▲ 图3–28　椿树（《各样药材图册》）

尚志钧疑黄藋为楝科植物香椿一类植物（图3–28）。经文明言是草，故黄藋是香椿的可能性较小。

7. 薰草

又西百二十里，曰浮山……有草焉，名曰薰草，麻叶而方茎，赤华而黑实，臭如蘼芜，可以已疠。（《西山首经》）

再往西一百二十里，就是浮山。山中有一种草，名叫薰草，叶子像麻叶，树干是方形的，开红色的花朵，结黑色的果实，气味像蘼芜，可以用它来治疗麻风病。

《名医别录》云："薰草，味甘，平，无毒。主治明目，止泪，治泄精，去臭恶气，伤寒头痛，上气，腰痛。一名蕙草。生下湿地，三月采，阴干，脱节者良。"

《尔雅翼》卷二"薰草"条云："盖能去恶臭，令身香，故古之祓除，以此草薰之，因谓之薰草。"

《太平御览》卷九八三引《苏子》云："象以牙丧身，不能去其白。薰以芳自烧，不能去其香。"又引《西京杂记》云："汉掖庭有绿熊席，其席皆长一丈余，眠而拥毛自蔽，望其不能见，坐则没膝。其中杂诸薰香，一坐此席，余香百日不歇。"

《本草纲目》卷一四“薰草、零陵香”条李时珍云：“古者烧香草以降神，故曰薰，曰蕙。薰者熏也，蕙者和也。《汉书》云‘薰以香自烧’是矣。或云：古人祓除，以此草熏之，故谓之薰，亦通。”

尚志钧疑薰草为唇形科植物罗勒一类植物。

《事物纪原》卷一〇“兰香”条云：“本名罗勒，后赵石勒以罗勒犯己名，改为兰香，至今以为名也。”

《本草纲目》卷二六“罗勒”条引掌禹锡云：“罗勒处处有之。有三种：一种似紫苏叶；一种叶大，二十步内即闻香；一种堪作生菜。冬月用干者。子可安入目中去翳，少顷湿胀，与物俱出也。”（图3-29）

罗勒（Ocimum basilicum），又作萝艻，亦称零陵香、兰草。唇形科。一年生芳香草本。茎方形，常带紫色。叶对生，卵形或卵状披针形，背面有腺点。夏秋开花，花唇形，白色或淡紫色，每6朵轮生在花茎上排成多轮的假总状花序。小坚果卵圆形。原产热带亚洲和非洲；中国中部、南部和东南部都有栽培。种子繁殖。茎、叶可提取芳香油；全草入药，为健胃药；民间暑日采鲜叶代茶泡饮，有清凉作用。

▲ 图3-29 罗勒（《庶物类纂图翼》第二十）

《本草纲目》卷一四“薰草、零陵香”条引马志云：“零陵香生零陵山谷，叶如罗勒。《南越志》云：土人名燕草，又名薰草，即香草也。《山海经》薰草即是此。”又引苏颂云：“零陵香今湖广诸州皆有之，多生下湿地，叶如麻，两两相对，茎方，常以七月中旬开花至香，古云薰草是也。岭南人皆作窑灶，以火炭焙干，令黄色乃佳。江淮亦有土生者，亦可作香，但不及湖岭者，至枯槁香尤芬熏耳。古方但用薰草，不用零陵香。今合香家及面脂、澡豆诸法皆用之，都下市肆货之甚便。”（图3-30、图3-31）

《梦溪笔谈·补笔谈》卷三“药议”条云：“零陵香，本名蕙，古之兰蕙是也，又名薰。《左传》曰：‘一薰一莸，十年尚犹有臭。’即此草也。唐人谓之铃铃香，亦谓之铃子香，谓花倒悬枝间如小铃也。至今京师人买零陵香，须择有铃子者。铃子，乃其花也。此本鄙语，文士以湖南零陵郡，遂附会名之。后人又收入《本草》，殊不知《本草》正经自有薰草条，又名蕙草，注释甚明。南方处处有，《本草》附会其名，言出零陵郡，亦非也。”

▲ 图3-30　蒙州零陵香（《金石昆虫草木状》）

▲ 图3-31　蒙州零陵香（《中国自然历史绘画·植物画谱》）

灵香草（Lysimachia foenum-graecum），亦称零陵香、黄香草、驱蛔草、满山香。报春花科。多年生草本，采下阴干后特别芳香。叶互生，卵形、卵状披针形或椭圆形，全缘，两面光滑。初夏开花，花黄色，单生于叶腋。蒴果球形，不规则开裂。种子细小，黑褐色，有棱角。生于山林阴湿处。分布于中国湖北、广东、广西、贵州、云南、四川等地。全草可提取芳香油；亦供药用，有清热、行气、止痛、驱蛔之效。

8. 蓇（gǔ）蓉

又西三百二十里，曰嶓冢之山……有草焉，其叶如蕙，其本如桔梗，黑华而不实，名曰蓇蓉，食之使人无子。（《西山首经》）

再往西三百二十里，就是嶓冢山。山中有一种草，叶子像蕙兰，根像桔梗，开黑色的花朵却不结果实，名叫蓇蓉，人吃了它会无法生育。

郝懿行疏："《广雅〔·释草〕》云：'犁如，桔梗也。'《本草》作'利如'。《太平御览》〔卷九九三〕引《吴普本草》云：'一名卢如，叶如荠苨，茎如笔管，紫赤。'《庄子·徐无鬼篇》《释文》引司马彪云：'桔梗治心腹血瘀瘕痹。'"

《本草经》云："桔梗，味辛，微温，有小毒。治胸胁痛如刀刺，腹满，肠鸣幽幽，惊恐悸气。生山谷。"

《名医别录》云："桔梗，味苦，有小毒。主利五脏肠胃，补血气，除寒热风痹，温中，消谷，治喉咽痛，下蛊毒。一名利如，一名房图，一名白药，一名梗草，一名荠苨。生嵩高及宛朐。二、八月采根，暴干。"

《救荒本草》卷一"桔梗"条云："桔梗，一名利如，一名房图，一名白药，一名梗草，一名荠苨。生嵩高山谷及冤句、和州、解州，今钧州密县山野亦有之。根如手指大，黄白色。春生苗，茎高尺余。叶似杏叶而长椭，四叶相对而生，嫩时亦可煮食。开花紫碧色，颇似牵牛花。秋后结子。叶名隐忍。其根有心，无心者乃荠苨也。根叶味辛苦，性微温，有小毒；一云味苦，性平，无毒。节皮为之使，得牡砺、远志疗恚怒，得硝石、石膏疗伤寒。畏白芨、龙眼、龙胆。救饥：采叶煠熟，换水浸去苦味，淘洗净，油盐调食。"

《本草纲目》卷一二"桔梗"条李时珍云："此草之根结实而梗直，故名。"又引苏颂云："今在处有之。根如小指大，黄白色。春生苗，茎高尺余。叶似杏叶而长椭，四叶相对而生，嫩时亦可煮食。夏开小花紫碧色，颇似牵牛花，秋后结子。八月采根，其根有心，若无心者为荠苨。关中所出桔梗，根黄皮，似蜀葵根。茎细，青色。叶小，青色，似菊叶也。"（图3–32、图3–33、图3–34）

桔梗（Platycodon grandiflorus），桔梗科。多年生草本。根肉质，圆锥形。叶卵形至卵状披针形，通常每节轮生3—4枚。秋季开花，花蓝紫色，钟状。多野生于山坡，也栽培供观赏。产

▲ 图3-32　和州桔梗（《金石昆虫草木状》）

▲ 图3-33　桔梗（《各样药材图册》）

▲ 图3-34　解州桔梗（《中国自然历史绘画·植物画谱》）

于东亚；中国各地都有分布。根入药，性平、味苦辛，功能宣肺、祛痰、排脓，主治咳痰不爽、咽喉肿痛、音哑、肺痈等症。

萯蓉“黑华而不实”，实者，子也，不实即不结果实，故云“食之使人无子”，是基于巫术的联系。

杨慎注：“今名花骨空，凌霄花之类。”（图3-35、图3-36）。

▼ 图3–35　凌霄花（《中国自然历史绘画·花鸟画谱》）

▲ 图3–36　凌霄花（《外销画册·花卉果木》）

▲ 图3–37　苕（《毛诗品物图考》）

凌霄花，《诗经》称作“苕”（图3–37、图3–38），《小雅·苕之华》云：“苕之华，芸其黄矣。心之忧矣，维其伤矣！苕之华，其叶青青。知我如此，不如无生！牂羊坟首，三星在罶。人可以食，鲜可以饱！”

毛传：“苕，陵苕，将落则黄。”郑笺：“陵苕之华紫赤而繁。”

《尔雅·释草》云：“苕，陵苕。黄华，蔈；白华，茇。”

《毛诗草木鸟兽虫鱼疏》云：“苕，一名陵时，一名鼠

▶ 图3–38　苕（《诗经名物图解》）

尾，似王刍，生下湿水中。七八月中华紫，似今紫草，华可染皂，煮以沐发即黑。叶青如蓝而多华。”

《尔雅翼》卷三“陵苕”条云：“今凌霄花是也，蔓生乔木上，极木所至，开花其端。”

《本草纲目》卷一八“紫葳”条李时珍云：“俗谓赤艳曰紫葳葳，此花赤艳，故名。附木而上，高数丈，故曰凌霄。”又云：“凌霄野生，蔓才数尺，得木而上，即高数丈，年久者藤大如杯。春初生枝，一枝数叶，尖长有齿，深青色。自夏至秋开花，一枝十余朵，大如牵牛花，而

▲ 图3-39 肉苁蓉（《金石昆虫草木状》）

头开五瓣，赭黄色，有细点，秋深更赤。八月结荚如豆荚，长三寸许，其子轻薄如榆仁、马兜铃仁。其根长亦如兜铃根状，秋后采之，阴干。”

凌霄（Campsis grandiflora），亦称紫葳。紫葳科。木质藤本，茎上生攀缘的气生根。叶对生，羽状复叶，小叶7—9枚，卵形至卵状披针形，先端尾状渐尖，基部不对称。顶生聚伞圆锥花序，花大，花冠唇状漏斗形，红色或橘红色，蒴果长如荚。多用根或茎扦插繁殖。产于中国华北至长江流域以南各省，日本亦有分布；广泛栽培，为重要垂直绿化材料。根及花入药，能活血通经散瘀，治跌打损伤等，但花粉有毒。

▲ 图3-40 肉苁蓉（《中国自然历史绘画·本草集》）

郭郛以肴蓉可能为肉苁蓉；或是草苁蓉、花苁蓉，正式名是紫花列当。

《本草经》云：“肉苁蓉，味甘，微温，无毒。治五劳七伤，补中，除茎中寒热痛，养五脏，强阴，益精气，多子，妇人癥瘕，久服轻身。生山谷。”

《名医别录》云：“肉苁蓉，味酸、咸，无毒。除膀胱邪气、腰痛，止痢。生河西及代郡雁门。五月五日采，阴干。”

《本草纲目》卷一二“肉苁蓉”条李时珍云：“此物补而不峻，故有从容之号。从容，和缓之貌。”（图3-39、图3-40、图3-41）

▲ 图3-41　肉苁蓉（《各样药材图册》）

肉苁蓉（Cistanche deserticola），亦称盐生肉苁蓉。列当科。多年生寄生草本，全株无叶绿素，黄褐色。叶小，鳞片状，多数交互生成覆瓦状。花近唇形，暗紫色，聚生成稠密的穗状花序，具苞片及小苞片。蒴果椭圆形，花柱宿存。寄生在红沙（Reaumuria soongarica）、盐爪爪（Kalidium gracile）或珍珠（Salsola passerina）等的根上。分布于中国内蒙古和西北等地。茎入药，性微温、味甘，功能补肾壮阳、润肠，主治肾虚阳痿、遗精、腰膝痛和肠燥便秘等。迷肉苁蓉（C. ambigua）亦作肉苁蓉入药。

▼ 图3–42　蕙兰（《中国自然历史绘画·花鸟画谱》）

9. 蕙

又西三百五十里，曰天帝之山，上多棕、楠，下多菅、蕙。（《西山首经》）

《名医别录》云："蕙实，味辛。主明目，补中。根茎中汤，治伤寒，寒热，出汗，中风，面肿，消渴，热中，逐水。生鲁山平泽。"

《尔雅翼》卷二"蕙"条云："蕙大抵似兰，花亦春开，兰先而蕙继之，皆柔荑，其端作花。兰一荑一花，蕙一荑五六花，香次于兰。"

尚志钧疑蕙或为兰科植物蕙兰一类植物。（图3–42）

10. 杜衡

又西三百五十里，曰天帝之山……有草焉，其状如葵，其臭如蘼芜，名曰杜衡，可以走马，食之已瘿。（《西山首经》）

再往西三百五十里，就是天帝山。山中有一种草，样子像葵，气味像蘼芜，名叫杜衡，骑马之人佩带上它可以让马跑得更快，人吃了它可以治疗大脖子病。

为什么佩带杜衡就可以让马儿跑得快呢？吕调阳云："杜衡，叶似马蹄，故可令马健走。"原来是杜衡的叶子生得像马蹄，因此古人认为佩带它就可以让马儿跑得快，这自然是基于巫术思维的联想。郭璞《图赞》云："狌狌奔人，杜衡走马。理固须因，体亦有假。足骏在感，安事御者。"这说的是猩猩能使人善走，杜衡能使马快跑。道理本应有原因，事体也要有凭借。马快跑在于感应，还用马夫做什么！[66]其实这就是"交感巫术"的原理在起作用。

阜阳汉简《万物》云："乌喙与□使马益走也。""使马益走"即此经"可以走马"也。乌喙与杜衡同为植物，但需要给马儿喂食乌喙才能让马快跑。而杜衡则只需要骑马的人将其佩带在身上就可以让马儿快跑，若如此，则真正起到了"要让马儿跑，又不让马儿吃草"的神奇效果。

《尔雅·释草》云："杜，土卤。"郭璞注："杜衡也，似葵而香。"

《名医别录》云："杜蘅，味辛，温，无毒。主治风寒咳逆，香人衣体。生山谷。三月三日采根，热洗，暴干。"

《尔雅翼》卷二"杜衡"条云："《山海经》虽载异物，其实皆世所有。今杜衡生山之阴，水泽下湿地，根叶都似细辛，惟气小异，俗以其似马蹄，名曰马蹄香，能香人衣体，道家服之。《九歌·山鬼章》曰：'被石兰兮带杜衡。'杜衡之带，亦以其便马，不特香人衣体而已。又其名谓之衡，古者天子大辂，侧载睾芷，所以养鼻，明车上亦有香草，此

[66] 王招明、王暄：《山海经图赞译注》，岳麓书社，2016年，第37—38页。

衡既便于马，或当亦载之衡欤？又杜若亦有杜衡之名，草木所以难言者，以其名实相乱，每每如此。杜衡或只名杜，《释草》一名‘土卤’，又谓之杜衡葵。今俗以及己代之，及己独茎，茎端四叶，叶间白花，有毒而无芳气。”

《本草纲目》卷一三“杜衡”条引苏颂云：“今江淮间皆有之。春初于宿根上生苗，叶似马蹄下状，高二、三寸，茎如麦藁粗细，每窠上有五七叶，或八九叶，别无枝蔓。又于茎叶间罅内芦头上贴地生紫花，其花似见不见，暗结实如豆大，窠内有碎子，似天仙子。苗叶俱青，经霜即枯，其根成空，有似饭帚密闹，细长四五寸，粗于细辛，微黄白色，味辛，江淮俗呼为马蹄香。”（图3–43、图3–44、图3–45）

▲ 图3–43　杜蘅（《金石昆虫草木状》）

杜衡（Asarum forbesii），亦称南细辛、苦叶细辛。马兜铃科。多年生草本，根状茎节间短，下端集生多数肉质根。叶常两枚，生于茎端，宽心形至肾状心形，有长柄。单花顶生，花被筒钟状，内面有突起格状网纹，暗紫色。子房半下位。分布于中国江苏、浙江、安徽、湖南、江西等地。根或全草入药，功能散寒止咳、祛风止痛，主治风寒感冒、痰饮喘咳、头痛、牙痛、风湿痹痛等症。

▲ 图3-44 杜衡（《各样药材图册》）

▶ 图3-45 杜衡（《中国自然历史绘画·本草集》）

▲ 图3-46 并州藁本（《金石昆虫草木状》）

11. 无条

西南三百八十里，曰皋涂之山……有草焉，其状如槀茇，其叶如葵而赤背，名曰无条，可以毒鼠。（《西山首经》）

往西南三百八十里，就是皋涂山。山中有一种草，样子像槀本（图3-46、图3-47），叶子像葵叶，叶背却是红色的，名叫无条，可以用它来毒死老鼠。

郭璞注："槀茇，香草。"

郝懿行疏："槀茇即槀本也，本、茇声近义通。故此经言槀茇，《中山经》青要之山言槀本。"

《本草经》云："藁本，一名鬼卿，一名地新。味辛，温，无毒。治妇人疝瘕，阴中寒肿痛，腹中急。除风头痛，长肌肤，悦颜色。生山谷。"

《名医别录》云："藁本，味苦、微温、微寒，无毒。主辟雾露润泽，治风邪亸曳，金疮，可作沐药、面脂。实主风流四肢。一名微茎。生崇山。正月、二月采根，暴干，三十日成。"

《救荒本草》卷一“藁本”条云：“藁本，一名鬼卿，一名地新，一名微茎。生崇山山谷及西川、河东、兖州、杭州，今卫辉辉县栲栳圈山谷间亦有之。俗名山园荽。苗高五七寸。叶似芎䓖叶细小，又似园荽叶而稀疏。茎比园荽茎颇硬直。味辛，微苦，性温，微寒，无毒。恶藺茹，畏青箱子。救饥：采嫩苗叶煠熟，水浸淘净，油盐调食。”

《本草纲目》卷一四“藁本”条李时珍云：“江南深山中皆有之。根似芎䓖而轻虚，味麻，不堪作饮也。”

▲ 图3-47 藁本（《中国自然历史绘画·植物画谱》）

藁本（Ligusticum sinense），亦称西芎、抚芎。伞形科。多年生草本。二回羽状复叶，小叶卵形，有缺刻和锯齿。夏秋开花，花白色，复伞形花序。双悬果背腹侧较扁，有锐棱。产于中国黄河流域及以南至西南地区。根状茎入药，性温、味辛，功能祛风、散寒、止痛，主治风寒头痛、巅顶头痛、风湿痹痛等症。

▲ 图3-48　菟葵（《金石昆虫草木状》）

郭郛以无条为天葵，又称菟葵。

《尔雅·释草》云："莃，菟葵。"郭璞注："颇似葵而小，叶状如藜，有毛，汋啖之滑。"

《太平御览》卷九九四引《广志》云："菟葵，瀹之可食。"

《本草纲目》卷一六"菟葵"条李时珍云："郑樵《通志》云：菟葵，天葵也。状如葵菜，叶大如钱而厚，面青背微紫，生于崖石。凡丹石之类，得此而后能神。"（图3-48）

尚志钧疑无条为伞形科蛇床一类植物。

《尔雅·释草》云："盱，虺床。"郭璞注："蛇床也。一名马床，《广雅》云。"《广雅·释草》云："蛇粟、马床，蛇床也。"

《本草经》云："蛇床子，一名蛇粟，一名蛇米。味苦，平，无毒。治妇人阴中肿痛，男子阴痿，湿痒，除痹气，利关节，癫痫，恶疮。久服轻身。生川谷及田野。"

《名医别录》云："蛇床子，味辛、甘，无毒。上温中下气，令妇人子藏热，男子阴强。久服好颜色，令人有子。一名虺床，一名思益，一名绳毒，一名枣棘，一名墙蘼。生临淄，五月采实，阴干。”

《救荒本草》卷一“蛇床子”条云：“蛇床子，一名蛇粟，一名蛇米，一名虺床，一名思益，一名绳毒，一名枣棘，一名墙蘼，《尔雅》一名盱。生临淄川谷田野，今处处有之。苗高二三尺，青碎作丛似蒿枝。叶似黄蒿叶，又似小叶蘼芜，又似藁本叶。每枝上有花头百余，结同一窠，开白花如伞盖状。结子半黍大，黄褐色，味苦、辛、甘，无毒，性平；一云有小毒。恶牡丹、巴豆、贝母。救饥，采嫩苗叶煠熟，水浸淘洗净，油盐调食。”

《本草纲目》卷一四“蛇床”条李时珍云：“蛇虺喜卧于下食其子，故有蛇床、蛇粟诸名。其叶似蘼芜，故曰墙蘼。”引苏颂云：“三月生苗，高三二尺，叶青碎，作丛似蒿枝。每枝上有花头百余，结同一窠，似马芹类。四五月乃开白花，又似伞状。子黄褐色，如黍米，至轻虚。”（图3–49、图3–50、图3–51）

蛇床（Cnidium monnieri），伞形科。一年生草本。茎多分枝。叶三回三出式羽状全裂，最终裂片线形。夏季开花，花白色，复伞形花序。双悬果卵圆形，果棱翅状。产于中国各地，朝鲜半岛、越南、北美及欧洲也有分布。果实入药，称蛇床子，性温、味苦辛，有小毒，功能温肾阳、祛寒湿、杀虫，主治阳痿、带下、腰酸、阴部湿痒等症。煎汤外洗，可治疥癣湿疹。

▲ 图3-49　南京蛇床子（《金石昆虫草木状》）

▲ 图3-50　南京蛇床子（《中国自然历史绘画·植物画谱》）

12. 女床

西南二百里，曰鸟危之山，其阳多磬石，其阴多檀、楮，其中多女床。(《西次二经》)

▲ 图3-51 蛇床（《各样药材图册》）

郭璞注："未详。"

王崇庆注："女床，疑草石类。"

郝懿行疏："《广雅〔·释草〕》云：'颠棘，女木也。'又云：'女肠，女菀也。'此经女床，未审何物，若是草属，或即女木、女肠之字，因形、声而讹。又《太平御览》九百九十一卷引《吴普本草》云：'女菀，一名织女菀。'今案织女星旁有四星名女床，是女床或即织女菀之别名矣。"

《本草经》云："女菀，味辛，温，无毒。治风寒洒洒，霍乱，泄利，肠鸣上下无常处，惊痫，寒热，百疾。生川谷或山阳。"

《名医别录》云："女菀，无毒。

主治肺伤、咳逆，出汗，久寒在膀胱支满，饮酒夜食发病。一名白菀，一名织菀，一名菀。生汉中或山阳。正月、二月采，阴干。”（图3-52、图3-53）

女菀（Turczaninowia fastigiata），菊科。多年生直立草本。叶互生，线状披针形或披针形，下面密被短毛和腺点。头状花序小型，密集成伞房状，顶生枝端，秋季开花，外围舌状花白色，椭圆形，雌性；中央管状花黄色，两性。产于中国东北、华北和华中各地，朝鲜半岛、日本也有分布。根和根状茎入药，功能化痰止咳，主治咳嗽、气急、痰多等症。

▲ 图3-52　女菀（《金石昆虫草木状》）

▲ 图3-53　女菀（《中国自然历史绘画·本草集》）

13. 蓇（pín）草

西南四百里，曰昆仑之丘……有草焉，名曰蓇草，其状如葵，其味如葱，食之已劳。（《西次三经》）

向西南四百里，就是昆仑丘……山中有一种草，名叫蓇草，样子像葵，味道像葱，吃了它可以解除劳倦。

郭璞注：“《吕氏春秋》曰：‘菜之美者，昆仑之蘋。’”郝懿行疏：“郭引《本味篇》文也，高诱注云：‘蘋，大蘋，水藻也。’”

《本草纲目》卷一九“蘋”条异名有“四叶菜”“田字草”，主治引此经“食之已劳”，可知李时珍以此经“蓇”即“蘋”也。（图3–54、图3–55）

尚志钧疑蓇草或为芹菜一类植物。

《尔雅·释草》云：“芹，楚葵。”郭璞注：“今水中芹菜。”

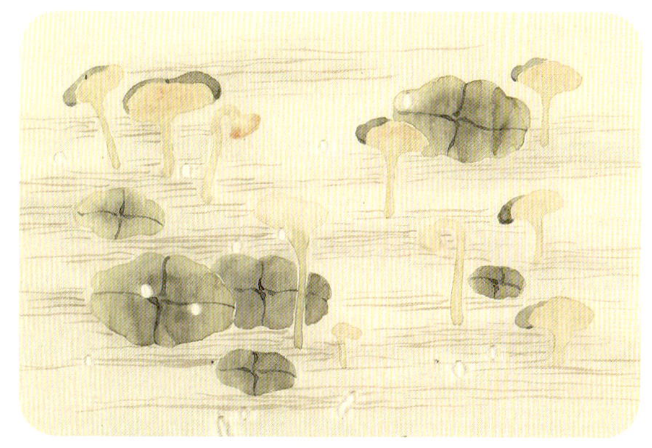

▲ 图3–54　蘋（《毛诗品物图考》）

▲ 图3–55　蘋（《诗经名物图解》）

▲ 图3–56　芹（《诗经名物图解》）

芹亦见于《诗经》（图3–56），《小雅·采菽》云："觱沸槛泉，言采其芹。君子来朝，言观其旂。其旂淠淠，鸾声嘒嘒。载骖载驷，君子所届。"

《本草经》云："水靳，一名水英。味甘，平，无毒。治女子赤沃，止血，养精，保血脉，益气，令人肥健，嗜食。生南海，池泽。"水靳即水芹。

《尔雅翼》卷五"芹"条云："水芹二月三月作英时，可作菹，及熟爚食之。叶似芎䓖，花白色而无实，根赤白色。"

《救荒本草》卷八"水靳"条云："水靳，俗作芹菜，一名水英。出南海池泽，今水边多有之。根茎离地二三寸，分生茎叉，其茎方，窊面四楞。对生叶，似痢见菜叶而阔短，边有大锯齿，又似薄荷叶而短。

开白花，似蛇床子花。味甘，性平，无毒，又云大寒。春秋二时，龙带精入芹菜中，人遇食之，作蛟龙病。救饥：发英时采之，煠熟食。芹有两种，秋芹取根，白色；赤芹取茎叶，并堪食。又有渣芹，可为生菜食之。”

《本草纲目》卷二六“水蘄”条李时珍云：“芹有水芹、旱芹。水芹生江湖陂泽之涯；旱芹生平地，有赤、白二种。二月生苗，其叶对节而生，似芎䓖。其茎有节棱而中空，其气芬芳。五月开细白花，如蛇床花。楚人采以济饥，其利不小。”（图3–57、图3–58）

水芹（Oenanthe javanica），伞形科。多年生水生宿根草本。有匍匐茎，茎中空、有棱角，茎节易生根。根出叶丛生，二回羽状复叶，小叶卵形或菱状椭圆形，叶缘有粗锯齿，叶柄细长。夏季开白花，复伞形花序。多数结实，黄熟期即脱落水中后熟，种子休眠期长达半年，习惯上以母茎各节上腋芽进行无性繁殖。性喜温暖湿润，适于泥层深厚的水田栽培。一般春季培育母株，秋季栽植，冬季或早春采收。原产亚洲东部，中国中部和南部栽培较多。嫩茎和叶柄作蔬菜。

▲ 图3–57　水蘄（《金石昆虫草木状》）

▲ 图3–58　水蘄（《中国自然历史绘画·本草集》）

14.茆（máo）、蕃（fán）

《西次四经》之首，曰阴山，上多榖，无石，其草多茆、蕃。（《西次四经》）

郭璞注："茆，凫葵也。"（图3-59）

尚志钧以茆即菁，为睡莲科植物莼菜一类植物。（图3-60、图3-61）

茆亦见于《诗经》，《鲁颂·泮水》云："思乐泮水，薄采其茆。鲁

▲ 图3-59　凫葵（《金石昆虫草木状》）

▲ 图3-60　莼（《金石昆虫草木状》）

▲ 图3-61　莼（《中国自然历史绘画·本草集》）

侯戾止，在泮饮酒。既饮旨酒，永锡难老。顺彼长道，屈此群丑。”

毛传：“茆，凫葵也。”

《毛诗草木鸟兽虫鱼疏》云：“茆，与荇菜相似，叶大如手，赤圆，有肥者着手中，滑不得停，茎大如匕柄，叶可以生食，又可煮，滑美。江南人谓之莼菜，或谓之水葵，诸陂泽水中皆有。”（图3–62、图3–63）

《尔雅翼》卷五“茆”条云：“今莼菜自三月至八月，茎细如钗股，黄赤色，短长随水深浅，名为丝莼。九月、十月渐粗硬。十一月萌在泥中，粗短，名块莼。味苦体涩，取以为羹，犹胜杂菜。宜杂鲋鲤为羹，又宜老人。”

《本草纲目》卷一九“莼”条李时珍云：“莼生南方湖泽中，惟吴越人善食之。叶如荇菜而差圆，形似马蹄。其茎紫色，大如箸，柔滑可羹。夏月开黄花。结实青紫色，大如棠梨，中有细子。春夏嫩茎未叶者名稚莼，稚者小也。叶稍舒长者名丝莼，其茎如丝也。至秋老则名葵莼，或作猪莼，言可饲猪也。”

▲ 图3–62　茆（《毛诗品物图考》）

▲ 图3–63　茆（《诗经名物图解》）

▼ 图3-64　台（《毛诗品物图考》）

莼菜（Brasenia schreberi），亦称水葵。睡莲科。多年生水生宿根草本，须根系。由地下匍匐茎萌发须根和叶片，并发出4—6个分枝，形成丛生状水中茎，再生分枝。叶互生，每节1—2片，为浮叶或潜在水中的卷叶。夏天自叶腋抽生花茎，花小，紫红色。性喜温暖，宜于清水池生长。中国长江以南地区多野生，也有少量栽培。分枝嫩梢和卷叶可供食用，外面均包裹着胶质，胶质层越厚，品质越佳。春、夏季采摘其作为汤料，营养价值很高，自古被视为蔬菜珍品。

郭璞注："蕃，青蕃，似莎而大。"《说文》云："薠，青薠，似莎者。"《文选·子虚赋》张揖注云："青薠，似莎而大，生江湖，雁所食。"

尚志钧疑蕃为莎草科莎草一类植物。

莎草，《诗经》称作"台"（图3-64、图3-65），《小雅·南山有台》云："南山有台，北山有莱。乐只君子，邦家之基。乐只君子，万寿无期。"

毛传："台，夫须也。"

《毛诗草木鸟兽虫鱼疏》云："台，夫须。旧说夫须，莎草也，可为蓑笠。《都人士》云'台笠缁撮'，或云台草有皮，坚细滑致，可为簦笠，南山多有。"

《尔雅·释草》云："薃侯，莎。其实媞。"

《名医别录》云："莎草根，味甘，微寒，无毒。主除胸中热，充皮毛。久服利人，益气，长须眉。一名薃，一名侯莎，其实名缇。生田野，二月、八月采。"

《尔雅翼》卷八"莎"条云："莎，茎叶都似三棱，根若附子，周匝多毛，大者如枣，近道者如杏人许，谓之香附子，一名雀头香，合和香用之。"

▲ 图3-65 台（《诗经名物图解》）

《本草纲目》卷一四"莎草、香附子"条李时珍云："《别录》止云莎草，不言用苗用根。后世皆用其根，名香附子，而不知莎草之名也。其草可为笠及雨衣，疏而不沾，故字从草从沙。"又云："莎叶如老韭叶而硬，光泽有剑脊棱。五六月中抽一茎，三棱中空，茎端复出数叶。开青花成穗如黍，中有细子。其根有须，须下结子一二枚，转相延生，子上有细黑毛，大者如羊枣而两头尖。采得燎去毛，暴干货之。此乃近时日用要药，而陶氏不识，诸注亦略，乃知古今药物兴废不同。如此则本草诸药，亦不可以今之不识，便废弃不收，安知异时不为要药如香附者乎？"（图3-66、图3-67、图3-68）

香附子（Cyperus rotundus），亦称莎草。莎草科。多年生草本，有匍匐根状茎和纺锤形的块茎。秆直立，三棱形。叶基生，叶片线形，排列成三列。穗状花序呈指状排列，夏季开花。广布于热带和温带地区，中国各地均有分布。为常见的野草。块茎入药，称“香附”，性平、味辛微苦，功能疏肝理气、调经、止痛，主治肝胃气滞、胁肋脘腹胀痛、月经失调等症。含有葡萄糖、果糖等。根茎含挥发油，主要成分有β-蒎烯、樟烯、桉叶素、香附子烯、莎草薁酮等，有松弛子宫平滑肌、解热、镇痛、抗炎、抗菌、利胆、强心等作用。

▲ 图3-66 香附子（《金石昆虫草木状》）

▲ 图3-67 香附子（《中国自然历史绘画·本草集》）

▲ 图3-68 香附子（《各样药材图册》）

15. 茈（zǐ）草

> 北五十里，曰劳山，多茈草。
> （《西次四经》）

郭璞注：“一名茈莀，中染紫也。”茈草即紫草。

《尔雅·释草》云：“藐，茈草。”

《本草经》云：“紫草，一名紫丹，一名紫芙。味苦，寒，无毒。治心腹邪气，五疸，补中益气，利九窍，通水道。生山谷。”

《名医别录》云：“紫草，无毒。主治腹肿胀满痛，以合膏，治小儿疮及面皶。生砀山及楚地，三月采根，阴干。”

《本草纲目》卷一二“紫草”条李时珍云：“此草花紫根紫，可以染紫，故名。《尔雅》作茈草。瑶、侗人呼为鸦衔草。”引苏恭云：“所在皆有，人家或种之。苗似兰香，茎赤节青。二月开花紫白色。结实白色，秋月熟。”（图3-69、图3-70、图3-71）

▲ 图3-69　紫草（《金石昆虫草木状》）

▲ 图3-70　紫草（《各样药材图册》）

◀ 图3-71　紫草（《中国自然历史绘画·本草集》）

紫草（Lithospermum erythrorhizon），亦称大紫草、硬紫草。紫草科。多年生草本，全株有糙硬毛。根粗壮，外表暗紫色，断面紫红色。叶无柄，叶片披针形或狭卵形，两面均有糙伏毛。夏季开花，花白色。中国东北产量较多，朝鲜半岛和日本也有分布。根可作紫色染料，亦可入药，性寒、味甘咸，功能凉血、解毒，主治斑疹、丹毒、麻疹、痈肿等症，外用治湿疹、阴痒、水火烫烧伤等症。

16. 药、芎䓖（xiōng qióng）

又北百八十里，曰号山，其木多漆、棕，其草多药、芎䓖。（《西次四经》）

郭璞注："药，白芷，别名虈，香草也。"

《本草经》云："白芷，一名芳香，一名虈。味辛，温，无毒。治女人漏下赤白、血闭、阴肿、寒热、风头侵目泪出，长肌肤，润泽。可作面脂。生川谷下泽。"

《名医别录》云："白芷，无毒。主治风邪，久渴，吐呕，两胁满，风痛，头眩，目痒。可作膏药面脂，润颜色。一名白茝，一名虈，一名莞，一名苻蓠，一名泽芬。药名蒿麻。可作浴汤。生河东下泽。二月、八月采根，暴干。"

《尔雅翼》卷二“茝”条云：“《楚辞》以芳草比君子，而言茝者最多，盖茝今香白芷也，一物而多名，茝也，芷也，芳也，药也，虈也。”

《本草纲目》卷一四“白芷”条引苏颂云：“所在有之，吴地尤多。根长尺余，粗细不等，白色。枝干去地五寸以上。春生叶，相对婆娑，紫色，阔三指许。花白微黄。入伏后结子，立秋后苗枯。二月、八月采根暴干。以黄泽者为佳。”（图3–72、图3–73）

▲ 图3–72　白芷（《各样药材图册》）

▲ 图3–73　泽州白芷（《金石昆虫草木状》）

白芷（Angelica dahurica），伞形科，当归属。有兴安白芷、杭白芷和川白芷（狭叶当归）等。主产于中国北部、中部、东部。根入药，性温、味辛，功能祛风、散寒、燥湿，主治感冒风寒、头痛、眉棱骨痛、牙痛、鼻渊、寒湿白带等症。

郭璞注："芎䓖，一名江蓠。"

《本草经》云："芎䓖，味辛，温，无毒。治中风入脑，头痛，寒痹，筋挛缓急，金疮，妇人血闭，无子。生川谷。"

《博物志·药物》云："芎䓖，苗曰江蓠，根曰芎䓖。"

《名医别录》云："芎䓖，无毒。主除脑中冷动、面上游风去来、目泪出、多涕唾、忽忽如醉、诸寒冷气、心腹坚痛、中恶、卒急肿痛、胁风痛，温中内寒。一名胡穷，一名香果。其叶名蘼芜。生武功、斜谷、西岭。三月、四月采根，暴干。"

《救荒本草》卷一"川芎"条云："川芎，一名芎䓖，一名胡䓖，一名香果。其苗叶名蘼芜，一名薇芜，一名茳蓠。生武功川谷、斜谷、西岭，雍州川泽及冤句，其关陕蜀川江东山中亦多有，以蜀川者为胜。今处处有之，人家园圃多种。苗叶似芹而叶微细窄，却有花叉，又似白芷叶，亦细；又如园荽叶微壮。又有一种，叶似蛇床子叶而亦粗壮。开白花。其芎，人家种者，形块大重，实多脂润，其里色白。味辛甘，性温，无毒。山中出者瘦细，味苦辛。其节大茎细，状如马衔，谓之马衔芎；状如雀脑者，谓之雀脑芎，此最有力。白芷为之使，畏黄连。其蘼芜，味辛香，性温，无毒。救饥：采叶煠熟，换水浸去辛味，淘净，油盐调食。亦可煮饮，甚香。”

《本草纲目》卷一四“芎䓖”条引苏颂云：“关陕、川蜀、江东山中多有之，而以蜀川者为胜。四五月生叶，似水芹、胡荽、蛇床辈，作丛而茎细。其叶倍香，江东、蜀人采叶作饮。七八月开碎白花，如蛇床子花。根坚瘦，黄黑色。关中出者形块重实，作雀脑状者为雀脑芎，最有力。”（图3-74、图3-75）

▲ 图3-74　芎䓖（《中国自然历史绘画·植物画谱》）

▲ 图3-75　四川芎䓖（《金石昆虫草木状》）

川芎（Ligusticum sinense 'Chuan-xiong'），亦称芎䓖。伞形科。多年生草本。根状茎黄褐色，呈结节状拳形团块。二或三回羽状复叶，小叶3—5对，边缘呈不整齐羽状全裂或深裂。花白色，复伞形花序。双悬果卵形，有锐棱。本种为栽培植物，产于中国四川西部，黄河流域各地亦多有栽培。根状茎入药，性温、味辛，功能活血、调经、祛风、止痛，主治月经不调、经闭痛经、跌打肿痛、头痛、风湿痹痛等症。主要成分有川芎嗪、阿魏酸、藁本内酯等，能扩张冠状动脉、增加冠状动脉血流量、改善心肌缺氧缺血、增加脑及肢体血流量、降血压、抑制血小板聚集、收缩子宫以及镇痛、镇静、抑菌等作用，可用于冠心病及急、慢性缺血性脑血管病。

17.丹木

西南三百六十里，曰崦嵫之山，其上多丹木，其叶如穀，其实大如瓜，赤符而黑理，食之已瘅，可以御火。（《中次四经》）

向西南三百六十里，就是崦嵫山。山上多生丹木，叶子像穀树叶，结的果实像瓜那样大，外皮为红色而有黑色的纹理，吃了它可以治疗瘅病，还可以用它来防御火灾。

郭璞《图赞》云："爰有丹木，生彼洧盘。厥实如瓜，其味甘酸。蠲

▼ 图3-76 果蠃（《毛诗品物图考》）

▲ 图3-77 果蠃（《诗经名物图解》）

疴辟火，用奇桂兰。”

尚志钧疑丹木为葫芦科植物栝楼一类植物。

《尔雅·释草》云：“果蠃之实，栝楼。”郭璞注：“今齐人呼之为天瓜。”

果蠃见于《诗经·豳风·东山》，云：“我徂东山，慆慆不归。我来自东，零雨其濛。果蠃之实，亦施于宇。伊威在室，蠨蛸在户。町畽鹿场，熠耀宵行。不可畏也，伊可怀也。”

毛传：“果蠃，栝楼也。”（图3-76、图3-77）

《本草经》云："栝楼根，一名地楼。味苦，寒，无毒。治消渴，身热，烦满，大热，补虚，安中，续绝伤。生川谷及山阴地。"

《名医别录》云："栝楼根，无毒。主除肠胃中痼热，八疸，身面黄，唇干口燥，短气，通月水，止小便利。一名果蠃，一名天瓜，一名泽姑。实，名黄瓜，治胸痹，悦泽人面。茎叶，治中热伤暑。生洪（弘）农及山阴地，入土深者良，生卤地者有毒。二月、八月采根，暴干，三十日成。"

《救荒本草》卷四"瓜楼根"条云："瓜楼根，俗名天花粉，《本草》有栝楼实，一名地楼，一名果蠃，一名天瓜，一名泽姑，一名黄瓜。生弘农川谷及山阴地，今处处有之。入土深者良，生卤地者有毒。《诗》所谓'果蓏之实'是也。根亦名白药，大者细如手臂，皮黄肉白。苗引藤蔓，叶似甜瓜叶而窄。花叉有细毛，开花似葫芦花，淡黄色。实在花下，大如拳，生青熟黄。根味苦，性寒，无毒。枸杞为之使，恶干姜，畏牛膝、干漆，反乌头。救饥：采根削皮至白处，寸切之，水浸，一日一次换水，浸经四五日，取出烂捣研，以绢袋盛之，澄滤令极细如粉。或将根晒干，捣为面，水浸澄滤二十余遍，使极腻如粉。或为烧饼，或作煎饼，切细面皆可食。采栝楼穰煮粥食极甘。取子炒干捣烂，用水熬油用亦可。"

《本草纲目》卷一八"栝楼"条引苏颂云："所在有之。三四月生苗，引藤蔓。叶如甜瓜叶而窄，作叉，有细毛。七月开花，似壶卢花，浅黄色。结实在花下，大如拳，生青，至九月熟，赤黄色。其形有正圆者，有锐而长者，功用皆同。根亦名白药，皮黄肉白。"（图3–78、图3–79）

▲ 图3-78　均州栝楼（《金石昆虫草木状》）

▲ 图3-79　均州栝楼（《中国自然历史绘画·本草集》）

栝楼（Trichosanthes kirilowii），亦称瓜蒌。葫芦科。多年生攀缘草本。块根肥厚，富含淀粉。叶通常5—7掌状深裂。夏秋开花，花单性，白色，雌雄异株。果实卵圆形至宽椭圆形，熟时黄褐色。野生或栽培。中国各地都有分布。果实、果皮、种子和根入药。果实称“全栝楼”或“全瓜蒌”，性寒、味甘微苦，功能清热化痰、宽胸散结、润肠通便，主治肺热咳嗽、痰黄稠厚、胸痹胁痛、乳痈、肺痈、大便燥结等症。主要成分有三萜皂苷、有机酸、树脂、糖类等。有扩张冠状动脉、抗心肌缺血、抑制血小板聚积、抗心律失常、抗菌、抗癌等作用。根称“天花粉”，功能清热、生津、消肿排脓，主治热病烦渴、消渴、肺热燥咳、痈肿疮毒等症。新鲜栝楼根制剂用于引产有一定效果。此外，同科植物中华栝楼（T. rosthornii）的果实及根亦分别作栝楼或天花粉用。

18. 韭、髴（xiè）

又北二百里，曰丹熏之山，其木多樗、柏，其草多韭、髴。（《北山首经》）

郭璞注：“皆山菜，《尔雅》有其名。”
《尔雅·释草》云：“藿，山韭。”
《名医别录》云：“韭，味辛，酸，温，无毒。归心，安五脏，除胃中热，利病人，可久食。子，主治梦泄精、溺白。根，主养发。”

《水经注·夷水》云：“从平乐顺流五六里，东亭村北，山甚高峻，上合下空，空窍东西广二丈许，起高如屋，中有石床，甚整顿，傍生野韭。人往乞者，神许则风吹别分，随偃而输，不得过越；不偃而输，辄凶。往观者去时特平，暨处自然恭肃矣。”

《尔雅翼》卷五“韭”条云：“谚亦曰韭者，懒人菜，以其不须岁种也。又利病人，可久食。大抵高三寸即翦。初种之岁止一翦之，一岁之中不过五翦矣。首春色黄，未出土时最美，故云春初早韭，冬末晚菘。”

《本草纲目》卷二六“山韭”条引苏颂云：“藿，山韭也。山中往往有之，而人多不识。形性亦与家韭相类，但根白，叶如灯心苗耳。”（图3-80、图3-81）

▲ 图3-81　韭（《庶物类纂图翼》第十九）

◀ 图3-80　韭（《金石昆虫草木状》）

▲ 图3-82　薤（《金石昆虫草木状》）

韭菜（Allium tuberosum），百合科。多年生宿根草本。叶细长扁平而柔软，翠绿色。分蘖力强，叶由上部的叶片和基部的叶鞘组成。叶的分生带在叶鞘基部，收刈后可继续生长，一年中可多次收刈。夏秋抽花茎，顶端集生小白花，伞形花序。种子小，黑色。按供食用部分，分根韭、叶韭、花韭和叶花兼用韭等类型。经软化栽培成"韭黄"。性喜冷凉气候。播种或分株繁殖。原产中国，南北各地普遍栽培作蔬菜。种子供药用，主治腰膝酸痛、小便频数、遗尿、带下等症。

《尔雅·释草》云："葝，山䪥。"䪥、薤字同。

《名医别录》云："薤，味苦，无毒。归骨，菜芝也。除寒热，去水气，温中，散结，利病人。诸疮中风寒水肿以涂之。生鲁山。"

《本草纲目》卷二六"薤"条引苏颂云："薤处处有之。春秋分莳，至冬叶枯。《尔雅》云：'葝，山薤也。'生山中，茎叶与家薤相类，而根差长，叶差大，仅若鹿葱，体性亦与家薤同。"（图3-82、图3-83、图3-84）

◀ 图3-83　薤（《庶物类纂图翼》第十九）

▲ 图3-84 薤（《中国自然历史绘画·本草集》） ▲ 图3-85 荞菜（《各样药材图册》）

薤（Allium chinense），俗称藠头、荞头。百合科。多年生宿根草本，作二年生栽培。鳞茎纺锤形。基生叶丛生，半圆柱状线形，中空，柔软，色绿，被蜡粉，有不明显3—5棱。伞形花序顶生，花淡紫色，不易结实。用鳞茎繁殖。性喜冷凉，对土壤不苛求。夏、秋间栽植，次年夏季采收。原产亚洲东部，中国以广西、湖南、贵州、四川、云南等地栽培最多。鳞茎可作蔬菜，一般加工制成酱菜。中医学上用干燥鳞茎（称“薤白”）入药，性温、味苦辛，功能通阳散结，主治胸痹心痛、泻痢等症。（图3-85）

19.葱、葵

又北百一十里，曰边春之山，多葱、韭、葵、桃、李。(《北山首经》)

郭璞注："山葱名茖，大叶。"

《尔雅·释草》云："茖，山葱。"郭璞注："茖葱，细茎大叶。"

《本草经》云："葱实，味辛，温，无毒。主明目，补中不足。其茎，平。作汤，治伤寒、寒热、出汗、中风、面目肿。"(图3–86)

▲ 图3–86 葱实(《金石昆虫草木状》)

《名医别录》云："葱实，无毒。葱白，平。主治寒伤，骨肉痛，喉痹不通，安胎，归目，除肝邪气，安中，利五脏，益目精，杀百药毒。葱根，主治伤寒头痛。葱汁，平，温。主溺血，解藜芦毒。"

《太平御览》卷九七七引《春秋元命苞》云："天门山上有葱，所种畦垅悉成行。人拔取者悉绝，若请神而求，即不拔自出，奇异辛香。"

《本草纲目》卷二六"葱"条李时珍云："冬葱即慈葱，或名太官葱。谓其茎柔细而香，可以经冬，太官上供宜之，故有数名。汉葱一名木葱，其茎粗硬，故有木名。冬葱无子。汉葱春末开花成丛，青白色。其子味辛

色黑，有皱纹，作三瓣状。收取阴干，勿令浥郁，可种可栽。”（图3–87、图3–88）

葱为百合科植物，种类多。

▲ 图3–87 葱（《各样药材图册》）

▲ 图3–88 葱实（《中国自然历史绘画·本草集》）

尚志钧以葵为锦葵科植物锦葵（图3–89）或冬葵一类植物。该文葵与葱、韭并列，应是可以食用的冬葵。（图3–90）

《本草经》云：“冬葵子，味甘，寒，无毒。治五脏六腑寒热、羸瘦、五癃，利小便。久服坚骨，长肌肉，轻身，延年。”

▲ 图3-89　锦葵（《庶物类纂图翼》第九）

▲ 图3-90　葵菜（《食物本草》）

《名医别录》云："冬葵子，无毒。主治妇人乳难内闭。生少室。十二月采。黄芩为之使。葵根，味甘，寒，无毒。主恶疮，治淋，利小便，解蜀椒毒。叶，为百菜主，其心伤人。"（图3-91、图3-92）

▲ 图3-91 冬葵子（《金石昆虫草木状》）

▲ 图3-92 冬葵子（《中国自然历史绘画·本草集》）

《救荒本草》卷八“冬葵菜”条云：“冬葵菜，《本草》冬葵子是秋种葵，覆养经冬，至春结子，故谓冬葵子。生少室山，今处处有之。苗高二三尺。茎及花叶似蜀葵而差小。子及根俱味甘，性寒，无毒。黄芩

▲ 图3-93 葵（《毛诗品物图考》）

▼ 图3-94 葵（《诗经名物图解》）

为之使。根解蜀椒毒。叶味甘，性滑利。为百菜主，其心伤人。救饥：采叶煠熟，水浸淘净，油盐调食。服丹石人尤宜食。天行病后食之顿丧明，热食亦令人热闷动风。”

《植物名实图考》卷三“冬葵”条云：“冬葵，《本经》上品，为百菜之主。江西、湖南皆种之。湖南亦呼葵菜，亦曰冬寒菜；江西呼蕲菜。”然而《山海经》中作为物产的葵仅此一见，与其百菜之主的身份颇为不符。

葵亦见于《诗经》（图3-93、图3-94），《豳风·七月》云：“六月食郁及薁，七月亨葵及菽。八月剥枣，十月获稻。为此春酒，以介眉寿。”

我国早期可供食用的蔬菜品种不多，冬葵号称“百菜之王”，其和后来的大白菜地位相当，但口味却远远不如之。

冬寒菜（Malva verticillata），亦称葵、葵菜、冬葵。锦葵科。一、二年生草本。叶圆扇形，稍皱缩。也有叶片皱缩较甚的变种，称“皱叶冬寒菜”。茎及叶均密生毛茸。夏初自叶腋生出总状花序，开淡红色或紫白色小花。暖地春、秋两季均可栽培，寒地春季栽培。直播或育苗移栽。原产亚洲东部，中国自古有栽培。嫩梢、嫩叶作蔬菜。

20. 藷藇（shǔ yù）、秦椒

又南三百里，曰景山，南望盐贩之泽，北望少泽，其上多草藷藇，其草多秦椒。（《北次三经》）

藷藇，郭璞注：“根似羊蹄，可食。曙豫二音。”

羊蹄为蓼科草本植物，又称秃菜、牛舌菜。《本草纲目》卷一九“羊蹄”条李时珍云：“近水及湿地极多。叶长尺余，似牛舌之形，不似波棱。入夏起苔，开花结子，花叶一色。夏至即枯，秋深即生，凌冬不死。根长近尺，赤黄色，如大黄、胡萝卜形。”（图3–95、图3–96）

◀ 图3–95　羊蹄（《各样药材图册》）

▶ 图3–96　羊蹄（《金石昆虫草木状》）

藷萸又作薯蓣。《本草经》云："薯蓣，一名山芋，秦楚名玉延，郑越名土藷，齐赵名山羊。味甘，温，无毒。治伤中，补虚羸，除寒热邪气，补中，益气力，长肌肉。久服耳目聪明，轻身不饥，延年。生山谷。"

《名医别录》云："署预，平，无毒。主治头面游风、风头、眼眩，下气，止腰痛，补虚劳、羸瘦，充五脏，除烦热，强阴。秦楚名玉延，郑越名土藷。生嵩高。二月、八月采根，暴干。"

《异苑》卷二云："薯蓣一名山芋，根既可入药，又复可食。野人谓之土藷。若欲掘取，默然则获，唱名者便不可得。人有植者，随所种之物而像之也。"

《太平御览》卷九八九引《湘中记》云："永和初，有采药衡山者，道迷粮尽。过岩下，见一老公与四五年少对坐执书。告以饥，与之食物如署豫。指教所去。五六月至家，而不腹饥。"

《事物纪原》卷一〇"山药"条云："即《本草》所谓薯蓣者也。唐避代宗嫌名，故民间呼薯药。至宋朝嘉祐八年四月，英宗即位，人避嫌讳，遂改曰山药，自此全失其本称矣。"

《救荒本草》卷八"山药"条云："山药，《本草》名薯蓣，一名山芋，一名诸薯，一名修脆，一名儿草，秦楚名玉延，郑越名土藷。出明州、滁州，生嵩山山谷，今处处有之。春生苗，蔓延篱援。茎紫色。叶青，有三尖角，似千叶狗儿秧叶而光泽。开白花，结实如皂荚子大。其根皮色黪黄，中则白色。人家园圃种者，肥大如手臂，味美。怀孟间产者入药最佳。味甘，性温平，无毒。紫芝为之使，恶甘遂。救饥：掘取根，蒸食甚美。或火烧熟食，或煮食皆可。其实亦可煮食。"

《本草纲目》卷二七“薯蓣”条李时珍云：“薯蓣入药，野生者为胜；若供馔，则家种者为良。四月生苗延蔓，紫茎绿叶。叶有三尖，似白牵牛叶而更光润。五、六月开花成穗，淡红色。结荚成簇，荚凡三棱合成，坚而无仁。其子别结于一旁，状似雷丸，大小不一，皮色土黄而肉白，煮食甘滑，与其根同。”（图3–97）

薯蓣（Dioscorea sp.），亦称山药（图3-98、图3-99）。薯蓣科。多年生草质缠绕藤本，具圆柱形肉质块茎，垂直生长。叶片形状多变化，通常三角状卵形或耳状三裂。叶腋间常生有珠芽，可用以繁殖，亦可供食用。夏季开花，花单性，乳

▲ 图3–97　薯蓣（《庶物类纂图翼》第二十二）

▲ 图3–98　眉州山药（《金石昆虫草木状》）

▲ 图3–99　山药（《各样药材图册》）

白色，花序穗状，下垂。蒴果三棱状扁圆形。原产中国，各地都有栽培；朝鲜和日本也产。自生于河南沁阳市（旧属怀庆府）的，称“怀山药”。多用块茎或珠芽繁殖。块茎供食用；亦入药，性平、味甘，功能健脾益胃、补肺益肾，主治脾虚泄泻、消渴、久咳久喘、遗精、带下等症。

▲ 图3–100　归州秦椒（《金石昆虫草木状》）

秦椒，郭璞注：“子似椒而细叶也。”

《本草经》云：“秦椒，味辛，温，有毒。治风邪气，温中，除寒痹，坚齿，长发，明目。久服轻身，好颜色，耐老，增年，通神。生川谷。”

《名医别录》云：“秦椒，生温，热寒，有毒。主治喉痹，吐逆，疝瘕，去老血，产后余疾，腹痛，出汗，利五脏。生太山及秦岭上，或琅邪。八月、九月采实。”

《本草纲目》卷三二“秦椒”条李时珍云：“秦椒，花椒也。始产于秦，今处处可种，最易蕃衍。其叶对生，尖而有刺。四月生细花。五月结实，生青熟红，大于蜀椒，其目亦不及蜀椒目光黑也。”（图3–100）

花椒（Zanthoxylum bungeanum），芸香科。落叶灌木或小乔木，有刺。羽状复叶，小叶5—11枚，卵形至卵状椭圆形，有圆齿和透明腺点，叶轴有狭翅。夏季开花，花小，黄绿色，聚伞状短圆锥花序。果实带红色，密生粗大突出的腺点。种子黑色。产于中国。野生或栽培。果实用作调味料；亦入药，性温、味辛，功能温中止痛、杀虫，主治脘腹冷痛、吐泻及蛔虫病等。种子能行水消肿，主治水肿、小便不利。

▲ 图3-101　辛夷（《金石昆虫草木状》）

21. 芍药

又北百里，曰绣山……其草多芍药、芎䓖。（《北次三经》）

郭璞注："芍药，一名辛夷，亦香草属。"（图3-101、图3-102）

芍药，《诗经》作"勺药"，《郑风·溱洧》云："溱与洧，方涣涣兮。士与女，方秉蕑兮。女曰观乎？士曰既且。且往观乎？洧之外，洵訏且乐。维士与女，伊其相谑，赠之以勺

▶ 图3-102　辛夷（《中国自然历史绘画·花鸟画谱》）

药。溱与洧，浏其清矣。士与女，殷其盈矣。女曰观乎？士曰既且。且往观乎？洧之外，洵訏且乐。维士与女，伊其将谑，赠之以勺药。”

毛传：“勺药，香草。”（图3-103、图3-104）

《毛诗草木鸟兽虫鱼疏》云：“芍药，今药草，芍药无香气，非是也，未审今何草？”

《本草经》云：“芍药，一名白木，味苦，平，有小毒。治邪气腹痛，除血痹，破坚积，寒热，疝瘕，止痛，利小便，益气。生川谷及丘陵。”

◀ 图3-103　勺药（《毛诗品物图考》）

▼ 图3-104　勺药（《诗经名物图解》）

《名医别录》云："芍药，味酸，微寒，有小毒。主通顺血脉，缓中，散恶血，逐贼血，去水气，利膀胱、大小肠，消痈肿，时行寒热，中恶，腹痛，腰痛。一名白木，一名余容，一名犁食，一名解仓，一名铤。生中岳及丘陵。二月、八月采根，暴干。"

《尔雅翼》卷三"芍药"条云："芍药，华之盛者，当春暮祓除之时，故郑之士女取以相赠。董仲舒以为将离赠芍药者，芍药一名可离，犹相招赠以文无，文无一名当归也。然则相谑之后，喻使去尔。"

《本草纲目》卷一四"芍药"条李时珍云："芍药，犹婥约也。婥约，美好貌。此草花容婥约，故以为名。"（图3-105）

芍药（Paeonia lactiflora），芍药科。多年生草本。块根圆柱形或纺锤形。茎下部为二回三出复叶，向上渐变为单叶，表面有光泽。初夏开花，与牡丹相似，大型，有白、红等色，雌蕊常无毛。产于中国陕西、山西、河北、内蒙古、黑龙江、辽宁、

▶ 图3-105　芍药花（《中国自然历史绘画·花鸟画谱》）

吉林等地，亦见于俄罗斯西伯利亚等地。久经栽培，为著名观赏植物。块根入药，栽培的芍药，根掘出后刮去外皮加工而成“白芍”，性微寒、味苦酸，功能调肝脾、营血，主治血虚腹痛、胁痛、痢疾、月经不调、崩漏等症。野生的芍药，根掘出后洗净即成“赤芍”，性微寒、味苦，功能凉血、散瘀，主治瘀血凝滞、经闭、胁痛、赤痢、痈肿、温病发斑、吐血、鼻衄等症。

▲ 图3–106　蕈（《食物本草》）

22. 菌、蒲

又南水行七百里，曰孟子之山，其木多梓、桐，多桃、李，其草多菌、蒲。（《东次三经》）

郭璞注：“未详。”吴任臣注：“菌、蒲或曰二种。”郭云“未详”，则郭以“菌蒲”为一物之名。吴任臣以“菌、蒲”为二物，是也。

《尔雅·释草》云：“中馗，菌。小者菌。”郭璞注：“地蕈也，似盖。今江东名为土菌，亦曰馗厨，可啖之。”

《说文·艸部》云：“菌，地蕈也。”徐锴《系传》云：“地蕈似钉盖者名菌。”（图3–106）

菌生于木者称木菌，生于土者称地菌，或称土菌。《本草纲目》卷二八有“土菌”条，可参。

尚志钧认为古书中所讲的菌，多数是指担子菌纲伞菌目中伞菌科和牛肝菌科等菌类的统称。

尚志钧又以蒲即香蒲科植物各种蒲。

蒲亦见于《诗经》(图3–107)，《陈风·泽陂》云：“彼泽之陂，有蒲与荷。有美一人，伤如之何。寤寐无为，涕泗滂沱。彼泽之陂，有蒲与蕳。有美一人，硕大且卷。寤寐无为，中心悁悁。彼泽之陂，有蒲菡萏。有美一人，硕大且俨。寤寐无为，辗转伏枕。”

《说文·艸部》云：“蒲，水艸也，可以作席。”

《本草经》云：“香蒲，一名睢。味甘，平，无毒。治五脏心下邪气，口中烂臭，坚齿，明目，聪耳。久服轻身，耐老。生南海池泽。”

《名医别录》云：“香蒲，无毒。一名醮。生南海。”

《本草纲目》卷一九“香蒲”条李时珍云：“蒲丛生水际，似莞而褊，有脊而柔，二三月苗。采其嫩根，瀹过作鲊，一宿可食。亦可炸食、蒸食及晒干磨粉作饼食。《诗》云‘其蔌伊何？惟笋及蒲’是矣。八九月收叶以为席，亦可作扇，软滑而温。”(图3–108、图3–109)

图3–107　蒲(《诗经名物图解》)

香蒲（Typha orientalis），亦称东方香蒲，俗称蒲草。香蒲科。多年生草本，具横生根状茎。叶片狭长线形，两列，叶鞘抱茎。夏季开花，花小，雌雄花穗紧密排列在同一穗轴上，形如蜡烛。生于水边或池沼内。中国各地都有分布。嫩芽称"蒲菜"，供食用；叶片可编织席子、蒲包等；花粉称"蒲黄"，用作止血药。另种蒿董（T. angustata），亦称"长苞香蒲"，用途相同。

▲ 图3-108　泰州香蒲（《金石昆虫草木状》）

▲ 图3-109　泰州香蒲（《中国自然历史绘画·本草集》）

23. 萚（tuò）

《中山经》薄山之首，曰甘枣之山……其下有草焉，葵本而杏叶，黄华而荚实，名曰萚，可以已瞢。(《中山首经》)

《中山经》薄山山系的第一座山名叫甘枣山。山下有一种草，它的茎像葵的茎，叶子像杏树的叶子，开黄色的花朵，结荚果，名叫萚，可以用它来治疗眼睛昏花。

汪绂注："案此盖决明之属，但决明叶不似杏、楛。"尚志钧疑此即豆科植物决明一类植物，看法与汪绂相同。

《尔雅·释草》云："薢茩，芵光。"郭璞注："芵明也。叶锐黄，赤华，实如山茱萸。"

《本草经》云："决明子，味咸，平，无毒。治青盲，目淫肤，赤白膜，眼赤痛，泪出。久服益精光，轻身。生川泽。"

《名医别录》云："决明子，味苦、甘，微寒，无毒。主治唇口青。生龙门，石决明生豫章。十月十日采，阴干百日。"

《植物名实图考》卷一一"决明"条云："有茳芒、马蹄二种。茳芒决明，《救荒本草》谓之山扁豆角，豆可食。马蹄决明，《救荒本草》谓之望江南，叶可食。"

《救荒本草》卷六"山扁豆"条云："山扁豆，生田野中。小科苗高一尺许。稍（梢）叶似蒺藜叶微大，根叶比苜蓿叶颇长，又似初生豌豆叶。开黄花。结小匾角儿，味甜。救饥：采嫩角煠食，其豆熟时，收取豆煮食。”

《救荒本草》卷四“望江南”条云：“望江南，其花名茶花儿。人家园圃中多种。苗高二尺许。茎微淡赤色。叶似槐叶而肥大微尖，又似胡苍耳叶颇大，及似皂角叶亦大。开五瓣金黄花。结角长三寸许。叶味微苦。救饥：采嫩苗叶煠熟，水浸淘去苦味，油盐调食。花可炒食，亦可煠食。”

《本草纲目》卷一六“决明”条引苏颂云：“今处处人家园圃所莳。夏初生苗，高三四尺许。根带紫色。叶似苜蓿而大。七月开黄花，结角。其子如青绿豆而锐，十月采之。”（图3-110、图3-111、图3-112）

▲ 图3-110 决明子（《金石昆虫草木状》）

▲ 图3-111 决明（《各样药材图册》）

▲ 图3-112 决明子（《中国自然历史绘画·植物画谱》）

决明（Cassia tora），豆科。一年生半灌木状草本，被短柔毛。茎基部木质化。羽状复叶互生，小叶2—4对，倒卵形至倒卵状长圆形，顶端圆，有小突尖，在下面两小叶之间的叶轴上有长形腺体。夏秋开花，黄色。荚果长线形，微弯。种子菱状方形，淡褐色，有光泽。原产美洲热带；中国各地有栽培。种子称"决明子"，代茶；亦可入药。性平、味甘苦咸，功能清肝明目、润肠通便，主治目赤肿痛、头痛眩晕、目暗不明、大便秘结等症。另种小决明（C.tora），形态相似，但下面两对小叶间各有一个腺体；小花梗、果实及果柄均较短；种子较小；亦供药用。

郭郛疑蓨为豆科的苦参。

《本草经》云："苦参，一名水槐，一名苦蘵。味苦，寒，无毒。治心腹结气，症瘕积聚，黄疸，溺有余沥。逐水，除痈肿，补中，明目，止泪。生山谷及田野。"

《名医别录》云："苦参，无毒。养肝胆气，安五脏，定志，益精，利九窍，除伏热，肠澼，止渴，醒酒，小便黄赤，治恶疮，下部䘌，平胃气，令人嗜食，轻身。一名地槐，一名菟槐，一名骄槐，一名白茎，一名虎麻，一名岑茎，一名禄白，一名陵郎。生汝南及田野。三月、八月、十月采根，暴干。"

《本草纲目》卷一三"苦参"条引苏颂云："其根黄色，长五七寸许，两指粗细。三五茎并生，苗高三四尺以来，叶碎青色，极似槐叶，春生

▲ 图3-113 苦参（《金石昆虫草木状》）

冬凋，其花黄白色，七月结实如小豆子。河北生者无花子。五月、六月、八月、十月采根，暴干。”（图3-113、图3-114、图3-115）

苦参（Sophora flavescens），豆科。落叶半灌木。根黄色，味苦。羽状复叶，小叶通常15—21枚。夏季开花，花冠蝶形，白色或淡黄色，总状花序顶生。荚果呈不明显的串珠状，有1—5粒种子。中国各地均有分布，亦产于朝鲜半岛、日本及俄罗斯西伯利亚。有时栽植作保持水土和改良土壤之用。皮可提取纤维，供织麻袋等用；种子可榨油；根入药，性寒、味苦，功能清热燥湿、杀虫，主治痢疾、痔血、湿热黄疸、疥癣、湿疮、皮肤瘙痒等症。

▲ 图3-114 苦参（《各样药材图册》）

▲ 图3-115 苦参（《中国自然历史绘画·本草集》）

24. 植楮（chǔ）

又东七十里，曰脱扈之山。有草焉，其状如葵叶而赤华，荚实，实如棕荚，名曰植楮，可以已癙，食之不眯。(《中山首经》)

再向东七十里，就是脱扈山。山上有一种草，样子像葵（经文“叶”字为衍文），开红色的花朵，结荚果，果实像棕榈树的果实，名叫植楮，可以用它治疗瘘疮，吃了它可以不做噩梦。

郭郛以植楮为茎藸，即五味子。

《尔雅·释草》云：“菋，茎藸。”郭璞注：“五味也。”

《本草经》云：“五味子，一名会及。味酸，温，无毒。主益气，欬逆上气，劳伤羸瘦，补不足，强阴。益男子精。生山谷。”

《名医别录》云：“五味子，无毒。主养五脏，除热，生阴中肌。一名会及，一名玄及。生齐山及代郡。八月采实，阴干。”

《证类本草》卷七“五味子”条引《唐本草注》云：“五味，皮、肉甘酸，核中辛苦，都有咸味，此则五味具也。”

《本草纲目》卷一八“五味子”条李时珍云：“五味今有南北之分，南产者色红，北产者色黑，入滋补药必用北产者乃良。亦可取根种之，当年就旺；若二月种子，次年乃旺，须以架引之。”引苏颂云：“今河东、陕西州郡尤多，杭越间亦有之。春初生苗，引赤蔓于高木，其长六七尺。叶尖圆似杏叶。三四月开黄白花，类莲花状。七月成实，丛生茎端，如豌豆许大，生青熟红紫，入药生曝不去子。今有数种，大抵相

近。”（图3-116、图3-117、图3-118）

五味子，木兰科，五味子属（Schisandra）植物的泛称。落叶木质藤本。单叶，互生。花单性，腋生，有细长花梗。果实为多数小型浆果排列在伸长花托上所成的穗状聚合果，下垂。中国约有19种。产于北部的有“北五味子”（S. chinensis），花乳白或淡红色，果深红色。产于中部的有“华中五味子”（S. sphenanthera），花橙黄色，果红色。果实入药，性温、味酸咸，功能敛肺、滋肾、生津、固涩，主治肺虚咳喘、盗汗、自汗、遗尿、遗精、久泻不止、津伤口渴等症。现用治神经衰弱、视力减退、耳源性眩晕、病毒性肝炎等。

▲ 图3-116　秦州五味子
（《金石昆虫草木状》）

尚志钧疑植楮似为大戟科狼毒一类植物，又疑植楮为藺茹的讹音。

《本草经》云：“狼毒，一名续毒。味辛，平，有大毒。治欬逆上气，破积聚，饮食寒热，水气，恶疮，鼠瘘，疽蚀，鬼精，蛊毒，杀飞鸟走兽。生山谷。”

《名医别录》云：“狼毒，有大毒。主治胁下积癖。生秦亭及奉高。二月、八月采根，阴干，陈而沉水者良。”

▲ 图3-117　南五味子（《庶物类纂图翼》第十二）

▲ 图3-118　五味子（《各样药材图册》）

《本草纲目》卷一七“狼毒”条李时珍云：“狼毒出秦、晋地。今人往往以草蔺茹为之，误矣。”（图3-119、图3-120、图3-121）

狼毒，植物名。究属何种，本草书中记载不明。有以瑞香科植物“Stellera chamaejasme”（华北称“黄闷头花”，《植物名实图考》称“甘遂”）为狼毒，或以大戟科植物“Euphorbia fischeriana”（亦称“狼毒大戟”，主产中国东北和俄罗斯西伯利亚）为狼毒。中医学上用其根为逐水、消积、杀虫药，有大毒。多作外用，内服宜慎。

▲ 图3-119　石州狼毒（《金石昆虫草木状》）

▲ 图3-120　狼毒（《各样药材图册》）

▲ 图3-121　石州狼毒（《中国自然历史绘画·本草集》）

25.葌（jiān）草

又东百二十里，曰吴林之山，其中多葌草。(《中山首经》)

郝懿行疏："《说文》云：'葌，香艸，出吴林山。'本此经为说也。《众经音义》〔卷一二〕引《声类》云：'葌，兰也。'〔卷二〕又引《字书》云：'葌与蕑同。'蕑即兰也，是葌乃香艸。《中次十二经》洞庭之山，以葌与蘼芜并称，其为香草审矣。"

《广雅·释草》云："蕑，兰也。"王引之《疏证》云："《中山经》云：'吴林之山多葌草。''青要之山，有草焉，其状如葌，其本如藁本。''洞庭之山，其草多葌、蘼芜、芍药、芎䓖。'以葌与藁本、蘼芜、芍药、芎䓖并言之，其为香草明矣。郭璞以葌为菅，云'似茅'，恐非也。《说文》芎、䓖、兰、葌四字连文，别出茅、菅二字于后，则葌与兰同，不与菅同矣。"

《西山首经》云："天帝之山，下多菅、蕙。"菅、蕙连文，菅即蕑、葌同音借字，亦即兰也。

蕑见于《诗经》,《郑风·溱洧》云："溱与洧，方涣涣兮。士与女，方秉蕑兮。"

毛传："蕑，兰也。"

《毛诗草木鸟兽虫鱼疏》云："蕑即兰，香草也。《春秋传》曰：'刈兰而卒。'《楚辞》曰：'纫秋兰。'子曰：'兰当为王者香草。'皆是也。其茎叶似药草泽兰，但广而长节，节中赤，高四五尺。汉诸池苑及许

昌宫中皆种之，可着粉中，故天子赐诸侯茝兰。藏衣着书中，辟白鱼也。”（图3–122）

《本草经》云：“兰草，一名水香。味辛，平，无毒。主利水道，杀蛊毒，辟不祥。久服益气，轻身不老，通神明。生池泽。”

《名医别录》云：“兰草，无毒。除胸中痰癖。生大吴。四月、五月采。”

《尔雅翼》卷二“兰”条云：“兰是香草之最，而古今沿习，但以兰草当之。”

《本草纲目》卷一四“兰草”条李时珍云：“兰草、泽兰一类二种也。俱生水旁下湿处。二月宿根生苗成丛，紫茎素枝，赤节绿叶，叶对节生，有细齿。但以茎圆节长，而叶光有岐者，为兰草；茎微方，节短而叶有毛者，为泽兰。嫩时并可挼而佩之，八九月后渐老，高者三四尺，开花成穗，如鸡苏花，红白色，中有细子。”（图3–123、图3–124）

图3–122 蕳（《毛诗品物图考》）

▲ 图3-123 兰草（《金石昆虫草木状》）

▲ 图3-124 徐州泽兰（《中国自然历史绘画·本草集》）

26. 鬼草、蒐（sōu）草

又北三十里，曰牛首之山。有草焉，名曰鬼草，其叶如葵而赤茎，其秀如禾，服之不忧。（《中山首经》）

再向北三十里，就是牛首山。山中有一种草，名叫鬼草，叶子像葵的叶子，茎干是红色的，像粟苗一样抽穗开花，服用它可以使人不忧愁。

尚志钧以“鬼草”即“蒐草”。

又西百二十里，曰釐山，其阳多玉，其阴多蒐。（《中次四经》）

▼ 图3-125 茹藘（《毛诗品物图考》）

郭璞注：“茅蒐，今之蒨草也。”

茅蒐，《诗经》作“茹藘”，《郑风·东门之墠》云：“东门之墠，茹藘在阪。其室则迩，其人甚远。东门之栗，有践家室。岂不尔思？子不我即！”

毛传：“茹藘，茅蒐也。”

《毛诗草木鸟兽虫鱼疏》云：“茹藘，茅蒐，蒨草也。一名地血，齐人谓之茜，徐州人谓之牛蔓。今圃人或作畦种莳，故《货殖传》云：‘卮茜千石，亦比千乘之家。’”（图3-125）

《尔雅·释草》云：“茹藘，茅蒐。”郭璞注：“今之蒨也，可以染绛。”

《本草经》云：“茜根，味苦，寒，无毒。治寒湿风痹，黄疸，补中。生川谷。”

《名医别录》云："茜根，无毒。主止血内崩，下血，膀胱不足，踒跌，蛊毒。久服益精气，轻身。可以染绛。一名地血，一名茹藘，一名茅蒐，一名蒨。生乔山。二月、三月采根，暴干。"（图3–126、图3–127）

▲ 图3–126 茜根（《金石昆虫草木状》）

▲ 图3–127 茜根（《中国自然历史绘画·木草集》）

《救荒本草》卷四"土茜苗"条云："土茜苗，《本草》根名茜根，一名地血，一名茹藘，一名茅蒐，一名蒨。生乔山川谷。徐州人谓之牛蔓，西土出者佳。今北土处处有之，名土茜根，可以染红。叶似枣叶形，头尖下阔，纹脉竖直。茎方，茎叶俱涩，四五叶对生节间，茎蔓延附草木。开五瓣淡银褐花。结子小如绿豆粒，生青熟红。根紫赤色，味苦，性寒，无毒。一云味甘，一云味酸。畏鼠姑。叶味微酸。救饥：采叶煠熟，水浸作成黄色，淘净，油盐调食。其子红熟摘食。"

《本草纲目》卷一八"茜草"条李时珍云："茜草十二月生苗，蔓延数尺。方茎中空有筋，外有细刺，数寸一节。每节五叶，叶如乌药叶而糙涩，面青背绿。七八月开花，结实如小椒大，中有细子。"（图3–128）

▲ 图3-128 茜草（《庶物类纂图翼》第十三）

茜草（Rubia cordifolia），亦称血茜草、血见愁。茜草科。多年生攀缘草本。根黄红色。茎方形，有倒生刺。叶常4枚轮生，叶片呈心脏卵形。秋季开黄色小花。多生于山野草丛中。中国长江流域和黄河流域都有分布。根可作红色染料；亦入药，性寒、味苦酸，功能凉血止血、祛瘀生新，炒用治吐血、衄血、便血、血崩、尿血等症，生用治经闭腹痛、跌仆损伤、瘀血肿痛等症。

27.荣草

又东北四百里，曰鼓镫之山，多赤铜。有草焉，名曰荣草，其叶如柳，其本如鸡卵，食之已风。（《中山首经》）

再向东北四百里，就是鼓镫山，山上多产赤铜。山中有一种草，名叫荣草，叶子像柳叶，根像鸡蛋，吃了它可以治疗风病。

郝懿行疏："《本草经》云：'蔄茹，味辛寒，除大风。'陶注云：'叶似大戟。'《蜀本》注云：'根如萝卜。'并与此合，岂是与？"

吕调阳注："荣草，藺茹也，叶似柳而黄，其华亦黄，故曰荣草。根如莱菔也，色黄有汁，味辛寒，除大风。"

《本草纲目》卷一八"土茯苓"条李时珍引此经后云："恐即此也。"尚志钧认为："李时珍仅凭功效相同这一点，而认定荣草是土茯苓，是〔不〕足信的。"他的看法和郝懿行相同，"疑荣草或为大戟科植物藺茹"。

《本草经》云："藺茹，味辛，寒，有小毒。主蚀恶肉，败疮，死肌，杀疥虫，排脓、恶血，除大风，热气，善忘，不乐。生川谷。"

《名医别录》云："藺茹，味酸，微寒，有小毒。去热痹，破症瘕，除息肉。一名屈据，一名离娄。生代郡。五月采根，阴干。黑头者良。"

《本草纲目》卷一七"藺茹"条李时珍云："今亦处处有之，生山原中。春初生苗，高二三尺。根长大如萝卜、蔓菁状，或有歧出者，皮黄赤，肉白色，破之有黄浆汁。茎叶如大戟，而叶长微阔，不甚尖，折之有白汁。抱茎有短叶相对，团而出尖。叶中出茎，茎中分二三小枝。二三月开细紫花，结实如豆大，一颗三粒相合，生青熟黑，中有白仁如续随子之状。今人往往皆呼其根为狼毒，误矣。狼毒叶似商陆、大黄辈，根无浆汁。"（图3-129、图3-130、图3-131）

▲ 图3-129　淄州藺茹（《金石昆虫草木状》）

▲ 图3–130　藺茹（《各样药材图册》）

▲ 图3–131　淄州藺茹（《中国自然历史绘画·本草集》）

28. 芒草、莽草

又西百二十里，曰蔞山……有木焉，其状如棠而赤叶，名曰芒草，可以毒鱼。（《中次二经》）

再向西一百二十里，就是蔞山。山中有一种树，样子像棠，长着红色的叶子，名叫芒草，可以用它来毒鱼。（图3–132）

又东北百五十里，曰朝歌之山……有草焉，名曰莽草，可以毒鱼。（《中次十一经》）

▲ 图3-132　芒草（《各样药材图册》）

再向东北一百五十里，就是朝歌山。山中有一种草，名叫莽草，可以用它来毒鱼。

芒草，吴任臣注："即莽草，俗名茵草。"莽草，汪绂注："即芒草也。"

尚志钧以芒草即莽草，为木兰科植物狭叶茴香一类植物。

《本草经》云："莽草，味辛，温，有毒。治风头，痈肿，乳痈，疝瘕，除结气，疥瘙，杀虫鱼。生山谷。"

《名医别录》云："莽草，味苦，有毒。主治喉痹不通，乳难，头风痒，可用沐，勿近目。一名葞，一名春草。生上谷及宛朐。五月采叶，阴干。"

《梦溪笔谈·补笔谈》卷三"药议"条云："世人用莽草，种类最多，有叶大如手掌者，有细叶者，有叶光厚坚脆可拉者，有柔软而薄者，有蔓生者，多是谬误。按《本草》：'若石南而叶稀，无花实。'今考木若石南，信然；叶稀，无花实，亦误也。今莽草，蜀道、襄、汉、浙、江湖间山中有，枝叶稠密，团栾可爱，叶光厚而香烈；花红色，大小如杏花，六出，反卷向上，中心有新红蕊，倒垂下，满树垂动摇摇然，极可玩。襄、汉间渔人竞采以捣饭饴鱼，皆翻上，乃捞取之。南人谓之石桂。白乐天有《庐山桂》诗，其序曰：‘庐山多桂树。’又曰：‘手攀青桂枝。’盖此木也。唐人谓之红桂，以其花红故也。李德裕《诗序》曰：‘龙门敬善寺有红桂树，独秀伊川，移植郊园，众芳色沮。乃是蜀道莽草，徒得佳名耳。’卫公此说亦甚明。自古用此一类，仍毒鱼有验。《本草·木部》所收，不知何缘谓之草，独此未喻。”

《本草纲目》卷一七“莽草”条引苏颂云：“今南中州郡及蜀川皆有之。木若石南而叶稀，无花实。五月、七月采叶，阴干。一说藤生，绕木石间。既谓之草，乃蔓生者是也。”（图1–133、图3–134）

▲ 图3–133　莽草（《金石昆虫草木状》）

▲ 图3–134　莽草（《庶物类纂图翼》第十六）

莽草，亦称水莽，出《本草经》，一种有毒植物。旧时有以毒八角茴香（Illicium religiosum）当之，殊未可信。近人亦有称披针叶八角（I. lanceolatum）为莽草的，此种为常绿灌木或小乔木，果实为10—13个木质蓇葖果，顶端有长而弯曲的尖头，产于中国长江中下游以南各地。果实有剧毒。

29. 荀草

又东十里，曰青要之山……有草焉，其状如葌而方茎，黄华赤实，其本如藁本，名曰荀草，服之美人色。（《中次三经》）

再向东十里，就是青要山。山中有一种草，样子像葌，茎干却是方形的，开黄色的花朵，结红色的果实，根像藁本（图3–135）的根，名叫荀草，服用它可以让人更加美艳。

郝懿行疏："《本草经》云：'旋花主（去）面皯黑，色媚好，一名金沸。'《别录》云：'一名美草，生豫州平泽。'陶注云：'根似杜若，亦似高良姜。'又云：'叶似姜，花赤色，子状如豆蔻。'今案旋花一名金沸，明是黄花，陶注云赤色，误矣。又唐、宋《本草》或以旋花为今鼓子花，然与本经不合，此皆非矣。唯陶说形状与此经同，《别录》云生豫州，地亦相近。荀、旋声近也。"郝懿行以荀草即旋花。

《本草经》云："旋花，一名筋根花，一名金沸。味甘，温，无毒。主益气，去面皯黑，色媚好。其根，味辛，治腹中寒热邪气，利小便。久服不饥，轻身。生平泽。"

▲ 图3–135　宁化军藁本（《金石昆虫草木状》）

▲ 图3-136 旋花（《金石昆虫草木状》）

《名医别录》云："旋花，无毒。一名美草。生豫州。五月采，阴干。又，根主续筋也。"

《救荒本草》卷三"葍子根"条云："葍子根，俗名打碗花，一名兔儿苗，一名狗儿秧，幽蓟间谓之燕葍根。千叶者呼为缠枝牡丹，亦名穰花。生平泽中，今处处有之。延蔓而生。叶似山药叶而狭小。开花状似牵牛花，微短而圆，粉红色。其根甚多，大者如小筯粗，长一二尺，色白，味甘，性温。救饥：采根洗净，蒸食之。或晒干杵碎，炊饭食亦好。或磨作面，作烧饼，蒸食皆可。久食则头晕、破腹，间食则宜。"《植物名实图考》卷二二"旋花"条谓即此。

《本草纲目》卷一八"旋花"条李时珍云："旋花田野塍堑皆生，逐节延蔓。叶如波菜叶而小。至秋开花，如白牵牛花，粉红色，亦有千叶者。其根白色，大如筋（筯）。不结子。"（图3-136、图3-137、图3-138）

《植物名释札记》卷上"旋花"条云："今旋花属（Convolvulus L.）植物，在一日之间，花开花谢，为时暂短。"

郭璞《图赞》云："荀草赤实，厥状如菅。

▲ 图3-137　旋花（《庶物类纂图翼》第十二）

▲ 图3-138　旋花子（《各样药材图册》）

妇人服之，练色易颜。夏姬是艳，厥媚三还。”这说的是历史上著名的美女夏姬是因为佩带荀草而变得美艳的。夏姬，春秋时郑穆公之女。她初嫁郑国子蛮；子蛮死，改嫁陈国大夫夏御叔，生子征舒；御叔死，与陈灵公、大夫孔宁、仪行父私通；征舒射杀灵公，孔宁等奔楚，请楚师伐陈；楚灭陈后，为楚庄王所俘，许配给连尹襄老；襄老战死，从申公巫臣谋，托词归郑，后申公巫臣娶以奔晋。

尚志钧疑荀草似为百合科植物萱草一类植物。（图3-139、图3-140）

▲ 图3-139　萱草（《金石昆虫草木状》）

▲ 图3-140　萱草（《庶物类纂图翼》第九）

郭郛以荀草为覆盆子。

《尔雅·释草》云："堇，蒛葐。"郭璞注："覆盆也。实似莓而小，亦可食。"

《名医别录》云："覆盆子，味甘，平，无毒。主益气轻身，令发不白。五月采实。"

《本草纲目》卷一八“覆盆子”条李时珍云：“五月子熟，其色乌赤，故俗名乌藨、大麦莓、插田藨，亦曰栽秧藨。”（图3-141、图3-142、图3-143）

覆盆子（Rubus idaeus），蔷薇科。落叶灌木，有刺。羽状复叶，小叶3—5枚，卵形或椭圆形，有粗重锯齿，下面有灰白色茸毛。夏季开花，总状花序顶生，有柔毛和刺，花白色。果实为聚合的小核果，近球形，红色，有茸毛。分布于中国北部。果供药用。药材覆盆子主要为插田藨（R. coreanus）和山莓（R. corchorifolius）等种类。

▲ 图3-141　覆盆子（《金石昆虫草木状》）

▲ 图3-142　覆盆子（《庶物类纂图翼》第十二）

▲ 图3-143　覆盆子（《中国自然历史绘画·本草集》）

30. 葶苧（tíng nìng）

又西二百里，曰熊耳之山……有草焉，其状如苏而赤华，名曰葶苧，可以毒鱼。（《中次四经》）

再向西二百里，就是熊耳山。山中有一种草，样子像苏，开红色的花，名叫葶苧，可以用它来毒鱼。

尚志钧以苏是唇形科植物荏（白苏）或紫苏等一类植物。

《救荒本草》卷八“紫苏”条云：“紫苏，一名桂荏。又有数种，有勺苏、鱼苏、山苏。出简州及无为军，今处处有之。苗高二尺许。茎方。叶似苏子叶微小。茎叶背面皆紫色而气甚香。开粉红花。结小蒴，其子状如黍颗。味辛，性温，又云味微辛、甘。子无毒。救饥：采叶煠食，煮饮亦可。子研汁、煮粥，食之皆好。叶可生食，与鱼作羹味佳。”

白苏又称荏。《救荒本草》卷八“荏子”条云：“荏子，所在有之，生园圃中。苗高一二尺。茎方。叶似薄荷叶，极肥大。开淡紫花。结穗似紫苏穗，其子如黍粒。其枝茎对节生。东人呼为蒸，以其苏（蘇）字但除禾边故也。味辛，性温，无毒。救饥：采嫩苗叶煠熟，油盐调食。子可炒食，又研之杂米作粥，甚肥美，亦可笮油用。”

《本草纲目》卷一四“苏”条李时珍云：“紫苏、白苏皆以二三月下种，或宿子在地自生。其茎方，其叶团而尖，四围有锯齿，肥地者面背皆紫，瘠地者面青背紫，其面背皆白者即白苏，乃荏也。紫苏嫩时采叶，和蔬茹之，或盐及梅卤作葅食甚香，夏月作熟汤饮之。五六月连根采收，以火煨其根，阴干则经久叶不落。八月开细紫花，成穗作房，如荆芥穗。九月半枯时收子，子细如芥子而色黄赤，亦可取油如荏油。”（图3-144、图3-145）

紫苏（Perilla frutescens），亦称白苏。唇形科。叶全缘的植株一年生草本。茎方形，带紫色，上部被有带紫色之长柔毛。叶对生，卵形或圆卵形，两面或背面常带紫色。夏季开花，花红或淡红色。春季播种，夏秋采收。原产中国，分布于河北和我国南部地区。种子可榨油，嫩叶作蔬菜。地上部分入药，茎叶称“紫苏”“苏叶”，性温、味辛，功能发表散寒、理

▲ 图3-144　紫苏（《各样药材图册》）

▲ 图3-145　紫苏（《食物本草》）

气宽中，主治外感风寒、头痛发热、鼻塞、咳嗽、胸脘痞闷等，并解鱼蟹毒；老茎称“苏梗”，功能理气、安胎，主治胸闷呕吐、胎动不安等；果实称“苏子”，功能降气平喘、祛痰止咳，主治咳嗽、气喘、痰多等。主要成分为脂肪油；叶、茎含挥发油，主要有紫苏醛、左旋柠檬烯，还含精氨酸、紫苏苷等，有解热、增强胃肠蠕动、止咳、祛痰、平喘、抗菌等作用；种子含有亚麻酸、亚油酸等。其变种回回苏（P. f. var. crispa），亦称“皱紫苏”，可入药，功效同紫苏。

《本草纲目》卷一七“醉鱼草”条李时珍云：“醉鱼草南方处处有之。多在堑岸边，作小株生，高者三四尺。根状如枸杞。茎似黄荆，有微棱，外有薄黄皮。枝易繁衍。叶似水杨，对节而生，经冬不雕（凋）。七八月开花成穗，红紫色，俨如芫花一样。结细子。渔人采花及叶以毒鱼，尽圉圉而死，呼为醉鱼儿草。池沼边不可种之。此花色状、气味并如芫花，毒鱼亦同，但花开不同时为异尔。按《中山经》云：‘熊耳山有草焉，其状如苏而赤华，名曰葶苧，可以毒鱼。’其此草之类欤？”（图3-146）

◀ 图3-146　醉鱼草（《各样药材图册》）

醉鱼草（Buddleja lindleyana），亦称闹鱼花。醉鱼草科。落叶灌木。叶对生，长椭圆状披针形。夏季枝梢抽长穗状花序，顶端倾垂，花冠筒状，紫色。分布于中国长江以南各地。常栽作观赏植物。将花和叶揉碎投入水中，可使鱼类麻醉，故名。全草有祛风、活血、杀虫的功能。

对于李时珍以葶苧为醉鱼草的看法，尚志钧认为：醉鱼草的形态完全不像苏，因此“以醉鱼草释葶苧，亦难以成立”。他进而认为：“检能毒鱼的植物，尚有莽草、荨麻。莽草不似苏，荨麻有点似苏。”《本草纲目》卷一七“荨麻”条李时珍云：“川黔诸处甚多。其茎有刺，高二三尺。叶似花桑，或青或紫，背紫者入药。上有毛芒可畏，触人如蜂虿螫蠚，以人溺濯之即解。有花无实，冒冬不凋。挼投水中，能毒鱼。”尚氏盖以葶苧即荨麻也（图3–147、图3–148、图3–149）。

荨麻，荨麻科荨麻属（Urtica）植物的泛称。草本，被螫毛，人触之奇痛。茎具四棱。叶对生，基出脉3—5，有齿牙或分裂，具托叶。花单性，穗状花序或圆锥花序。瘦果藏于宿存花被内。约有35种，中国有16种。北部习见的有麻叶荨麻；中部至四川、贵州习见的有裂叶荨麻（U. fissa），叶掌状浅裂，裂片有缺刻或齿牙。此类的茎皮纤维，均可作纺织原料，或制麻绳。荨麻，四川人又称为蠚麻，多生于山野草地。

▲ 图3–147 江宁府荨麻
（《金石昆虫草木状》）

▲ 图3-148　荨麻（《庶物类纂图翼》第十六）

▲ 图3-149　荨麻（《各样药材图册》）

31.茱（zhú）、芫（yuán）

东三百里，曰首山，其阴多榖、柞，草多茱、芫。（《中次五经》）

郭璞注："茱，山蓟也。"

《尔雅·释草》云："术，山蓟。"郭璞注："《本草》云：'术，一名山蓟。'今术似蓟，而生山中。"

《本草经》云："术，一名山蓟。味苦，温，无毒。治风寒湿痹，死肌，痉、疸。止汗，除热，消食。作煎饵，久服轻身，延年，不饥。生山谷。"

《名医别录》云："术，味甘，无毒。主治大风在身面，风眩头痛，目泪出，消痰水，逐皮间风水结肿，除心下急满，及霍乱，吐下不止，利腰脐间血，益津液，暖胃，消谷，嗜食。一名山姜，一名山连。生郑山、汉中、南郑。二月、三月、八月、九月采根，暴干。"

《救荒本草》卷三"苍术"条云："苍术，一名山蓟，一名山姜，一名山连，一名山精。生郑山、汉中山谷，今近郡山谷亦有，嵩山、茅山者佳。苗淡青色，高二三尺，茎作蒿簳。叶抪茎而生，梢叶似棠叶，脚叶有三五叉，皆有锯齿小刺。开花紫碧色，亦似刺蓟花，或有黄白花者。根长如指，大而肥实，皮黑茶褐色。味苦甘，一云味甘辛，性温，无毒。防风、地榆为之使。救饥：采根去黑皮，薄切，浸二三宿，去苦味，煮熟食，亦作煎饵。久服轻身，延年不饥。"

《本草纲目》卷一二"术"条李时珍云："苍术，山蓟也，处处山中有之。苗高二三尺，其叶抱茎而生，梢间叶似棠梨叶，其脚下叶有三五叉，皆有锯齿小刺。根如老姜之状，苍黑色，肉白有油膏。白术，桴蓟也，吴越有之。人多取根栽莳，一年即稠。嫩苗可茹，叶稍大而有毛。根如指大，状如鼓槌，亦有大如拳者。彼人剖开暴干，谓之削术，亦曰片术。"

《列仙传》卷上"涓子"条云："涓子者，齐人也，好饵术，接食其精。至三百年乃见于齐，著《天人经》四十八篇。”

尚志钧认为术是菊科植物各种术，如南苍术（茅苍术）、北苍术、白术等一类植物。（图3-150、图3-151、图3-152、图3-153）

▲ 图3-150　舒州白术（《金石昆虫草木状》）

▲ 图3-151　白术（《各样药材图册》）

郭璞注："芫，华中药。"

《本草经》云："芫花，一名去水。味辛，温，有小毒。治欬逆上气、喉鸣、喘、咽肿、短气、蛊毒、鬼疟、疝瘕、痈肿、杀虫、鱼。生川谷。"

▲ 图3–152 石州苍术（《金石昆虫草木状》）

▲ 图3–153 苍术（《各样药材图册》）

《名医别录》云："芫花，味苦，微温，有小毒。消胸中痰水，喜唾，水肿，五水在五脏皮肤，及腰痛，下寒毒肉毒。久服令人虚。一名毒鱼，一名牡芫。其根名蜀桑根，治疥疮，可用毒鱼。生淮源。三月三日采花，阴干。"

《本草纲目》卷一七"芫花"条引苏颂云："在处有之。宿根旧枝茎紫，长一二尺。根入土深三五寸，白色，似榆根。春生苗叶，小而尖，似杨柳枝叶。二月开紫花，颇似紫荆而作穗，又似藤花而细。今绛州

▲ 图3-154　绵州芫花（《金石昆虫草木状》）

▲ 图3-155　芫花（《庶物类纂图翼》第十六）

▲ 图3-156　绛州芫花（《中国自然历史绘画·植物画谱》）

出者花黄，谓之黄芫花。”（图3-154、图3-155、图3-156、图3-157）

芫花（Daphne genkwa），瑞香科。落叶灌木。叶对生，偶为互生，卵形或卵状披针形，纸质。春季花先叶开放，无花冠，萼筒呈花冠状，淡紫色。核果白色。产于中国长江流域及山东、河南、陕西。可供观赏。花蕾入药，性温、味辛，有毒，功能泻水逐饮，主治水肿胀满、痰饮咳逆、胁痛等症。

▲ 图3-157 芫花子（《各样药材图册》）

32.亹（mén）冬

东北五百里，曰条谷之山，其木多槐、桐，其草多芍药、亹冬。（《中次五经》）

郭璞注：“《本草经》曰：‘亹冬，一名满冬。’今作‘门’，俗作耳。”

尚志钧疑亹冬为百合科植物天门冬一类植物。

《本草经》云：“天门冬，一名颠勒。味苦，平，无毒。治诸暴风湿偏痹。强骨髓，杀三虫，去伏尸。久服轻身，益气，延年。生山谷。”

《名医别录》云：“天门冬，味甘，大寒，无毒。保定肺气，去寒热，养肌肤，益气力，利小便，冷而能补。久服不饥。二月、三月、七月、八月采根，暴干。”

《救荒本草》卷三“天门冬”条云：“天门冬，俗名万岁藤，又名娑罗树，《本草》一名颠勒，或名地门冬，或名筵门冬，或名巅棘，或名淫羊食，或名管松。生奉高山谷及建州、汉州，今处处有之。春生藤蔓，大如钗股，长至丈余，延附草木上。叶如茴香，极尖细而疏滑，有逆刺，亦有涩而无刺者。其叶如丝杉而细散，皆名天门冬。夏生白花，亦有黄花及紫花者。秋结黑子，在其根枝傍。入伏后无花，暗结子。其根白，或黄紫色，大如手指，长二三寸，大者为胜。其生高地，根短味甜，气香者上。其生水侧下地者，叶细似蕴而微黄，根长而味多苦，气臭者下，亦可服。味苦甘，性平，大寒，无毒。垣衣、地黄及贝母为之使，畏曾青。服天门冬，误食鲤鱼中毒，浮萍解之。救饥：采根，换水浸去邪味，去心煮食。或晒干煮熟，入蜜食尤佳。”

《本草纲目》卷一八“天门冬”条引苏颂云：“处处有之。春生藤蔓，大如钗股，高至丈余。叶如茴香，极尖细而疏滑，有逆刺；亦有涩而无刺者，其叶如丝杉而细散，皆名天门冬。夏生细白花，亦有黄色及紫色者。秋结黑子，在其根枝旁。入伏后无花，暗结子。其根白或黄紫色，大如手指，圆实而长二三寸，大者为胜，一科一二十枚同撮，颇与百部根相类。洛中出者，大叶粗干，殊不相类。岭南者无花，余无他异。”（图3–158、图3–159）

▲ 图3-158　西京天门冬（《金石昆虫草木状》）

▲ 图3-159　天门冬（《各样药材图册》）

《列仙传》卷下“赤须子”条云：“赤须子，丰人也，丰中传世见之。云秦穆公时主鱼吏也，数道丰界灾害水旱，十不失一。臣下归向，迎而师之，从受业。问所长，好食松实、天门冬、石脂，齿落更生，发堕再出。服霞，绝后，遂去吴山下，十余年，莫知所之。”

天门冬（Asparagus cochinchinensis），亦称天冬草。百合科。多年生攀缘草本，有簇生纺锤形肉质块根。茎长1—2米，分枝具棱或狭翅。叶退化，由绿色线形叶状枝代替叶的功能。雌雄异株，花通常每两朵腋生。浆果球形，红色。广布于东亚，中国华东、华南、西南都有野生。用分根繁殖。块根入药，简称“天冬”，性寒、味甘苦，功能养肺、滋肾，主治阴虚咳嗽、口燥咽干、消渴等症。

▲ 图3-160 通草（《金石昆虫草木状》）

33. 寇脱

又东北二十里，曰升山，其木多榖、柞、棘，其草多藷萸、蕙，多寇脱。（《中次五经》）

郭璞注：“寇脱草生南方，高丈许，似荷叶而肥，茎中有瓤，正白，零、桂人植而日灌之，以为树也。”

《本草纲目》卷一八“通脱木”条引陈藏器云：“通脱木生山侧。叶似蓖麻。其茎空心，中有白瓤，轻白可爱，女人取以饰物，俗名通草。”又引苏颂云：“郭璞言‘生江南，高丈许，大叶似荷而肥，茎中瓤正白’。今园圃亦有种莳者，或作蜜煎充果，食之甘美。”（图3-160、图3-161）。

通脱木（Tetrapanax papyrifer），亦称通草。五加科。常绿灌木或小乔木。茎含大量白色髓。叶大，掌状7—12裂，每裂片常又有2个或3个小裂片，下面被毛。冬季开花，花小，黄白色，大型圆锥花序。核果小球形，黑色。中国特产单属种，分布于大陆西南部、南部至台湾地区。树皮可造纸；采髓作薄片，可制通草花或其他饰品；茎髓入药，性寒、味甘淡，功能利水、清湿热，主治小便不利、淋沥热痛等症，并可通乳汁。

▲ 图3-161　通草（《中国自然历史绘画·本草集》）

34. 萧

又西五十里，曰橐山……其阴多铁，多萧。(《中次六经》)

郭璞注："萧，蒿。见《尔雅》。"

《尔雅·释草》云："萧，萩。"郭璞注："即蒿。"《说文·艸部》云："萧，艾蒿也。"

萧亦见于《诗经》，《王风·采葛》云："彼采葛兮，一日不见，如三月兮。彼采萧兮，一日不见，如三秋兮。彼采艾兮，一日不见，如三岁兮。"

《毛诗草木鸟兽虫鱼疏》云："萧，荻，今人所谓荻蒿者是也。或云牛尾蒿，似白蒿，白叶茎粗，科生，多者数十茎，可作烛，有香气，故祭祀以脂爇之为香，许慎以为艾蒿，非也。《郊特牲》云'既奠，然后爇萧，合馨香'是也。"（图3–162）

《本草经》云："白蒿，味甘，平，无毒。治五脏邪气，风寒湿痹，补中益气，长毛发令黑，治心悬、少食常饥，久服轻身，耳目聪明，不老。生川泽。"

《名医别录》云："白蒿，无毒。生中山，二月采。"

《救荒本草》卷二"白蒿"条云："白蒿，生荒野中。苗高二三尺。叶如细丝，似初生松针，色微青白，稍似艾香，味微辣。救饥：采嫩苗叶煠熟，换水浸淘净，油盐调食。"

《本草纲目》卷一五"白蒿"条李时珍云："白蒿有水陆二种，《尔雅》通谓之蘩，以其易繁衍也。曰：蘩，皤蒿。即今陆生艾蒿也，辛熏不美。曰：蘩，由胡。即今水生蒌蒿也，辛香而美。曰：蘩之丑，秋为蒿。则通指水陆二种而言，谓其春时各有种名，至秋老则皆呼为蒿矣。曰藾，曰萧，曰萩，皆老蒿之通名，象秋气肃赖之气。"又云："白蒿处处

图3–162　萧（《毛诗品物图考》）

有之，有水陆二种。本草所用，盖取水生者，故曰生中山川泽，不曰山谷平地也。二种形状相似，但陆生辛熏，不及水生者香美尔。”（图3-163）

尚志钧疑萧为菊科植物茶绒蒿一类植物。

35.夙（sù）条

《中次七经》苦山之首，曰休与之山……有草焉，其状如蓍，赤叶而本丛生，名曰夙条，可以为簳。(《中次七经》)

《中次七经》苦山山系的第一座山名叫休与山。山中有一种草，样子像蓍草，红色的叶子，一块根上丛生许多株草，名叫夙条，可以用来制作箭杆。

《说文·艸部》云：“蓍，蒿属。生十岁，百茎。”

《论衡·状留》云：“蓍生七十岁生一茎，七百岁生十茎。神灵之物也，故生迟留，历岁长久，故能明审。”

《本草纲目》卷一五“蓍”条引苏颂云：“今蔡州上蔡县白龟祠旁，其生如蒿作丛，高五六尺，一本一二十茎，至多者五十茎，生便条直，所以异于众蒿

图3-163　白蒿（《金石昆虫草木状》）

也。秋后有花，出于枝端，红紫色，形如菊花，结实如艾实。”（图3–164、图3–165）

▲ 图3–164　蓍（《诗经名物图解》）

蓍草，学名“Achillea alpina L.”，亦称锯齿草、蚰蜒草。菊科。多年生直立草本。叶互生，长线状披针形，篦状羽裂，裂片有锐锯齿。头状花序多数密集于枝顶成复伞房花丛，夏秋间开白色花。中国北部和俄罗斯西伯利亚分布较广。分根或种子繁殖。全草入药，民间用治风湿疼痛，外用治毒蛇咬伤；茎、叶含芳香油，可作调香原料；亦可供观赏。

尚志钧认为古代以蓬制箭，而夙条亦能制箭，疑夙条为藜科植物蓬一类植物；而蓬的品种很多，其茎直立能制箭竿者有灰绿碱蓬及沙蓬等植物。（图3–166、图3–167）

《救荒本草》卷二“沙蓬”条云：“沙蓬，又名鸡爪菜。生田野中。苗高一尺余，初就地婆娑生，后分茎叉。其茎有细线楞。叶似独扫叶，狭窄而厚；又似石竹子叶，亦窄。茎叶梢间结小青子，小如粟粒。其叶味甘，性温。救饥：采苗叶煠熟，水浸淘净，油盐调食。”

◀ 图3–165　蓍（《庶物类纂图翼》第七）

▲ 图3-166　蓬（《毛诗品物图考》）

▲ 图3-167　蓬（《诗经名物图解》）

36. 乌酸

东三百里，曰鼓钟之山，帝台之所以觞百神也。有草焉，方茎而黄华，员叶而三成，其名曰乌酸，可以为毒。(《中次七经》)

向东三百里，就是鼓钟山，这是帝台宴请群神的地方。山中有一种草，方形的茎干，黄色的花朵，圆圆的叶子重叠成三层，名叫乌酸，可以用它来治疗中毒。

尚志钧疑乌酸为唇形科植物紫苏一类植物。紫苏见上文“葶苧”条。

郭郛以乌酸为乌头。

《本草经》云：“乌头，一名奚毒，一名即子，一名乌喙。味辛，温，有大毒。治中风、恶风洒洒、出汗，除寒湿痹、欬逆上气，破积聚，寒热。其汁煎之，名射罔，杀禽兽。生山谷。”

《博物志·药物》云：“乌头、天雄、附子一物，春秋冬夏采各异也。”

《名医别录》云：“乌头，味甘，大热，有毒。消胸上淡冷，食不下，心腹冷疾，脐间痛，肩胛痛不可俯仰，目中痛不可力视。又堕胎。”

《本草纲目》卷一七“乌头”条李时珍云：“处处有之，根苗花实并与川乌头相同；但此系野生，又无酿造之法，其根外黑内白，皱而枯燥为异尔，然毒则甚焉。”（图3-168、图3-169）

▲ 图3-168　龙州乌头（《金石昆虫草木状》）

▲ 图3-169　晋州乌头（《中国自然历史绘画·植物画谱》）

乌头（Aconitum carmichaelii），毛茛科。多年生草本，有块根。茎真立。叶片轮廓五角形，三全裂，侧裂片又两裂，各裂片再分裂，有粗锯齿。秋季开花，总状圆锥花序顶生，被卷曲细毛。花瓣退化，仅剩两枚，拳卷。萼片呈花瓣状，青紫色，上方一片盔状。产于中国中部和东部。花供观赏。有大毒。野生乌头的主根“草乌”“川乌”多系栽培品。主根入药，性热、味辛苦，有大毒，功能祛风除湿、散寒止痛，主治风湿痹痛、头痛、心腹痛、寒疝、阴疽等，主要成分有乌头碱、次乌头碱、消旋去甲基乌药碱等，有抗炎、镇痛、强心、抗癌等作用。共侧根（子根）入药，称“附子”。

37. 䔢草（姑媱山）

又东三百里，曰姑媱之山。帝女死焉，其名曰女尸，化为䔢草，其叶胥成，其华黄，其实如菟丘，服之媚于人。（《中次七经》）

再向东三百里，就是姑媱山。天帝的女儿死在这里，名叫女尸，化生成䔢草，它的叶子互相重叠，开黄色的花朵，结的果实像菟丝的果实，服用它可以被人喜爱。

郭璞注：“菟丘，菟丝也。见《广雅》。”

《本草经》云：“菟丝子，一名菟芦。味辛，平，无毒。主续绝伤，补不足，益气力，肥健。汁，去面皯。久服明目，轻身延年。生川泽田野，蔓延草木之上。”

《名医别录》云：“菟丝子，一名菟缕，一名蓎蒙，一名玉女，一名赤网，一名菟累。生朝鲜田野，蔓延草木之上，色黄而细为赤网，色浅而大为菟累。九月采实，暴干。”

《本草纲目》卷一八“菟丝子”条引苏颂云：“今近道亦有之，以冤句者为胜。夏生苗，初如细丝，遍地不能自起。得他草梗则缠绕而生，其根渐绝于地而寄空中。或云无根，假气而生，信然。”（图3-170、图3-171）

▲ 图3-170　单州菟丝子（《金石昆虫草木状》）

▲ 图3-171　菟丝子（《庶物类纂图翼》第十二）

菟丝子（Cuscuta chinensis），亦称菟丝。菟丝子科。一年生缠绕寄生草本。茎细柔，丝状，橙黄色，随处生吸盘附着寄主（如豆科、菊科、藜科等植物）。叶退化或无。夏秋开花，花细小，白色，常簇生于茎侧。蒴果扁球形。中国分布普遍。危害大豆等作物。种子入药，性平、味辛甘，功能补益肝肾，主治肾虚阳痿、遗精、小便频数、腰膝酸痛、脾肾虚泻、胎动不安等症。

䔄草是著名的神奇植物，传说它由天帝的女儿女尸变化而来。对于䔄草由帝女化身而来，今人从神话的角度看自然不难理解，但古人确实难以理解其中的原理，因此郭璞《图赞》云："帝女所化，其理难思。"

䔄草又作瑶草，《文选·江淹〈别赋〉》云："惜瑶草之徒芳。"李善注引宋玉《高唐赋》云："我，帝之季女，名曰瑶姬，未行而亡，封于巫山之台。精魂为草，实曰灵芝。"此应是同一传说的分化。瑶草的果实是另一神奇植物灵芝。（图3–172）

◀ 图3–172 灵芝（《中国自然历史绘画·花鸟画谱》）

古人认为，作为神奇植物的䔄草，不仅来历神奇，而且还具有神奇功效，即女子服用它则会让自己为人所爱，所以郭璞注说：“为人所爱也。一名荒夫草。”汪绂注说：“服之媚于人，言为人所媚悦也。此草一名荒夫草，此如虞姬化为虞美人草，女子怀人滴流化为秋海棠之说。”

《南方草木状》卷上云：“鹤草，蔓生，其花曲尘色，浅紫蒂，叶如柳而短。当夏开花，形如飞鹤，觜翅尾足，无所不备。出南海，云是媚草。上有虫，老蜕为蝶，赤黄色，女子藏之，谓之媚蝶，能致其夫怜爱。”

《北户录》卷三“鹤子草”条云：“鹤子草，蔓花也。其花曲尘色，浅紫蒂，叶如柳而小短，当夏开，南人云是媚草，甚神，可比怀草、梦芝。采之曝干，以代面靥，形如飞鹤状，翅羽觜距无不毕备，亦草之奇者。草蔓上，春生双虫，常食其叶，土人收于奁粉间饲之，如养蚕法。虫老不食，而蜕为蝶，蝶赤黄色。女子佩之，如细鸟皮，号为媚蝶。”《岭表录异》卷中亦载“鹤子草”，与此同。

《本草纲目》卷二一“有名未用”条之“无风独摇草”引李珣云：“生大秦国及岭南，五月五日采，诸山野亦往往有之。头若弹子，尾若鸟尾，两片开合，见人自动，故曰独摇。”引陈藏器云：“带之令夫妇相爱。”李时珍引此经云：“此说与陈藏器佩之相爱之语相似，岂即一物欤？”认为䔄草与无风独摇草功效相似，可能是同一种植物。

传统社会是“男权社会”，女子依附于男子。其时女子能被人喜爱而不被抛弃，几乎是女子的一生所求，这应该是䔄草这类媚草传说产生的原因之一。

38. 牛伤

又东五十七里，曰大苦之山，多㻬琈之玉，多麋玉。有草焉，其叶如榆，方茎而苍伤，其名曰牛伤，其根苍文，服者不厥，可以御兵。（《中次七经》）

再向东五十七里，就是大苦山，山上多产㻬琈玉和麋玉。山中有一种草，叶子像榆树叶，方形的茎干，生有苍色的刺，名叫牛伤，它的根有苍色的纹理，服用它可以不患逆气病，还可以防御武器的伤害。

牛伤，郭璞注："犹言牛棘。"

《尔雅·释木》云："终，牛棘。"郭璞注："即马棘也。其刺粗而长。"

《本草经》云："营实，一名墙薇，一名墙麻，一名牛棘。味酸，温，无毒。治痈、疽、恶疮、结肉肤筋、败疮、热气、阴蚀不瘳，利关节。生川谷。"

《名医别录》云："营实，微寒，无毒。久服轻身益气。根，止泄利腹痛，五脏客热，除邪逆气、疽癞、诸恶疮、金疮、伤挞，生肉复肌。一名牛勒，一名蔷蘼，一名山棘。生零陵及蜀郡。八月、九月采，阴干。"

《本草纲目》卷一八"营实、蔷薇"条李时珍云："蔷薇野生林堑间。春抽嫩蕻，小儿掐去皮刺食之。既长则成丛似蔓，而茎硬多刺。小叶尖薄有细齿。四五月开花，四出，黄心，有白色、粉红二者。结子成簇，生青熟红。其核有白毛，如金樱子核，八月采之。根采无时。人家栽玩者，茎粗叶大，延长数丈。花亦厚大，有白、黄、红、紫数色。花最大者名佛见笑，小者名木香，皆香艳可人，不入药用。南番有蔷薇露，云是此花之露水，香馥异常。”（图3–173、图3–174、图3–175）

尚志钧以牛伤即牛棘，疑为蔷薇科植物多花蔷薇一类植物，其果实名营实。（图3–176）

▼ 图3–173　野蔷薇（《中国自然历史绘画·花鸟画谱》）

▶ 图3–174　野蔷薇（《各样药材图册》）

◀ 图3-175　蔷薇（《中国自然历史绘画·花鸟画谱》）

▲ 图3-176　营实（《金石昆虫草木状》）

39. 嘉荣

又东七十里，曰半石之山。其上有草焉，生而秀，其高丈余，赤叶，赤华而不实，其名曰嘉荣，服之不霆。（《中次七经》）

再向东七十里，就是半石山。山上有一种草，初生的时候就抽穗吐花，可以长到一丈多高，红色的叶子，红色的花朵，却不结果实，名叫嘉荣，服用它的人可以不害怕惊雷。

郭璞注："初生先作穗，却着叶，花生穗间。"

郝懿行疏："《本草经》有蘘荷，与巴蕉同类。《太平御览》〔卷九八〇〕引干宝《搜神记》以蘘荷为嘉草，盖即嘉荣草也。"

《太平御览》卷九八〇引《搜神记》云："余外妇姊夫蒋士，有佣客得疾下血。医以中蛊，乃密以蘘荷根布席下，不使知。乃狂言曰：'食我蛊者，乃张小人也。'乃呼小，小亡去。今世攻蛊，多用蘘荷根，往往验。蘘荷，或谓嘉草。"又引《葛洪方》云："人得蛊，取蘘荷叶着卧席下，不使知，立呼蛊姓名。"

吕调阳注："嘉荣，莼苴也，似蘘荷而色紫，华生根中，根似姜芽而肥，可为葅。"

《古今注·草木》云："蘘荷，似蘑苴而白。蘑苴色紫，花生根中，花未散时可食，久置则销烂不为实矣。叶似姜，宜阴翳地种之。"

《本草纲目》卷一五"蘘荷"条引苏颂云："春初生，叶似甘蕉，根似姜芽而肥，其叶冬枯，根堪为菹。其性好阴，在木下生者尤美。"

（图3-177、图3-178）

蘘荷（Zingiber mioga），亦称阳藿。姜科。多年生草本。根状茎淡黄色，有辛辣味。叶从根状茎生出，两行，披针形，夏季抽生穗状花序，花被淡黄色，花下有鳞片状苞片。蒴果三瓣裂。生于山野荫蔽处。中国南部和日本都有分布。花穗和嫩芽可供食用；根状茎入药，性温、味辛，功能温中理气、祛风止痛、止咳平喘，主治感冒咳嗽、气管炎、哮喘等症。

▲ 图3-177　白蘘荷（《金石昆虫草木状》）

▶ 图3-178　蘘荷（《各样药材图册》）

40.䔄草（泰室山）

又东三十里，曰泰室之山……有草焉，其状如茉，白华黑实，泽如蘡薁，其名曰䔄草，服之不眯。（《中次七经》）

再向东三十里，就是泰室山。山中有一种草，样子像茉，开白色花朵，结黑色果实，色泽像野葡萄，名叫䔄草，服用它可以不做噩梦。

汪绂注："蘡薁蔓生，细叶，实如小葡萄，或以为樱桃，或以为葡萄，皆误。"

郝懿行疏："盖即今之山葡萄。《齐民要术》〔卷一〇〕引陆机《诗义疏》云：'樱薁实大如龙眼，黑色，今车鞅藤实是。'又引《疏》云：'櫐似燕薁，连蔓生。'皆其形状也。"

《希麟音义》卷八"蘡薁"条引《考声》云："草名，可食，似葡萄而小，其子黑色。"

《本草纲目》卷三三"蘡薁"条引苏恭云："蘡薁蔓生。苗、叶与葡萄相似而小，亦有茎大如碗者。冬月惟叶凋而藤不死。藤叶味甘，子味甘酸，即千岁藟也。"李时珍云："苏恭所说蘡薁形状甚是，但以为千岁藟则非矣。"（图3–179）

▶ 图3–179　蘡薁（《各样药材图册》）

《植物名实图考》卷三二“蘡薁”条云：“蘡薁即野葡萄。”

蘡薁（Vitis bryoniaefolia），葡萄科。落叶木质藤本。有卷须。叶掌状3—5深裂，有钝锯齿，下面密生锈色或灰白色绵毛。夏季开花，雌雄异株，圆锥花序。浆果球形，紫黑色。产于中国各地。果可酿酒；茎、叶入药，亦称“野葡萄藤”，功能清热祛湿、利尿，主治小便不利、尿道刺痛、湿热黄疸、风湿痹痛等症。

尚志钧疑蓇草是菊科植物苍术一类植物，苍术见上文“茉”条。

郭郛以蓇草为葛藟，又称千岁藟。

葛藟见于《诗经》，《周南·樛木》云：“南有樛木，葛藟累之。乐只君子，福履绥之。南有樛木，葛藟荒之。乐只君子，福履将之。南有樛木，葛藟萦之。乐只君子，福履成之。”

《毛诗草木鸟兽虫鱼疏》云：“藟，一名巨苽，似燕薁，亦延蔓生。叶如艾，白色。其子赤，可食，酢而不美。幽州谓之蓷藟。”

《名医别录》云：“千岁蘽汁，味甘，平，无毒。主补五脏，益气，续筋骨，长肌肉，去诸痹。久服轻身不饥，耐老，通神明。一名蘽芜。生太山川谷。”

《本草纲目》卷一八“千岁藟”条引苏颂云：“处处有之。藤生，蔓延木上，叶如葡萄而小。四月摘其茎，汁白而味甘。五月开花。七月结实。八月采子，青黑微赤。冬惟凋叶。春夏间取汁用。”（图3-180、图3-181）

▲ 图3-181　千岁蘽（《庶物类纂图翼》第十四）

◀ 图3-180　兖州千岁蘽（《金石昆虫草木状》）

41. 少辛

又东三十里，曰浮戏之山……上多少辛。（《中次七经》）

▲ 图3-182 华州细辛（《金石昆虫草木状》）

少辛，郭璞注："细辛也。"

《本草经》云："细辛，一名小辛，味辛，温，无毒。治欬逆、头痛、百节拘挛、风湿痹痛、死肌。久服明目，利九窍，轻身，长年。生山谷。"

《名医别录》云："细辛，无毒。主温中，下气，破痰，利水道，开胸中，除喉痹、齆鼻风痫、癫疾，下乳结、汗不出、血不行，安五脏，益肝胆，通精气。生华阴。二月、八月采根，阴干。"

《太平御览》卷九八九引《范子计然》云："细辛出华阴，色白者善。"

《本草纲目》卷一三"细辛"条引苏颂云："今处处有之，皆不及华阴者为真，其根细而极辛。今人多以杜衡为之，杜衡根似饭帚密闹，细长四五寸，微黄白色，江淮呼为马蹄香，不可误用。"（图3-182、图3-183、图3-184）。

▲ 图3-183 细辛（《庶物类纂图翼》第四）

▲ 图3-184 信州细辛（《中国自然历史绘画·植物画谱》）

细辛，马兜铃科，细辛属（Asarum）植物的泛称。多年生草本，有细长芳香的根状茎，先端生叶1—2枚。花单生叶腋，贴近地面，常紫色，钟形。约有100种，中国约有38种，广布于南北各地。习知的如细辛（A. sieboldi），产于安徽、浙江、江西、湖北、湖南、四川等地；北细辛（A. heterotropoides var. mandshuricun），亦称“辽细辛”，产于东北及河南。全草入药，性温、味辛，功能温经散寒、化饮、祛风止痛，主治风寒头痛、痰饮咳喘、风湿痹痛、牙痛、鼻渊等症。

42.茵（gāng）草

又东四十里，曰少陉之山。有草焉，名曰茵草，叶状如葵而赤茎白华，实如蘡薁，食之不愚。（《中次七经》）

再向东四十里，就是少陉山。山中有一种草，名叫茵草，叶子像葵叶，红色的茎干，开白色的花朵，结的果实像野葡萄，吃了它可以让人变聪明。

杨慎《丹铅录》卷一三云："小（少）陉之山有草名茵，赤茎白华，如颠冬也。颠冬，天门冬也。"

尚志钧疑茵草或为葡萄科植物山葡萄一类植物。山葡萄俗称野葡萄。（图3-185）

山葡萄（Vitis amurensis），葡萄科。落叶木质藤本。小枝嫩时疏生蛛丝状茸毛。有卷须。叶大，宽卵形，3—5浅裂，有浅三角形齿牙，基部深心形，平滑或脉上有毛。夏季开花，雌雄异株，圆锥花序。果实黑色。分布于中国东北及北部，亦见于朝鲜半岛和俄罗斯西伯利亚。成熟果实可生食及酿葡萄酒。枝、叶及酿酒后的沉淀物，可提制酒石酸。抗寒力极强，为培育抗寒葡萄的优良亲本。

▶ 图3–185　野葡萄（《中国自然历史绘画·花鸟画谱》）

43. 梨

又东南十里，曰太山。有草焉，名曰梨，其叶状如荻而赤华，可以已疽。（《中次七经》）

再向东南十里，就是太山。山中有一种草，名叫梨，叶子像荻草叶，开红色的花朵，可以用它来治疗毒疮。

荻，郭璞注："亦蒿也。"

郝懿行疏："《本草别录》云：'芥，一名梨，叶如大青。'即此。"

吕调阳注："梨，王彗，一名葥，实名地肤，主去皮肤中热气，散恶疮也。"

《尔雅·释草》云："葥，王蔧。"郭璞注："王帚也，似藜，其树可以为埽蔧，江东呼之曰落帚。"

《本草经》云："地肤子，一名地葵。味苦，寒，无毒。治膀胱热，利小便，补中，益精气，久服耳目聪明，轻身，耐老。生平泽及田野。"

《名医别录》云："地肤子，无毒。主去皮肤中热气，散恶疮疝瘕，强阴。久服使人润泽。一名地麦。生荆州及田野。八月、十月采实，阴干。又，地肤子，捣绞取汁，主赤白痢；洗目去热暗，雀盲、涩痛。苗灰，主痢亦善。"

《救荒本草》卷二"独扫苗"条云："独扫苗，生田野中，今处处有之。叶似竹形而柔弱细小，抪茎而生。茎叶梢间结小青子，小如粟粒。科茎老时可为扫帚。叶味甘。救饥：采嫩苗叶煠熟，水浸淘净，油盐调食。晒干煠食，不破腹尤佳。”《植物名实图考》卷一一“地肤”条谓此即地肤。

《本草纲目》卷一六“地肤”条引苏颂云：“今蜀川、关中近地皆有之。初生薄地，五六寸，根形如蒿，茎赤叶青，大似荆芥。三月开黄白花，结子青白色，八月、九月采实。”（图3-186、图3-187）

地肤（Kochia scoparia），亦称扫帚菜。藜科。一年生草本，被具节长柔毛。分枝甚多。叶线状披针形，无毛或稍有毛，通常有3条明显的主脉，边缘有疏生的锈色绢状缘毛。夏秋季开花，花小，簇生叶腋。花被包裹果实，各片背上有一水平扩展的翅。分布于欧洲、亚洲中部及印度，中国亦产。果实入药，称“地肤子”，性寒、味甘苦，功能清湿热、利尿，主治皮肤湿疮、湿疹瘙痒、小便淋沥、脚气水肿等症。老株可制扫帚。变种孔雀松（K. s. var. culta），枝叶繁茂，全株成卵形或球形。叶更狭窄，入秋变紫红色。供观赏。

▲ 图3-186　蜀州地肤子（《金石昆虫草木状》）

▲ 图3-187　密州地肤子（《中国自然历史绘画·本草集》）

《本草纲目》卷二七“秦荻藜”条引此经云：“此即秦荻藜也。”《本草纲目》谓秦荻藜主治“肿毒”，与此经言“已疽”合。尚志钧疑秦荻藜为藜科植物小藜。

44.蓇（hěn）

又东三十里，曰大騩之山……有草焉，其状如蓍而毛，青华而白实，其名曰蓇，服之不夭，可以为腹疾。（《中次七经》）

再向东三十里，就是大騩山。山中有一种草，样子像蓍草而长有柔毛，开青色的花朵，结白色的果实，名叫蓇，服用它可以尽享天年而不夭折，还可以治疗肠胃病。

尚志钧疑此草可能是豆科植物黄芪一类植物。

《本草经》云：“黄耆，一名戴糁。味甘，微温，无毒。治痈疽，久败疮，排脓止痛，大风癞疾，五痔，鼠瘘，补虚，小儿百病。生山谷。”

《名医别录》云：“黄芪，无毒。主治妇人子脏风邪气，逐五脏间恶血，补丈夫虚损、五劳羸瘦，止渴，腹痛泄利，益气，利阴气。生白水者冷，补。其茎、叶，治渴及筋挛、痈肿、疽疮。一名戴椹，一名独椹，一名芰草，一名蜀脂，一名百本。生蜀郡、白水、汉中。二月、十月采，阴干。”

《本草纲目》卷一二“黄耆”条李时珍云：“黄耆叶似槐叶而微尖小，又似蒺藜叶而微阔大，青白色。开黄紫花，大如槐花。结小尖角，长寸许。根长二三尺，以紧实如箭簳者为良。嫩苗亦可煠淘茹食。其子收之，十月下种，如种菜法亦可。”（图3-188、图3-189、图3-190）

黄芪（Astragalus membranaceus），亦称膜荚黄芪、东北黄芪。豆科。多年生草本。主根直而长，圆柱形。羽状复叶，小叶13—31枚，卵状披针形或椭圆形，表面无毛或略有毛，背面散生白毛，无小叶柄。夏季开花，总状花序腋生；花冠蝶形，淡黄色。荚果下垂，卵状长圆形，膨胀，薄膜质，顶端有喙，被黑色短柔毛。分布于中国东北、华北、西北以及四川、

▲ 图3-188 宪州黄耆（《金石昆虫草木状》）

▲ 图3-189 黄芪（《各样药材图册》）

▲ 图3-190 宪州黄耆（《中国自然历史绘画·植物画谱》）

西藏等地。根可入药，性温、味甘，功能补气固表、利水托疮，主治表虚自汗、气虚内伤、脾虚泄泻、浮肿及痈疽等。另种蒙古黄芪（A. membranaceus var. mongholicus），分布于中国河北、山西、黑龙江、内蒙古等地。根作黄芪入药。

45. 龙修

又东百七十里，曰贾超之山……其中多龙修。(《中次九经》)

郭璞注："龙须也，似莞而细，生山石穴中，茎倒垂，可以为席。"

《广雅·释草》云："龙木，龙须。"王引之《疏证》引此经注，复云："龙修、龙须，声之转也。"

《本草纲目》卷一五"石龙刍"条谓其异名有此经"龙修"，李时珍云："龙须丛生，状如粽心草及凫茈，苗直上，夏月茎端开小穗花，结细实，并无枝叶。今吴人多栽莳织席，他处自生者不多也。"

《本草经》云："石龙刍，一名龙须，一名草续断，一名龙珠。味苦，微寒，无毒。治心腹邪气、小便不利、淋闭、风湿、鬼疰、恶毒。久服补虚羸，轻身，耳目聪明，延年。生山谷湿地。"

《名医别录》云："石龙刍，微温，无毒。补内虚不足，治痞满、身无润泽、出汗，除茎中热痛，杀鬼疰恶毒气。一名龙珠，一名龙华，一名悬莞，一名草毒。九节多味者，良。生梁州湿地。五月、七月采茎，暴干。又，

石龙一名方宾，主治蛔虫及不消食尔。”（图3–191）

《太平御览》卷九九四引《广志》云：“龙须，一名西王母簪。”又引《游名山志》云：“龙须草，惟东阳永嘉有。永嘉有缙云堂，意者谓鼎湖攀龙须时，有坠落化而为草，故有龙须之称。”

▲ 图3–191 石龙刍（《金石昆虫草木状》）

46. 枝勾

又西南五十里，曰繁缋之山，其木多楢、杻，其草多枝勾。（《中次十经》）

郭璞注：“今山中有此草。”

尚志钧以枝勾为鼠李科植物拐枣（枳椇）一类植物。枳椇为木本植物，此言是草，不太吻合。

《本草纲目》卷三一“枳椇”条李时珍云：“枳椇木高三四丈，叶圆大如桑柘，夏月开花。枝头结实，如鸡爪形，长寸许，扭曲，开作二三歧，俨若鸡之足距。嫩时青色，经霜乃黄，嚼之味甘如蜜。每开歧尽处，结一二小子，状如蔓荆子，内有扁核赤色，如酸枣仁形。”

《植物名实图考》卷三二“枳椇”条云：“枳椇，《唐本草》始著录。即枸也，详《诗疏》。能败酒，俗呼鸡距，亦名拐枣，山中皆有之。《本草拾遗》木蜜即此。”（图3–192、图3–193）

枳椇（Hovenia acerba），亦称拐枣、金钩子、鸡距子、枸。鼠李科。落叶乔木。叶椭圆状卵形或宽卵形，具三大脉，有锯齿。夏季开花，花小，带绿色，聚伞花序。花序分枝扭曲，熟时肉质，红棕色，味甜，供食用。产于中国黄河流域和长江流域，亦见于日本。常栽培。木材可制家具等。种子入药，功能清利湿热、解酒毒。

郭郛以枝勾为鼠李科植物冻绿。

冻绿（Rhamnus utilis），鼠李科。落叶灌木。小枝红褐色，顶端针刺状。叶互生，椭圆形或狭长椭圆形，有细锯齿。春季开花，花小，黄绿色，生于叶腋，成伞形。核果近球形，黑色。产于中国中部、西南部。叶煮汁作绿色染料。

▲ 图3-192 枳椇（《金石昆虫草木状》）

▶ 图3-193 枳椇（《各样药材图册》）

47. 鸡穀

又东北八百里，曰兔床之山……其草多鸡穀，其本如鸡卵，其味酸甘，食者利于人。(《中次十一经》)

再向东北八百里，就是兔床山，山中草多鸡穀，它的根像鸡蛋，味道又酸又甜，人吃了它有益身体健康。

尚志钧疑鸡穀或为十字花科植物芜菁一类植物。

《尔雅·释草》云："须，葑苁。"

《诗经·邶风·谷风》云："习习谷风，以阴以雨。黾勉同心，不宜有怒。采葑采菲，无以下体。德音莫违，及尔同死。"

毛传："葑，须也。"

《毛诗草木鸟兽虫鱼疏》云："葑，蔓菁，幽州人或谓之芥。"

《名医别录》云："芜菁及芦菔，味苦，温，无毒。主利五脏，轻身益气，可长食之。芜菁子，主治明目。"

《太平御览》卷九八〇引《岭南异物志》云："唐孟琯常于岭表买芥菜，置壁下忘食，数日皆生四足，有首尾，能行走，大如蟢螂，但腰身细长。"又云："南土芥高者五六尺，子如鸡卵。广州人以巨芥为咸菹，埋地中，有三十年者。贵尚亲宾，以相饷遗。"又引《岭表录异》云："广州地热，种麦则苗而不实。北人将蔓菁子就彼种者，出土即变为芥。"

《植物名实图考》卷三"芜菁"条云："芜菁，《别录》上品，即蔓菁。昔人谓葑、须芥、蕘、芜、荛、芜菁、蔓菁七名一物，蜀人谓之诸

葍菜。今辰、沅有马王菜，亦即此。”（图3-194、图3-195）

芜菁可以食用，《太平御览》卷九七九引《东观汉记》云：“桓帝永兴二年，诏司隶：蝗水为灾，五谷不登，令所伤郡国皆种芜菁，以助民食。”《急就篇》卷二云：“老菁蘘荷冬日藏。”颜师古注：“菁，蔓菁也，一曰冥菁，亦曰芜菁，又曰芴菁。蘘荷，一名莼苴，茎叶似姜，其根香而脆，可以为菹，又辟蛊毒。言秋种蔓菁，至冬则老而成就，又收蘘荷，并蓄藏之，以御冬也。”

▲ 图3-194　芜菁（《金石昆虫草木状》）

▲ 图3-195　芜菁（《庶物类纂图翼》第二十）

芜菁（Brassica campestris ssp. Rapifera），亦称蔓菁。十字花科。一、二年生草本。直根肥大，质较萝卜致密，有甜味，呈圆形、扁圆形或圆锥形；主要为白色，也有上部绿或紫而下部白色者，更有紫、黄等色。叶柄有叶翼，叶片全缘或有深缺刻，绿色或微带紫色。花黄色。性喜冷凉。依栽培及食用期分秋冬芜菁及四季芜菁。原产中国及欧洲北部。根和叶作蔬菜，鲜食或盐腌、制干后食用，也可作饲料。

48. 羊桃

又东四十里，曰丰山，其上多封石，其木多桑，多羊桃，状如桃而方茎，可以为皮张。(《中次十一经》)

再向东四十里，就是丰山。山上多产封石，树木多为桑树、羊桃，羊桃样子像桃树，方形的茎干，可以用它来治疗皮肤肿胀。

羊桃，郭璞注："一名鬼桃。"

《尔雅·释草》云："长楚，铫芅。"郭璞注："今羊桃也。或曰鬼桃。叶似桃，华白，子如小麦，亦似桃。"

苌楚见于《诗经》，《桧风·隰有苌楚》云："隰有苌楚，猗傩其枝。夭之沃沃，乐子之无知。隰有苌楚，猗傩其华。夭之沃沃，乐子之无家。隰有苌楚，猗傩其实。夭之沃沃，乐子之无室。"

毛传："苌楚，铫弋也。"

《毛诗草木鸟兽虫鱼疏》云："苌楚，今羊桃是也，叶长而狭，华紫赤色，其枝茎弱，过一尺引蔓于草上，今人以为汲灌，重而善没，不如杨柳也。近下根，刀切其皮，着热灰中脱之，可韬笔管。"

《本草经》云："羊桃，一名鬼桃，一名羊肠。味苦，寒，有毒。治熛热，身暴赤色，风水，积聚，恶疡，除小儿热。生山林川谷及田野。"

《名医别录》云："羊桃，有毒。主去五脏五水，大腹，利小便，益气，可作浴汤。一名苌楚，一名御弋，一名铫弋。生山林及生田野。二月采，阴干。"

《本草纲目》卷一八"羊桃"条李时珍云："羊桃茎大如指，似树而弱如蔓，春长嫩条柔软。叶大如掌，上绿下白，有毛，状似苎麻而团。其条浸水有涎滑。"（图3–196、图3–197、图3–198）

中华猕猴桃（Actinidia chinensis），亦称猕猴桃、阳桃、杨桃、羊桃。猕猴桃科。落叶木质藤本；小枝密生毛，有片状髓。叶卵形或圆形，先端圆或突尖、微凹，基部稍心形，具睫毛状细齿，下面密生灰白色毛。夏季开花，聚伞花序，花白色，后变黄色。浆果卵形至近球形，长2.5—5厘米，熟时无毛，黄褐绿色。原产于中国中部、南部至西南部。果味甜，含多种维生素，可食，并制果酱或酿酒；亦入药，有解热、生津、通淋作用。根入药，有清热利水、散瘀消肿作用。叶能止外伤出血。树皮和髓可造纸。（图3-199、图3-200、图3-201）

▲ 图3-197　杨桃（《各样药材图册》）

▲ 图3-196　羊桃（《金石昆虫草木状》）

▲ 图3-198　羊桃（《外销画册·花卉果木》）

◀ 图3-199 猕猴桃（《金石昆虫草木状》）

▶ 图3-201　猕猴桃（《中国自然历史绘画·本草集》）

◀ 图3-200　猕猴桃（《各样药材图册》）

49.蘪（méi）芜

又东南百二十里，曰洞庭之山……其草多葌、蘪芜、芍药、芎䓖。(《中次十二经》)

▲ 图3-202　蘼芜（《金石昆虫草木状》）

郭璞注："蘪芜，似蛇床而香也。"

《尔雅·释草》云："蕲茝，蘪芜。"郭璞注："香草，叶小如萎状。"

《本草经》云："蘪芜，一名薇芜。味辛，温，无毒。治欬逆，定惊气，辟邪恶，除蛊毒，鬼疰，去三虫。久服通神。生川泽。"

《名医别录》云："蘼芜，无毒。主治身中老风，头中久风，风眩。一名江蓠，芎䓖苗也。生雍州及宛朐。四月、五月采叶，暴干。"

《本草纲目》卷一四"蘼芜"条李时珍云："蘼芜，一作蘪芜，其茎叶靡弱而繁芜，故以名之。当归名蕲，白芷名蓠。其叶似当归，其香似白芷，故有蕲茝、江蓠之名。王逸云，蓠草生江中，故曰江蓠，是也。"（图3-202、图3-203、图3-204）

尚志钧以蘪芜即伞形科植物川芎一类植物的苗叶。

▲ 图3-203　蘼芜（《各样药材图册》）

▲ 图3-204　蘼芜（《中国自然历史绘画·本草集》）

第四章

《山海经》的木类

《山海经》对于木类的描写可以分为两种情况。一种是在对某植物进行性状描写时作为类比物而被提及，如榆作为植物共出现两次：

又北三十五里，曰阴山……其中多彫棠，其叶如榆叶而方，其实如赤菽，食之已聋。（《中山首经》）

又东五十七里，曰大苦之山……有草焉，其叶如榆，方茎而苍伤，其名曰牛伤，其根苍文，服者不厥，可以御兵。（《中次七经》）

两次都是用榆叶作类比，说明榆树的叶子具有较强的区别性特征。

另一种是作为物产出现，其中部分作为物产的木类还在对某植物进行性状描写时作为类比物而被提及，如樗共出现9次——有6次是作为物产出现、有3次是作为类比物而出现。下文对作为物产的木类择要进行考察。

1.桂

《南山经》之首，曰䧿山，其首曰招摇之山，临于西海之上，多桂。(《南山首经》)

郭璞注：“桂，叶似枇杷，长二尺余，广数寸，味辛，白华，丛生山峰，冬夏常青，间无杂木。《吕氏春秋》曰：‘招摇之桂。’”

《尔雅·释木》云：“梫，木桂。”郭璞注：“今江东呼桂厚皮者为木桂。桂树叶似枇杷而大，白华，华而不着子，丛生岩岭，枝叶冬夏常青，间无杂木。”郝懿行《尔雅义疏》云：“郭以皮厚者为木桂，《本草》作‘牡桂’，牡、木音相近也。”

《说文·木部》云：“梫，桂也。”“桂，江南木，百药之长。”古人认为桂为南方之木，《山经》桂木凡两见，另一见《西山首经》中皋涂之山。

郭璞《图赞》云：“桂生南裔，拔萃岑岭。广莫熙葩，凌霜津颖。气王百药，森然云挺。”

《本草经》云：“牡桂，味辛，温，无毒。治上气欬逆、结气、喉痹、吐呕。利关节，补中益气。久服通神，轻身，不老。生南海，山谷。”

《本草经》说桂“久服通神，轻身，不老”，《列仙传》卷上记载有桂父，云：“桂父者，象林人也。色黑，而时白时黄时赤。南海人见而尊事之。常服桂及葵，以龟脑和之，千丸十斤桂。累世见之。今荆州之南尚有桂丸焉。伟哉桂父，挺直遐畿。灵葵内润，丹桂外绥。怡怡柔颜，代代同辉。道播东南，奕世莫违。”

《名医别录》云：“牡桂，无毒。主治心痛、胁风、胁痛，温筋通脉，止烦，出汗。生南海。”

《南方草木状》卷中云：“桂有三种，叶如柏叶，皮赤者为丹桂；叶似柿叶者为菌桂，其叶似枇杷叶者为牡桂。”

《埤雅》卷一四“桂”条云：“苏秦曰：‘楚国食贵于玉，薪贵于桂，谒者难见于鬼，王难见于帝。’盖桂，药之长也。凡木叶皆一脊，惟桂三脊。桂之辈三：一曰菌桂，叶似柿叶而尖滑鲜净，《蜀都赋》所谓‘菌桂临崖’者，即此桂也。二曰牡桂，叶如枇杷而大，《尔雅》所谓‘梫，木桂’者，即此桂也。菌桂无骨，正圆如竹，故此云木桂也。三曰桂，旧云叶如柏叶者，即此桂也。皆生南海山谷间，冬夏常青，故桂林、桂岭皆以桂为名也。《本草》言桂宣导百药无所畏，又云菌桂为诸药先聘通使，故《说文》以为百药之长也。《庄子》曰：‘桂可食，故伐之；漆可用，故割之。’言此皆以其能苦其生者也。”

《桂海虞衡志·志草木》云：“桂，南方奇木，上药也。桂林以桂名地，实不产，而出于宾、宜州。凡木，叶心皆一纵理，独桂有两纹，形如圭，制字者意或出此。叶味辛甘，与皮无别而加芳美，人喜咀嚼之。”

《本草纲目》卷三四“桂、牡桂”条李时珍云：“桂有数种，以今参访：牡桂，叶长如枇杷叶，坚硬有毛及锯齿，其花白色，其皮多脂。菌桂，叶如柿叶而尖狭光净，有三纵纹而无锯齿，其花有黄有白，其皮薄而卷。今商人所货，皆此二桂。但以卷者为菌桂，半卷及板者为牡桂，即自明白。”（图4-1、图4-2）

《吕氏春秋·本味》云："和之美者，阳朴之姜，招摇之桂。"招摇之桂被古人视为调味佐料的上品。

大家常见的桂花树为木樨科植物（图4-3），本文中的桂根据郭璞注为樟科植物肉桂。

肉桂（Cinnamomum cassia），亦称玉桂、牡桂、菌桂、筒桂。樟科。常绿乔木。叶革质，长椭圆形，离基三出脉。夏季开花，花小，白色，圆锥花序。果实球形，黑紫色。产于中国广东、广西、云南等地，越南、缅甸和印度尼西亚等国有栽培。木材供制家具等用。树皮含挥发油，极香。树皮入药，性大热、味辛甘，功能温肾补火、祛寒止痛，主治肾阳虚衰、阳痿、宫冷、腰膝冷痛、虚寒呕吐、脘腹冷痛、久泻、痛经、阴疽等症。嫩枝称"桂枝"，亦可入药。

◀ 图4-1　宾州菌桂（《金石昆虫草木状》）

◀ 图4–2　牡桂（《各样花图册》）

▲ 图4–3　桂花（《金石昆虫草木状》）

2. 棪（yǎn）木

又东三百里，曰堂庭之山，多棪木。（《南山首经》）

郭璞注："棪，别名速其，子似柰而赤，可食。"

《尔雅·释木》云："棪，樕其。"郭璞注："棪实似柰，赤可食。"

子、实义同。棪的果实像柰，红色，可以食用。（图4–4、图4–5）

汪绂云："柰，今林禽、苹果之类，或以为桃类，误也。"（图4–6）

《本草纲目》卷三〇"柰"条李时珍云："柰与林檎，一类二种也。树、实皆似林檎而大，西土最多，可栽可压。有白、赤、青三色。白者为素柰，赤者为丹柰，亦曰朱柰，青者为绿柰，皆夏熟。凉州有冬柰，冬熟，子带碧色。"

▲ 图4–4　柰（《金石昆虫草木状》）

▲ 图4–5　柰（《中国自然历史绘画·本草集》）

▲ 图4–6　林檎（《金石昆虫草木状》）

尚志钧疑桜为柿科植物柿树一类植物。

《名医别录》云："柿，味甘，寒，无毒。主通鼻耳气，肠澼不足。"

《救荒本草》卷七"柿树"条云："柿树，旧不载所出州土，今南北皆有之，然华山者皮薄而味甘珍，宣、歙、荆、襄、闽、广诸州但生啖，不堪为干。椑柿压丹石毒，乌柿宣、越者性温。诸柿食之皆善而益人。其树高一二丈。叶似软枣叶颇小而头微团。结实种数甚多，有牛心柿、蒸饼柿、盖柿、塔柿、蒲楪红柿、黄柿、朱柿、椑柿。其干柿，火干者谓之乌柿。诸柿味甘，性寒，无毒。救饥：摘取软熟柿食之。其柿未软者摘取，以温水醂熟食之。粗心柿不可多食，令人腹痛。生柿弥冷，尤不可多食。"

《本草纲目》卷三〇"柹"条李时珍云："柹，高树大叶，圆而光泽。四月开小花，黄白色。结实青绿色，八九月乃熟。生柹置器中自红者谓之烘柹，日干者谓之白柹，火干者谓之乌柹，水浸藏者谓之醂柹。其核形扁，状如木鳖子仁而硬坚。其根甚固，谓之柹盘。"柹、柿字同。（图4-7、图4-8）

▲ 图4-7　柿（《金石昆虫草木状》）

▲ 图4-8　柿（《中国自然历史绘画・本草集》）

柿（Diospyros kaki），柿科。落叶乔木。叶椭圆或长圆形，全缘，叶面光滑，叶背和叶柄有茸毛。花钟状，黄白色，多为雌雄同株异花。果圆或方形，色红或黄。花萼宿存。除甘柿外，果实味涩，脱涩后味甘。种子扁平。性耐寒、耐旱。一般用嫁接繁殖。原产中国，除极寒冷地区外各地均有栽培。果供生食，或制柿饼、柿酒等。树供观赏。中医学上用柿蒂与柿饼入药，柿蒂性温、味苦涩，功能下气降逆，主治呃逆、嗳气等症；柿饼炙炭，可治便血。变种野柿可提取柿漆，并作柿砧木。

3.梓、楠、荆、杞

又东四百里，曰虖勺之山，其上多梓、楠，其下多荆、杞。（《南次二经》）

郭璞注："梓，山楸也。"

梓亦见于《诗经》，《鄘风·定之方中》云："定之方中，作于楚宫。揆之以日，作于楚室。树之榛栗，椅桐梓漆，爰伐琴瑟。"

《毛诗草木鸟兽虫鱼疏》云："梓者，楸之疏理白色而生子者为梓。"（图4–9、图4–10）

《尔雅·释木》云："椅，梓。"郭璞注："即楸。"

《本草经》云："梓白皮，味苦，寒，无毒。治热，去三虫。花、叶，

▲ 图4-10 梓（《诗经名物图解》）

◀ 图4-9 梓（《毛诗品物图考》）

捣敷猪疮。饲猪，肥大三倍。生山谷。”

《名医别录》云：“梓白皮，无毒。主治目中患。生河内。又，皮主吐逆胃反，去三虫，小儿热疮，身头热烦，蚀疮。汤浴之，并封薄散敷。嫩叶，主烂疮也。”（图4–11）

▲ 图4–11 梓白皮（《金石昆虫草木状》）

《埤雅》卷一四“梓”条云：“梓为木王，盖木莫良于梓。”

《尔雅翼》卷九“梓”条云：“梓为百木长。”

《格致镜原》卷六五引《玄中记》云：“凡梓木为榲，居下则木鸣，谓之争位。”

《艺文类聚》卷八九引《大传》云：“梓者，子道也。”《太平御览》卷九五八引《汉武故事》云：“卫子夫入宫，上曰：‘吾昨夜梦子夫庭中生梓树数株，岂非天乎？’是日幸之，有娠。”

《太平御览》卷六八〇引《玄中记》云：“秦始皇时，终南公（山）有梓树，大数百围，荫宫中。始皇恶之，兴兵伐之。天辄大风雨，飞沙石，人皆疾走。至夜疮合。有一人中风雨，伤寒，不能去，留宿。夜闻有鬼来问树，言：‘秦王凶暴相伐，得不困耶？’树曰：‘来即作风雨击之，其奈吾何？’鬼又曰：‘秦王使三百人被头，以赤丝绕树伐汝，得无败乎？’树漠然无言。疾入报，秦皇案言伐断，中央有一青牛出，逐之入水。秦王因立旄头骑。”

《本草纲目》卷三五“梓”条李时珍云：“梓木处处有之。有三种：木理白者为梓，赤者为楸，梓之美纹者为椅，楸之小者为榎。诸家疏注，殊欠分明。”引苏颂云：“今近道皆有之，宫寺人家园亭亦多植之。木似桐而叶小，花紫。”

梓（Catalpa ovata），紫葳科。落叶乔木。叶3枚轮生或对生，宽卵形或圆卵形，大，3—5浅裂或全缘，无毛或微有毛。夏初开花，两唇形，淡黄色，圆锥花序顶生。蒴果细长。种子多数，扁平，两端有长毛。分布于中国东北及以南至长江流域。多栽培为行道树或遮阴树。生长较快。木材轻软、耐朽，供建筑及制家具、乐器等用材。嫩叶可食。中医学上以皮入药，称“梓白皮”，功用解热，洗疮疥。种子亦入药，能解毒利尿、止吐，治肾脏病。

郭璞注：“楠，大木，叶似桑。”

《名医别录》云：“楠材，微温。主治霍乱，吐下不止。”

《太平御览》卷九五八引《寻阳记》曰：“黄金山有楠树，一年东边荣，西边枯；后年西边荣，东边枯。年年如此。张华云‘交让树’者，此是也。”

《本草纲目》卷三四“楠”条李时珍云：“楠木生南方，而黔、蜀诸山尤多。其树直上，童童若幢盖之状，枝叶不相碍。叶似豫章，而大如牛耳，一头尖，经岁不凋，新陈相换。其花赤黄色。实似丁香，色青，不可食。干甚端伟，高者十余丈，巨者数十围，气甚芬芳，为梁栋器物皆佳，盖良材也。色赤者坚，白者脆。其近根年深向阳者，结成草木山水之状，俗呼为骰柏楠，宜作器。”（图4–12）

▲ 图4–12　楠材（《金石昆虫草木状》）

楠（Phoebe zhennan），亦称桢楠、楠木。樟科。常绿乔木。小枝有黄褐色毛。叶互生，广披针形或倒卵形，革质，下面有毛。花小，圆锥花序。核果小，卵形，宿存的花被裂片直立而紧抱果实基部。产于中国四川、重庆、云南、贵州、湖南等地。木材为建筑和制器具良材。另有滇楠（P. nanmu）、紫楠（P. sheareri）、山楠（P. chinensis）等，均称“楠木”。木材富于香气，用途同上种。

郝懿行疏：“《广雅〔·释木〕》云：‘楚，荆也。牡荆，蔓荆也。’”

《说文·艸部》云：“荆，楚木。”《说文·林部》云：“楚，一名荆也。”荆、楚为一物异名。

楚见于《诗经》（图4–13、图4–14），《周南·汉广》云：

▶ 图4–14 楚（《诗经名物图解》）

◀ 图4–13 楚（《毛诗品物图考》）

“翘翘错薪，言刈其楚。之子于归，言秣其马。汉之广矣，不可泳思。江之永矣，不可方思。”

《南方草木状》卷中云：“荆，宁浦有三种：金荆可作枕，紫荆堪作床，白荆堪作履。与他处牡荆、蔓荆全异。又彼境有杜荆，指病自愈。节不相当者，月晕时刻之，与病人身齐等，置床下，虽危困亦愈。”

《救荒本草》卷六“荆子”条云：“荆子，《本草》有牡荆实，一名小荆实，俗名黄荆。生河间、南阳、冤句山谷，并眉州、蜀州、平寿都乡高岸及田野中，今处处有之，即作箠杖者。作科条生，枝茎坚劲，对生枝叉。叶似麻叶而疏短；又有叶似棕叶而短小，却多花叉者。开花作穗，花色粉红，微带紫。结实大如黍粒而黄黑色。味苦，性温，无毒。防风为之使，恶石膏、乌头。陶隐居《登真隐诀》云：‘荆木之华叶通神，见鬼精。’救病（饥）：采子，换水浸淘去苦味，晒干，捣磨为面食之。”

《本草纲目》卷三六“牡荆”条李时珍云：“古者刑杖以荆，故字从刑。其生成丛而疏爽，故又谓之楚（从林，从疋，疋即疏字也），济楚之义取此。荆楚之地，因多产此而名也。”又云：“牡荆处处山野多有，樵采为薪。年久不樵者，其树大如碗也。其木心方，其枝对生，一枝五叶或七叶。叶如榆叶，长而尖，有锯齿。五月杪间开花成穗，红紫色。其子大如胡荽子，而有白膜皮裹之。”

郭郛以荆为黄荆及其变种荆条。《本草纲目》以牡荆和黄荆为同物异名，卷三六“牡荆”条引苏颂云：“牡荆，今眉州、蜀州及近汴京亦有之，俗名黄荆是也。”

黄荆（Vitex negundo），亦称黄荆条。马鞭草科。落叶灌木，小枝方形，密被灰白色茸毛。掌状复叶对生，通常有小叶5枚，小叶片卵状披针形，背面被灰白色交织茸毛。夏季开花，圆锥花序，花淡紫色或淡蓝色，两唇形，密被柔毛。中国各地都有分布，印度、日本、朝鲜半岛也有分布。花和枝叶可提取芳香油；种子可榨油，也供药用；茎皮可供编织等用。

郭璞注："杞，苟杞也，子赤。"

杞亦见于《诗经》，《小雅·四牡》云："翩翩者鵻，载飞载止，集于苞杞。王事靡盬，不遑将母。"

毛传："杞，枸檵也。"

《毛诗草木鸟兽虫鱼疏》云："杞，其树如樗，一名苦杞，一名地骨，春生作羹茹，微苦。其茎似莓，子秋熟正赤。茎叶及子服之，轻身益气。"（图4-15、图4-16）

《尔雅·释木》云："杞，枸檵。"郭璞注："今枸杞也。"

《本草经》云："枸杞，一名杞根，一名地骨，一名枸忌，一名地辅。味苦，寒，无毒。治五内邪气、热中、消渴、周痹。久服坚筋骨，轻身，不老。生平泽及诸丘陵阪岸。"

《名医别录》云："枸杞，根大寒，子微寒，无毒。主治风湿，下胸胁气，客热头痛，补内伤，大劳、嘘吸，坚筋骨，强阴，利大小肠。久服耐寒暑。一名羊乳，一名却暑，一名仙人杖，一名西王母杖。生常山及诸丘陵阪岸上。冬采根，春夏采叶，秋采茎实，阴干。"

▼ 图4-15 杞（《毛诗品物图考》）

▲ 图4-16 杞（《诗经名物图解》）

《救荒本草》卷六“枸杞”条云：“枸杞，一名杞根，一名枸忌，一名地辅，一名羊乳，一名却暑，一名仙人杖，一名西王母杖，一名地仙苗，一名托卢，或名天精，或名却老，一名枸檵，一名苦杞，俗呼为甜菜子。根名地骨。生常山平泽，今处处有之。其茎干高三五尺，上有小刺。春生苗，叶如石榴叶而软薄。茎叶间开小红紫花。随便结实，形如枣核，熟则红色，味微苦，性寒。根大寒。子微寒，无毒；一云味甘平，白色无刺者良……救饥：采叶煠熟，水淘净，油盐调食、作羹食皆可。子红熟时亦可食。若渴，煮叶作饮，以代茶饮之。”

《本草纲目》卷三六“枸杞、地骨皮”条引苏颂云：“今处处有之。春生苗，叶如石榴叶而软薄堪食，俗呼为甜菜。其茎干高三五尺，作丛。六月、七月生小红紫花。随便结红实，形微长如枣核。其根名地骨。”（图4-17、图4-18）

◀ 图4-17　茂州枸杞（《金石昆虫草木状》）

▶ 图4-18　枸杞子（《中国自然历史绘画·花鸟画谱》）

枸杞（Lycium chinense），茄科。多年生小灌木。茎丛生，有短刺或无。叶卵形或披针形。夏秋开淡紫色花。浆果卵圆形，红色。中国各地均有野生，甘肃、宁夏、青海、陕西、河北、广东等地栽培较多。嫩茎、叶作蔬菜。中医学上以果实（枸杞子）、根皮（地骨皮）入药。枸杞子性平、味甘，功能补肾益精、养肝明目，主治目眩昏暗、肾虚腰痛等症。地骨皮功能清虚热、凉血，主治虚劳发热、盗汗、咯血等症。

4. 白䓘（gāo）

又东三百七十里，曰仑者之山……有木焉，其状如穀而赤理，其汁如漆，其味如饴，食者不饥，可以释劳，其名曰白䓘，可以血玉。(《南次三经》)

再往东三百七十里，就是仑者山。山中有一种树，样子像穀树，却有红色的纹理，树身流出像漆一样的汁液，味道如同糖，吃了它，就不会饥饿，还可以消除忧愁。树的名字叫白䓘，还可以用它来给玉染色。

郭璞《图赞》云："白䓘皋苏，其汁如饴。食之辟谷，味有余滋。逍遥忘劳，穷生尽期。"

郭璞注："或作'睾苏'。睾苏一名白䓘，见《广雅》。"

《广雅·释草》云："薹苏，白䓘也。"王引之《疏证》云："白䓘木名，而入《释草》者，《方言》云：'苏、芥，草也。'白蓉草类，故一名皋苏，特其状如穀而赤理，因又以为木耳。'仑者之山有木焉，其状如穀而赤理，其名曰白蓉。'犹《中山经》：'蔓山有木焉，其状如棠而赤叶，名曰芒草。'虽以为木，仍是草类。蓴、苏、蓉三字皆从艸，足以明之矣。《玉篇》云：'白蓉草，食之不饥。'亦与《广雅》同。《艺文类聚》引张协《都蔗赋》云：'皋苏妙而不逮，何况沙棠与椰实。'皋苏味如饴，故以比甘蔗也。高诱注《淮南·精神训》云：'劳，忧也。'蓴苏解忧忿，故曰可以释劳。《初学记》引王朗《与魏太子书》云：'奉读欢笑，以藉饥渴，虽复萱草忘忧，皋苏释劳，无以加也。'应玚《报庞惠恭书》云：'虽萱草树背，皋苏在侧，悒忿不逞，祇以增毒。'徐陵《玉台新咏·序》云：'代彼萱苏，蠲兹愁疾。'皆其证也。"

郝懿行疏："《广雅》云：'蓴苏，白蓉也。'在《释草篇》，此言木者，虽名为木，其实草也，正如竹之为属，亦草亦木矣。"

尚志钧疑皋苏或为藜科植物甜菜一类植物。（图4-19、图4-20）

甜菜（Beta vulgaris），亦称萘菜。藜科。二年生草本。按食用的器官和用途，分糖甜菜、根萘菜、叶萘菜等。

郭郛以蓉即甘藷，亦即甘薯。《南方草木状》卷上云："甘藷，盖薯蓣之类，或曰芋之类。根叶亦如芋，实如拳，有大如瓯者。皮紫而肉白，蒸煮食之，味如薯蓣。性不甚冷。旧珠崖之地，海中之人皆不业耕稼，惟掘地种甘藷，秋熟收之，蒸晒切如米粒，仓圌贮之，以充粮糗，是名藷粮。北方人至者，或盛具牛豕脍炙，而末以甘藷荐之，若粳粟

▲ 图4-19 菾菜（《金石昆虫草木状》）

▲ 图4-20 菾菜（《中国自然历史绘画·本草集》）

然。大抵南人二毛者，百无一二。惟海中之人寿百余岁者，由不食五谷，而食甘藷故尔。”

甜薯（Dioscorea esculenta），亦称甘薯。薯蓣科。多年生缠绕草质藤本。有卵圆形块茎，每株5—10个或更多。叶互生，宽心形，叶柄基部有刺。初夏开花，花单性，穗状花序单生。蒴果三棱形；种子圆形，有翅。野生和栽培，分布于亚洲东南部；中国广东、海南、台湾、广西及云南有栽培。块茎供食用。

▲ 图4–21 乌臼（《金石昆虫草木状》）

▲ 图4–22 乌臼木（《中国自然历史绘画·本草集》）

无论是甜菜还是甘薯，都是草类，经文明云“有木焉”，则此应当是木类。毕沅注：“《说文》：‘棓，木也。读若皓。’疑即此。‘蓉’非古字。”其可能是正确的。

《说文解字义证》“棓”字引戴侗《六书故》云：“棓，膏物也，叶如皂蹼，遇霜则丹，其实外膏可为烛，其核中油可然镫，亦名乌臼。”

《本草纲目》卷三五“乌桕木”条李时珍云：“乌桕，乌喜食其子，因以名之。”又云：“南方平泽甚多。今江西人种植，采子蒸煮，取脂浇烛货之。子上皮脂，胜于仁也。”（图4–21、图4–22）

乌桕（Sapium sebiferum），大戟科。落叶乔木，高可达15米。叶互生，菱状卵形，全缘，羽状脉。夏季开花，黄色，单性，总状花序顶生。蒴果球形，3裂。种子3颗，外被白色蜡质。产于中国山东以南各地。喜光，喜湿，在酸性土、微钙质土和微盐碱性土上均能生长。由种壳外层取得的桕脂（皮油）及种仁榨得的梓油（青油）均可供工业用；木材细致，供细木工及雕刻工艺品等用；树形优美，秋叶红色，为重要的绿化树种。

5. 文茎

又西八十里，曰符禺之山……其上有木焉，名曰文茎，其实如枣，可以已聋。(《西山首经》)

再往西八十里，就是符禺山。山上有一种树，名叫文茎，它的果实像枣子，可以用来治疗耳聋。

吕调阳注："文茎，《本草》名山茱萸，一名蜀酸枣。《别录》云：'生汉中山谷，一名魃实，主耳聋也。'"

《本草经》云："山茱萸，一名蜀枣。味酸，平，无毒。治心下邪气，寒热，温中，逐寒湿痹，去三虫。久服轻身，生山谷。"

《名医别录》云："山茱萸，微温、无毒。主治肠胃风邪、寒热、疝瘕、头脑风、风气去来、鼻塞、目黄、耳聋、面疱，温中下气，出汗，强阴，益精，安五脏，通九窍，止小便利。久服明目，强力，长年。一名鸡足，一名思益，一名寇实。生汉中及琅邪、宛朐、东海承县。九月、十月采实，阴干。"

《救荒本草》卷六"实枣儿树"条云："实枣儿树，《本草》名山茱萸，一名蜀枣，一名鸡足，一名魃实，一名鼠矢。生汉中川谷及琅琊冤句、东海承县、海州，今钧州密县山谷中亦有之。木高丈余。叶似榆叶而宽，稍团，纹脉微粗。开淡黄白花。结实似酸枣大，微长，两头尖艄，色赤，既干则皮薄味酸。性平，微温，无毒；一云味咸辛，大热。蓼实为之使，恶桔梗、防风、防己。救饥：摘取实枣红熟者食之。"

《本草纲目》卷三六“山茱萸”条引苏颂云：“叶如梅，有刺毛。二月开花如杏。四月实如酸枣，赤色。五月采实。”（图4–23、图4–24、图4–25）

山茱萸（Cornus officinale），山茱萸科。落叶灌木或小乔木。枝黑褐色。叶对生，狭卵形，下面沿侧脉及脉腋有黄褐色毛。早春先叶开花，花黄色，伞形花序。核果椭圆形，红色。

▲ 图4–23 海州山茱萸（《金石昆虫草木状》）

▲ 图4–24 山茱萸（《各样药材图册》）

产于中国及朝鲜半岛，偶见于日本。多栽培供观赏。果有入药，称“山萸肉”，性质温、味酸涩，功能温补肝肾、固涩精气，主治腰膝酸痛、眩晕耳鸣、阳痿遗精、小便频数等症。

尚志钧以文茎为甘枣。郭郛以文茎为无刺枣。（图4-26）

▲ 图4-25　海州山茱萸（《中国自然历史绘画·植物画谱》）

▲ 图4-26　大枣（《金石昆虫草木状》）

▲ 图4–27　棕榈（《金石昆虫草木状》）

6. 棕

又西六十里，曰石脆之山，其木多棕、楠。（《西山首经》）

郭璞注："棕，树高三丈许，无枝条。叶大而员，岐生梢头。实，皮相裹，上行，一皮者为一节，可以为绳。一名栟榈。"

《本草纲目》卷三五"棕榈"条李时珍云："棕榈，川、广甚多，今江南亦种之，最难长。初生叶如白及叶，高二三尺则木端数叶大如扇，上耸，四散歧裂，其茎三棱，四时不凋。其干正直无枝，近叶处有皮裹之，每长一层即为一节。干身赤黑，皆筋络，宜为钟杵，亦可旋为器物。其皮有丝毛，错纵如织，剥取缕解，可织衣、帽、褥、椅之属，大为时利。每岁必两三剥之，否则树死，或不长也。三月于木端茎中出数黄苞，苞中有细子成列，乃花之孕也，状如鱼腹孕子，谓之棕鱼，亦曰棕笋。渐长出苞，则成花穗，黄白色。结实累累，大如豆，生黄熟黑，甚坚实。"（图4–27、图4–28）

棕榈（Trachycarpus fortunei），亦称棕树。棕榈科。常绿乔木。干直立，为叶鞘形成的棕衣所包。叶大，集生干顶，掌状深裂，叶柄有细刺。夏初开花，肉穗花序生于叶间，具佛焰苞，黄色。核果近球形，淡蓝黑色，有白粉。分布于中国秦岭以南各地。棕衣可制绳索、毛刷、地毡、蓑笠、床垫等。又为观赏树。叶柄基部的棕毛入药，性平味苦涩，能收涩止血，主治吐血、崩漏、便血、下痢等症。

▲ 图4–28 棕榈（《各样药材图册》）

7.杻（niǔ）、橿（jiāng）

又西七十里，曰英山，其上多杻、橿。（《西山首经》）

郭璞注：“杻，似棣而细叶，一名土橿。”

杻亦见于《诗经》，《唐风·山有枢》云：“山有栲，隰有杻。子有廷内，弗洒弗扫。子有钟鼓，弗鼓弗考。宛其死矣，他人是保。”

毛传：“杻，檍也。”

《毛诗草木鸟兽虫鱼疏》云：“杻，檍也。叶似杏而尖，白色，皮正赤，为木多曲少直，枝叶茂好，二月中叶疏。华如楝而细，蕊正白。盖此树，今官园种之，正名曰万岁，既取名于亿万，其叶又好，故种之。共汲山下，人或谓之牛筋，或谓之檍，材可为弓弩干也。”（图4-29、图4-30）

《尔雅·释木》云：“杻，檍。”郭璞注：“似棣，细叶。叶新生可饲牛，材中车辋。关西呼杻子，一名土橿。”

尚志钧疑杻或为椴树科植物糠椴一类植物。

郭璞注：“橿，木中车材。”

尚志钧疑橿为山毛榉科植物橿子树一类植物。

▼ 图4-29 杻（《毛诗品物图考》）

▲ 图4-30 杻（《诗经名物图解》）

8. 棫（yú）

又西七十里，曰牏次之山……其上多棫。(《西山首经》)

郭璞注："棫，白桵也。"

棫亦见于《诗经》，《大雅·绵》云："柞棫拔矣，行道兑矣。混夷駾矣，维其喙矣。"

《尔雅·释木》云："棫，白桵。"郭璞注："桵，小木，丛生，有刺，实如耳珰，紫赤，可啖。"《尔雅注证》云："扁核木、单花扁核木（Prinsepia uniflora），蔷薇科，又名白蕤、白桵、蕤李子、山桃、马茹、棫、桵、蕤。落叶灌木，茎多分枝，花白色，核果球形，外被蜡质白粉。可食，入药，名蕤仁，白桵仁。"

《本草纲目》卷三六"蕤核"条李时珍云："《尔雅》'棫，白桵'即此也。其花实蕤蕤下垂，故谓之桵，后人作蕤。柞木亦名棫而物异。"引韩保升云："今出雍州。树生，叶细似枸杞而狭长，花白。子附茎生，紫赤色，大如五味子。茎多细刺。五月、六月熟，采实日干。"

《本草经》云："蕤核，味甘，温，无毒。治心腹邪结气，明目，目赤痛伤，泪出。久服轻身，益气，不饥。齆鼻。生川谷。"

《名医别录》云："蕤核，微寒，无毒。主治目肿眦烂，齆鼻，破心下结痰痞气。生函谷及巴西。七月采实。"

《救荒本草》卷六"蕤核树"条云："蕤核树，俗名蕤李子。生函谷川谷，及巴西、河东皆有，今古崤关西茶店山谷间亦有之。其木高四五尺，枝条有刺。叶细似枸杞叶而尖长，又似桃叶而狭小，亦薄。花开白色。结子红紫色，附枝茎而生，状类五味子。其核仁味甘、性温、微寒、无毒。其果味甘酸。救饥：摘取其果红紫色熟者食之。”（图4-31、图4-32）

▲ 图4-31　并州蕤核（《金石昆虫草木状》）

▲ 图4-32　并州蕤核（《中国自然历史绘画·植物画谱》）

9. 榖（gǔ）、柞（zuò）

又西百八十里，曰大时之山，上多榖、柞。（《西山首经》）

▲ 图4–33 榖（《毛诗品物图考》）

榖亦见于《诗经》，《小雅·鹤鸣》云："鹤鸣于九皋，声闻于天。鱼在于渚，或潜在渊。乐彼之园，爰有树檀，其下维榖。他山之石，可以攻玉。"

毛传："榖，恶木也。"

《毛诗草木鸟兽虫鱼疏》云："榖，幽州人谓之榖桑，或曰楮桑，荆、扬、交、广谓之榖，中州人谓之楮，殷中宗时'桑榖共生'是也。今江南人绩其皮以为布，又捣以为纸，谓之榖皮纸，长数丈，洁白光辉，其里甚好。其叶初生，可以为茹。"（图4–33、图4–34）

《西次二经》鸟危之山，"其阴多檀、楮"，郭璞注："楮，即榖木。"《说文·木部》云："楮，榖也。"

《名医别录》云："楮实，味甘，寒，无毒。主治阴痿水肿，益气，充肌肤，明目。久服不饥，不老，轻身。生少室山。一名榖实，所在有之。八月、九月采实，日干，四十日成。叶，味甘，无毒。主治小

▶ 图4–34 榖（《诗经名物图解》）

▲ 图4–35　滁州楮实（《金石昆虫草木状》）

儿身热，食不生肌，可作浴汤。又治恶疮，生肉。树皮，主逐水，利小便。茎，主隐疹痒，单煮洗浴。其皮间白汁疗癣。”（图4–35）

《救荒本草》卷六“楮桃树”条云：“楮桃树，《本草》名楮实，一名榖实。生少室山，今所在有之。树有二种，一种皮有斑花纹，谓之斑榖，人多用皮为冠；一种皮无花纹，枝叶大相类。其叶似葡萄叶作瓣叉，上多毛涩而有子者为佳。其桃如弹大，青绿色，后渐变深红色乃成熟，浸洗去穰，取中子入药。一云皮斑者是楮；皮白者是榖，皮可作纸。实味甘，性寒；叶味甘，性凉，俱无毒。救饥：采叶并楮桃带花煠烂，水浸过握干，作饼焙熟食之。或取树熟楮桃红蕊，食之甘美，不可久食，令人骨软。”

《本草纲目》卷三六“楮”条李时珍云：“按许慎《说文》言，楮、榖乃一种也，不必分别，惟辨雌雄耳。雄者皮斑而叶无桠叉，三月开花成长穗，如柳花状，不结实，歉年人采花食之。雌者皮白而叶有桠叉，亦开碎花，结实如杨梅，半熟时水澡去子，蜜煎作果食。二种树并易生，叶多涩毛。南人剥皮捣煮造纸，亦缉练为布，不坚易朽。裴渊《广州记》言：蛮夷取榖皮熟捶为揭里

罽布，以拟毡，甚暖也。其木腐后生菌耳，味甚佳好。”（图4–36）

尚志钧以穀即楮树，为桑科植物构树。（图4–37）

构树（Broussonetia papyrifera），桑科。落叶乔木，高可达16米。一年生，枝密被灰色粗毛。叶卵形，全缘或缺裂，上面暗绿色，被硬毛；下面灰绿色，密被长柔毛。初夏开淡绿色小花，雌雄异株，雄柔荑花序下垂，雌花序球形。果序圆球形，橘红色。产于中国黄河流域及以南各地区。适应性强，喜光，耐烟尘，抗大气污染。木材供器具、家具、薪炭等用。叶可喂猪，又可用为农药。皮为优质造纸原料。可作工矿区绿化树种。

郭璞注：“柞，栎。”

▼ 图4–37　苟树（《各样药材图册》）

◀ 图4–36　楮（《中国药用本草绘本》）

▲ 图4–38　柞（《毛诗品物图考》）

▲ 图4–39　柞（《诗经名物图解》）

柞亦见于《诗经》（图4–38、图4–39），《小雅·采菽》云：“维柞之枝，其叶蓬蓬。乐只君子，殿天子之邦。乐只君子，万福攸同。平平左右，亦是率从。”

《太平御览》卷九五八引《西京杂记》云：“五柞宫有五柞树，皆连抱。五株树枝，覆荫数十亩。”

柞木有两种，一种见于《本草纲目》卷三六“柞木”条，又称凿子木，李时珍云：“此木坚韧，可为凿柄，故俗名凿子木。方书皆作柞木，盖昧此义也。柞乃橡栎之名，非此木也。”又云：“此木处处山中有之，高者丈余。叶小而有细齿，光滑而韧。其木及叶丫皆有针刺，经冬不凋。五月开碎白花，不结子。其木心理皆白色。”（图4–40、图4–41）

柞木（Xylosma racemosum），亦称蒙子树、凿子树、冬青。大风子科。常绿灌木或小乔木，生棘刺。叶卵形或长椭圆状卵形，有锯齿。初秋开花，雌雄异株，花小，无花瓣，萼片黄白色，短总状花序。浆果小球形，黑色。产于中国西部、中部至东南部，日本和朝鲜半岛亦有分布。木材坚硬，供制家具等用。又为绿化树。

另外一种见于《本草纲目》卷三〇“橡实”条引苏颂云：“橡实，栎木子也。所在山谷皆有。木高二三丈。

三四月开花黄色，八九月结实。其实为皂斗，棆、栎皆有斗，而以栎为胜。”（图4–42）

《诗经》中的柞为壳斗科的麻栎。《山海经》中的柞，郭璞注为“栎”，也是麻栎，参见下文“栎”条。

▲ 图4–40 柞木（《金石昆虫草木状》）

▲ 图4–41 柞木（《中国自然历史绘画·植物画谱》）

▲ 图4–42 柞木树（《各样药材图册》）

10. 檀（tán）

西南二百里，曰鸟危之山，其阳多磬石，其阴多檀。（《西次二经》）

檀亦见于《诗经》，《郑风·将仲子》云：“将仲子兮，无逾我园，无折我树檀。岂敢爱之，畏人之多言。仲可怀也，人之多言，亦可畏也。”

毛传：“檀，强韧之木。”

《毛诗草木鸟兽虫鱼疏》云：“檀木，皮正青滑泽，与系迷相似。又似驳马，驳马，梓榆，其树皮青白驳荦，遥视似马，故谓之驳马。故里语曰：‘斫檀不谛得系迷，系迷尚可得驳马。’系迷一名挈榼，故齐人谚曰：‘上山斫檀，挈榼先殚。’”（图4–43）

▲ 图4–43　檀（《诗经名物图解》）

《尔雅·释木》云：“魄，榽橀。”郭璞注：“魄，大木细叶，似檀。今江东多有之。齐人谚曰：‘上山斫檀，榽橀先殚。’”

《救荒本草》卷五“檀树芽”条云：“檀树芽，生密县山野中。树高一二丈。叶似槐叶而长大。开淡粉紫花。叶味苦。救饥：采嫩芽叶煠熟，换水浸去苦味，淘洗净，油盐调食。”

《本草纲目》卷三五“檀”条李时珍云：“檀有黄、白二种，叶皆如槐，皮青而泽，肌细而腻，体重而坚，状与梓榆、荚蒾相似。”

尚志钧认为檀似是豆科植物各种檀，如黄檀等一类植物。（图4–44）

郭郛以檀即青檀，别称檀树。

《救荒本草》卷六“青檀树”条云：“青檀树，生中牟南沙岗间。其树枝条有纹，细薄。叶形类枣叶，微尖艄，背白而涩；又似白辛树叶微小。开白花。结青子，如梧桐子大。叶味酸涩，实味甘酸。救饥：采叶煠熟，水浸淘去酸味，油盐调食。其实成熟，亦可摘食。”

▲ 图4–44　黄檀（《各样药材图册》）

11. 椶（jì）、豫章

又西四百里，曰底阳之山，其木多椶、柟、豫章。（《西次二经》）

郭璞注：“椶，似松，有刺，细理。”

经文“椶”，元钞本作“棕”，此经“柟”多与“棕”字连文，疑作“棕”字是，今本注文疑为后人据误本而作。

《说文·木部》云：“楔，细理木也。”

尚志钧以楔为杉科植物杉木一类植物。

《名医别录》云：“杉材，微温，无毒。主治漆疮。”（图4–45）

▲ 图4–45　杉材（《金石昆虫草木状》）

《太平御览》卷九五七引刘欣期《交州记》云：“合浦东二百里，有一杉树，叶落，随风入洛阳城内。汉时，善相者云：‘此休征，当出王者。’故遣千人伐树，役夫多死。三百人坐断株上食，过足相容。”

《本草纲目》卷三四“杉”条引苏颂云：“杉材旧不著所出州土，今南中深山多有之。木类松而劲直，叶附枝生，若刺针。”（图4–46）

杉木（Cunninghamia lanceolata），亦称沙木。杉科。常绿乔木，高可达30米以上。叶基部扭转成2列，线状披针形，有锯齿。球果圆卵形，当年成熟，每种鳞有种子3粒。种子扁，近圆形，两侧有翅。产于中国长江流域及以南各地，多人工林。喜光，喜湿润气候和酸性肥沃土壤，生长快。木材色白或淡黄，木纹平直，结构细致，易加工，能耐朽，受白蚁蛀食的危害较少，供建筑、造船、造纸等用材。树皮可提制纤维，树皮、根、叶可入药。为中国重要用材树种。

郭郛以樱为刺松，或为水松。

水松（Glyptostrobus pensilis），杉科。落叶乔木。有屈膝状呼吸根。小枝有一年生和多年生两型，一年生的到冬季和叶同脱落。叶互生，在苗枝上的呈针形或线形，老枝上的呈鳞形。雌雄同株。球果卵形或长椭圆形，种鳞约20枚，脱落性，各有两种子。为中国特产植物，分布于广东、福建、江西、广西、四川、云南等地。为国家二级保护植物。常生河畔池边。

▲ 图4-46　杉（《中国药用本草绘本》）

郭璞注：“豫章，大木，似楸，叶冬夏青，生七年而后可知也。”

《慧琳音义》卷一六“豫樟”条引《南中异物志》云：“生七年方知，若作船，必与龙斗。”

《神异经·东荒经》云：“东方荒外有豫章焉。此树主九州，其高千丈，围百尺。本上三百丈，本如有条枝，敷张如帐，上有玄狐黑猿。枝主一州，南北并列，面向西南。有九力士操斧伐之，以占九州吉凶。斫之复生，其州有福。创者，州伯有病。积岁不复者，其州灭亡。”

《本草纲目》卷三四李时珍分“豫章”为二木名，“豫”即“钓樟”，“章”即“樟”，“樟”条云：“西南处处山谷有之。木高丈余。小叶似楠而尖长，背有黄赤茸毛，四时不凋。夏开细花，结小子。木大者数抱，肌理细而错纵有纹，宜于雕刻，气甚芬烈。豫、章乃二木名，一类二种也。”

尚志钧以豫章为樟科植物樟树一类植物（图4–47）。郭郛以豫章即钓樟，又名大叶钓樟（图4–48）。

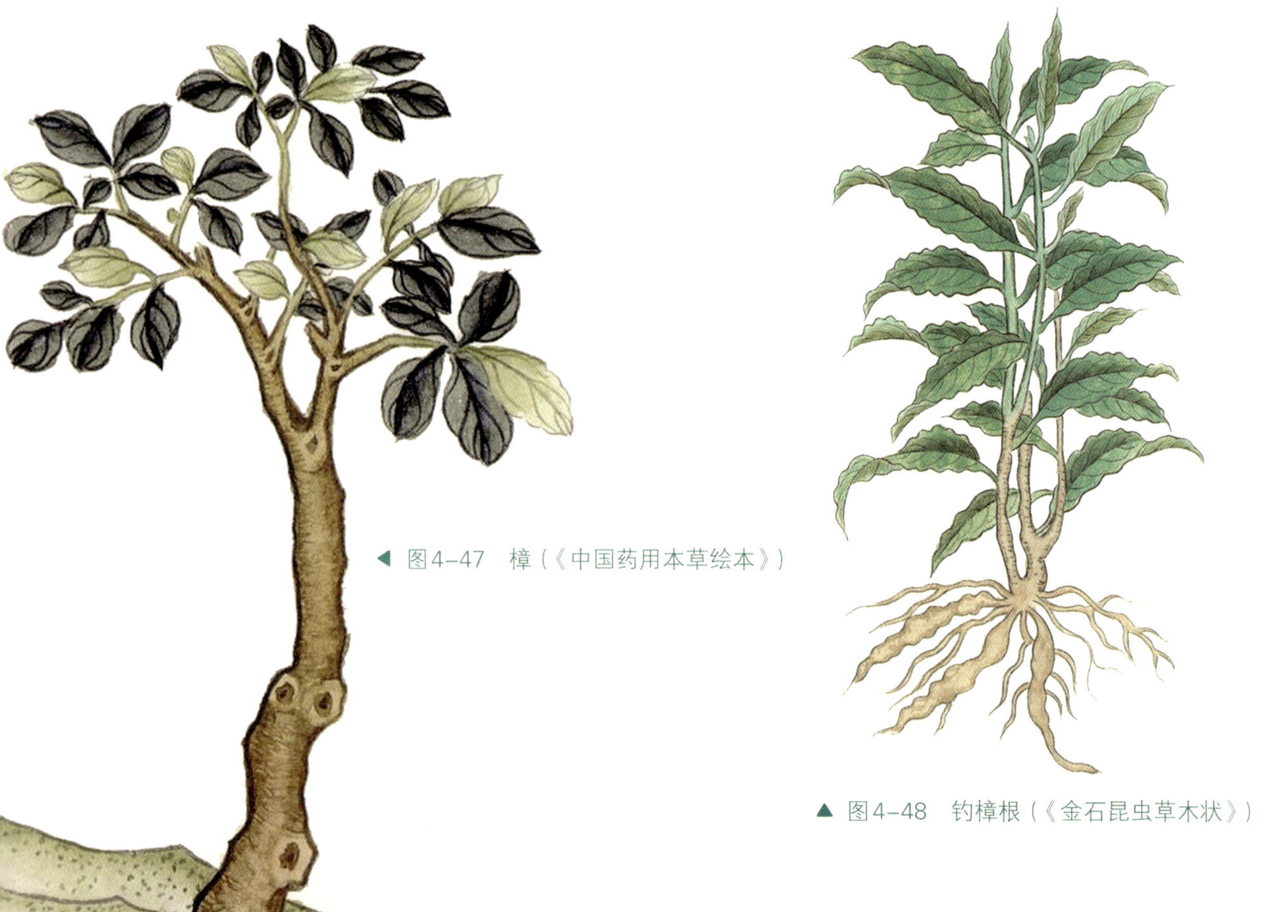

◀ 图4–47　樟（《中国药用本草绘本》）

▲ 图4–48　钓樟根（《金石昆虫草木状》）

樟（Cinnamomum camphora），亦称香樟、樟树。樟科。常绿乔木。叶互生，卵形，上面光亮，下面稍灰白色，离基三出脉，脉腋有腺体。初夏开花，花小，黄绿色，圆锥花序。核果小球形，紫黑色，基部有杯状果托。广布于中国长江以南各地，以台湾为最多。全株有樟脑香气，可提取樟脑和樟油。木材坚硬美观，宜制家具、箱子。又为绿化树、行道树。

白居易《寓意诗五首》之一云：

豫樟生深山，七年而后知。
挺高二百尺，本末皆十围。
天子建明堂，此材独中规。
匠人执斤墨，采度将有期。
孟冬草木枯，烈火燎山陂。
疾风吹猛焰，从根烧到枝。
养材三十年，方成栋梁姿。
一朝为灰烬，柯叶无孑遗。
地虽生尔材，天不与尔时。
不如粪土英，犹有人掇之。
已矣勿重陈，重陈令人悲。
不悲焚烧苦，但悲采用迟。

12.丹木

又西北四百二十里，曰峚山，其上多丹木，员叶而赤茎，黄华而赤实，其味如饴，食之不饥。丹水出焉，西流注于稷泽，其中多白玉，是有玉膏，其原沸沸汤汤，黄帝是食是飨。是生玄玉，玉膏所出，以灌丹木。丹木五岁，五色乃清，五味乃馨。黄帝乃取峚山之玉荣，而投之钟山之阴阳。瑾瑜之玉为良，坚栗精密，浊泽而有光。五色发作，以和柔刚。天地鬼神，是食是飨。君子服之，以御不祥。(《西次三经》)

再向西北四百二十里，就是峚山。山上多生丹木，圆形的叶子，红色的茎干，开黄色的花朵，结红色的果实，果实味道如同糖一样，吃了它可以不饥饿。丹水从这座山发源，向西流入稷泽，丹水中多产白玉。山中还出产液体的玉膏，玉膏的源头沸腾奔涌，黄帝就取玉膏来服食享用。玉膏中又生出黑玉来。玉膏流出来，正好灌溉丹木。丹木生长五年之后，颜色更加五彩斑斓、鲜艳夺目，并且散发出各种芳香的气息，沁人心脾。黄帝于是采撷峚山上的玉花，作为玉的种子投放到钟山的北面和南面。所有的玉里面，瑾瑜玉是最好的，质地坚实细密，温润而有光泽，五种颜色的符彩发作起来互相辉映，显得刚柔相济，非常谐和。天地间的鬼神都拿玉来服食享用。君子佩带玉可以防御不祥之物的侵害。

尚志钧疑丹木为豆科植物甘草一类植物。

《本草经》云："甘草，一名美草，一名蜜甘。味甘，平，无毒。治五脏六腑寒热邪气。坚筋骨，长肌肉。倍力，金疮，尰，解毒。久服轻身，延年。生川谷。”

《名医别录》云：“甘草，无毒。主温中，下气，烦满，短气，伤脏，咳嗽，止渴，通经脉，利血气，解百药毒，为九土之精，安和七十二种石，一千二百种草。一名蜜甘，一名美草，一名蜜草，一名蕗。生河西积沙山及上郡。二月、八月除日采根，暴干。十日成。”

《本草纲目》卷一二“甘草”条引苏颂云：“今陕西、河东州郡皆有之。春生青苗，高一二尺，叶如槐叶，七月开紫花似柰冬，结实作角子如毕豆。根长者三四尺，粗细不定，皮赤色，上有横梁，梁下皆细根也。采得去芦头及赤皮，阴干用。今甘草有数种，以坚实断理者为佳。其轻虚纵理及细韧者不堪，惟货汤家用之。”（图4–49、图4–50）

甘草（Glycyrrhiza uralensis），亦称甜草。豆科。多年生草本，主根甚长。奇数羽状复叶。夏季开花，花冠蝶形，紫色，总状花序。荚果狭长椭圆形，弯曲成镰刀状或环状，有褐色腺状刺。生干燥草原及向阳山坡。产于中国东北、西北和华北。另种光果甘草（G. glabra），荚果不弯曲或稍弯曲，无腺状刺。原产地中海地区以及哈萨克斯坦、俄罗斯等国，中国新疆、青海、宁夏、陕西、甘肃亦有分布。两种的根状茎均入药，性平、味甘，功能缓中补虚、泻火解毒、调和诸药，炙用治脾胃虚弱、肺虚咳嗽等症；生用治咽痛、痈疽肿毒、小儿胎毒等症。据研究，甘草有肾上腺皮质激素样的作用，可治慢性

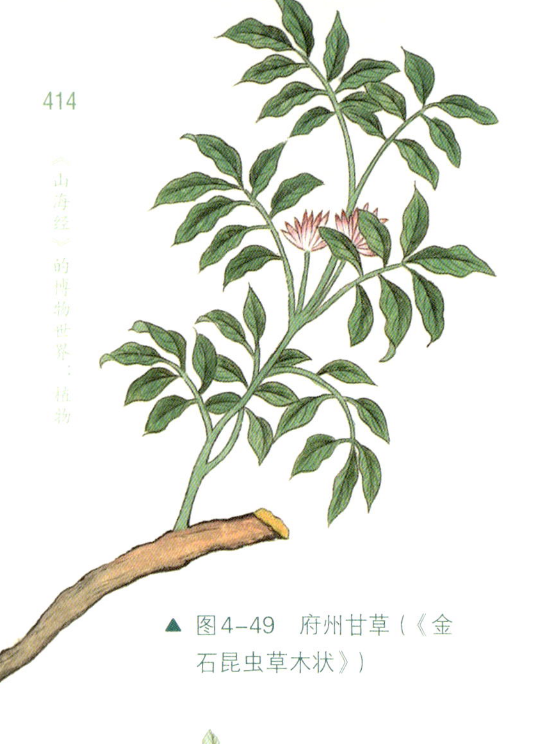

▲ 图4-49　府州甘草（《金石昆虫草木状》）

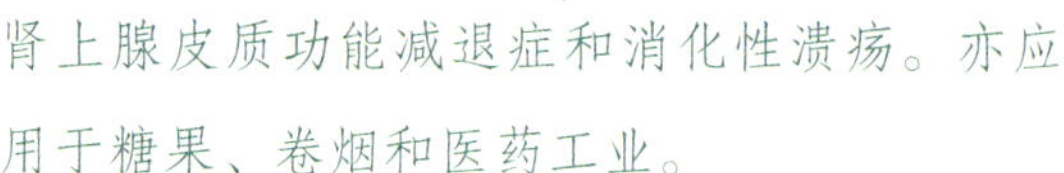

肾上腺皮质功能减退症和消化性溃疡。亦应用于糖果、卷烟和医药工业。

郭郛以丹木为槭树。

槭，槭树科，槭树属（Acer）植物的泛称，俗称“枫”。中国有140余种。主要特征为具对生叶和双翅果。中国各地均有分布，以长江流域及西南地区为多。较著名的如鸡爪槭、元宝槭（A. truncatum），后者亦称平基槭，叶掌状5裂，基脚常截齐，见于中国北部。三角槭（A.buergerianum），亦称三角枫，叶常3裂，见于中国中部、东部至日本。白牛槭（A. mandshuricum）及三花槭（A. triflorum）均为复叶，小叶3枚，分布于中国东北至朝鲜半岛，为当地林区中重要阔叶树种。此类大多数木材坚实，可供建筑及制家具。

◀ 图4-50　甘草（《各样药材图册》）

丹木为神话植物，多半是出于想象，未必有现实植物作为原型。

陶渊明《读山海经十三首》之四云：

丹木生何许，乃在峚山阳。
黄华复朱实，食之奉命长。
白玉凝素液，瑾瑜发奇光。
岂伊君子宝，见重我轩黄。

13. 沙棠

西南四百里，曰昆仑之丘……有木焉，其状如棠，黄华赤实，其味如李而无核，名曰沙棠，可以御水，食之使人不溺。(《西次三经》)

向西南四百里，就是昆仑丘……山中还有一种树，样子像棠，开黄色的花朵，结红色的果实，果实味道像李子却没有果核，名叫沙棠，可以防御水的侵害，吃了它可以使人不溺水。

郭璞注："言体浮轻也。沙棠为木，不可得沉。《吕氏春秋》曰：'果之美者，沙棠之实。'《铭》曰：'安得沙棠，刻以为舟。泛彼沧海，以遨以游。'"

《本草纲目》卷三一"沙棠果"条李时珍云："按《吕氏春秋》云：'果之美者，沙棠之实。'今岭外宁乡、泷水、罗浮山中皆有之。木状如

棠，黄花赤实，其味如李而无核。”（图4-51、图4-52）

阜阳汉简《万物》云：“马胭潜居水中，使人不弱（溺）死也。”功效与沙棠相同。

汪绂注：“沙棠盖亦梨之异种耳。”

尚志钧疑沙棠为蔷薇科植物沙梨一类植物。（图4-53、图4-54）

▲ 图4-51　沙棠果（《中国药用本草绘本》）

▲ 图4-52　沙棠果（《各样药材图册》）

▲ 图4–53　沙梨（《外销画册·花卉果木》）

▲ 图4–54　沙梨花（《外销画册·花卉果木》）

图4-55　桑（《毛诗品物图考》）

图4-56　桑（《诗经名物图解》）

14.桑

北二百里，曰鸟山，其上多桑。（《西次四经》）

桑亦见于《诗经》（图4-55、图4-56），《鄘风·定之方中》云："升彼虚矣，以望楚矣。望楚与堂，景山与京，降观于桑。卜云其吉，终然允臧。"

《本草经》云："桑根白皮，味甘，寒，无毒。治伤中、五劳、六极、羸瘦、崩中、脉绝，补虚益气。叶，主除寒热，出汗。"

《名医别录》云："桑根白皮，无毒。主去肺中水气，止唾血、热渴、水肿、腹满、胪胀，利水道，去寸白，可以缝金创。采无时，出土上者杀人。叶汁解蜈蚣毒。"（图4-57、图4-58）

《救荒本草》卷六"桑椹树"条云："桑椹树，《本草》有桑根白皮。旧不载所出州土，今处处有之。其叶饲蚕，结实为桑椹，有黑白二种，桑之精英尽在于椹。桑根白皮东行根益佳，肥白者良，出土者不可用，杀人。味甘，性寒，无毒。制造忌铁器及铅。叶桠者名鸡桑，最堪入药。续断、麻子、桂心为之使。桑椹味甘，性暖。或云木白皮亦可用。救饥：采桑椹熟者食之，或熬成膏，摊于桑叶上晒干，捣作饼收藏。或直取椹子晒干，可藏经年。及取椹子清汁置瓶中，封三二日即成酒，其色味似葡萄酒，甚佳。亦可熬烧酒，可藏经年，味力愈佳。其叶嫩老皆可煤食，皮炒干磨面可食。”

▲ 图4–57 桑根白皮（《金石昆虫草木状》）

▲ 图4–58 桑根白皮（《中国自然历史绘画·植物画谱》）

《本草纲目》卷三六“桑”条李时珍云：“桑有数种：有白桑，叶大如掌而厚；鸡桑，叶花而薄；子桑，先椹而后叶；山桑，叶尖而长。以子种者，不若压条而分者。桑生黄衣，谓之金桑，其木必将槁矣。《种树书》云：‘桑以构接则桑大。桑根下埋龟甲，则茂盛不蛀。’”（图4–59）

▲ 图4–59　桑树（《各样药材图册》）

桑，桑科，桑属（Morus）植物的泛称。落叶乔木。叶卵圆形，全缘或裂叶，叶缘有锯齿。花一般为单性，淡黄绿色，雌雄同株或异株。果实为复果，名“桑椹”，成熟时一般呈紫黑或白色，味甜。种类颇多，主要有鲁桑、白桑、广东桑、山桑等。再生分枝力强，耐剪伐。对土壤的适应性较强。叶可饲蚕，果可食用和酿酒，木材可制各种器具，枝条可编筐，桑皮可制纸，叶、果、枝、根皮均可供药用。

15.榛（zhēn）、楛（hù）

又北百二十里，曰上申之山，上无草木而多硌石，下多榛、楛。（《西次四经》）

郭璞注：“榛，似栗而小，味美。”

榛亦见于《诗经》，《邶风·简兮》云：“简兮简兮，方将万舞。日之方中，在前上处。硕人俣俣，公庭万舞。有力如虎，执辔如组。左手执籥，右手秉翟。赫如渥赭，公言锡爵。山有榛，隰有苓。云谁之思？

西方美人。彼美人兮，西方之人兮。”

《毛诗草木鸟兽虫鱼疏》云：“榛，栗属。有两种，其一种之皮叶皆如栗，其子小，形似杼子，味亦如栗，所谓‘树之榛栗’者也；其一种枝叶如木蓼，生高丈余，作胡桃味，辽东、上党皆饶。‘山有榛’之榛，枝叶似栗树，子似橡子，味似栗，枝茎可以为烛。五方皆有。”（图4-60、图4-61）

▲ 图4-60 榛（《毛诗品物图考》）

▲ 图4-61 榛（《诗经名物图解》）

▲ 图4-62　蜀州牡荆（《金石昆虫草木状》）

《本草纲目》卷三〇“榛”条李时珍云：“榛树低小如荆，丛生。冬末开花如栎花，成条下垂，长二三寸。二月生叶如初生樱桃叶，多皱纹而有细齿及尖。其实作苞，三五相粘，一苞一实。实如栎实，下壮上锐，生青熟褐，其壳厚而坚，其仁白而圆，大如杏仁，亦有皮尖，然多空者，故谚云十榛九空。”

《植物名实图考》卷三一“榛”条云：“北人谓有鼠如鼦，聚榛为粮，贮之穴中，山氓多掘取之，其即鼠果之类欤？”

榛（Corylus heterophylla），桦木科。落叶灌木或小乔木。幼枝有软毛及刺状腺毛。叶圆卵形至倒卵形，有长尖头，边缘有不规则重锯齿和小裂片。早春先叶开花，雌雄同株，雄花排列成柔荑花序，雌花包于花芽内，仅露红色花柱。小坚果近球形，托有钟状总苞。产于中国北部和东北部，亦见于朝鲜半岛和日本。种子可食用或榨油。为早春蜜源树种。

郭璞注：“楛，木可以为箭。”

《毛诗草木鸟兽虫鱼疏》云：“楛，其形似荆而赤，茎似蓍。上党人织以为斗筥箱器，又揉以为钗。故上党人调问妇人欲买赭否？曰灶下自有黄土；问买钗否？曰山中自有楛。”

尚志钧疑楛或为马鞭草科植物牡荆一类植物。（图4–62、图4–63）

《名医别录》云：“牡荆实，味苦，温，无毒。主除骨间寒热，通利胃气，止咳逆，下气。生河间、南阳、宛朐山谷，或平寿、都乡高堤岸上，牡荆生田野。八月、九月采实，阴干。又，荆叶，味苦，平，无毒。主久痢，霍乱、转筋，血淋，下部疮，湿䘌薄脚，主脚气肿满。其根，味甘、苦，平，无毒。水煮服，主心风、头风，肢体诸风，解肌发汗。”

《本草纲目》卷三六“牡荆”条李时珍云：“有青、赤二种：青者为荆，赤者为楛。嫩条皆可为筥箘。古者贫妇以荆为钗，即此二木也。”

郭郛以楛即苦树，又名苦木树、苦皮树。

▼ 图4–63 牡荆（《各样药材图册》）

16. 漆

又北百八十里，曰号山，其木多漆。(《西次三经》)

郭璞注："漆，树似樗也。"

漆亦见于《诗经》(图4-64、图4-65)，《鄘风·定之方中》云："定之方中，作于楚宫。揆之以日，作于楚室。树之榛栗，椅桐梓漆，爰伐琴瑟。"

◀ 图4-64　漆(《毛诗品物图考》)

▶ 图4-65　漆(《诗经名物图解》)

《古今注·草木》云："漆树，以刚斧斫其皮开，以竹管承之，汁滴管中，即成漆也。"

《尔雅翼》卷一二"漆"条云："木高三二丈，叶如椿樗，皮白而心黄。"

《本草纲目》卷三五"漆"条引韩保升云："漆树高二三丈余，皮白，叶似椿，花似槐，其子似牛李子，木心黄。六月、七月刻取滋汁。金州者最善。"（图4–66）

漆树（Toxicodendron vernicifluum），漆树科。落叶乔木，高可达20米，有乳汁。小枝粗壮。奇数羽状复叶，互生，小叶7—13片，椭圆形、卵形或卵状披针形，全缘，下面微有毛。初夏开花，黄绿色，杂性或雌雄异株，圆锥花序腋生。核果扁球形，黄色，无毛，平滑。中国特产，除黑龙江、新疆外，全国各地有分布，以湖北、四川、秦岭、巴山地区最为集中。喜光，生长快。自8年生至40年生可割漆，中果皮所含的油脂（漆蜡）及种仁所含的油均可供工业用，亦为传统出口商品。木材黄色、细致，供细木工用材。

图4–66 生漆树（《各样药材图册》）

17.栎（lì）

西二百五十里，曰白於之山，上多松、柏，下多栎、檀。（《西次四经》）

郭璞注：“栎，即柞。”

《救荒本草》卷六“橡子树”条云：“橡子树，《本草》橡实，栎木子也，其壳一名杼斗。所在山谷有之。木高二三丈，叶似栗叶而大。开黄花。其实橡也，有梂彙自裹其壳，即橡斗也。橡实味苦涩，性微温，无毒。其壳斗可染皂。救饥：取子换水浸煮十五次，淘去涩味，蒸极熟食之，厚肠胃肥健，人不饥。”

《本草纲目》卷三〇“橡实”条李时珍云：“栎，柞木也。实名橡斗、皂斗，谓其斗刓剜象斗，可以染皂也。南人呼皂如柞，音相近也。”又云：“栎有二种：一种不结实者，其名曰棫，其木心赤，《诗》云‘瑟彼柞棫’是也；一种结实者，其名曰栩，其实为橡。二者树小则耸枝，大则偃蹇。其叶如槠叶，而文理皆斜勾。四五月开花如栗花，黄色。结实如荔枝核而有尖。其蒂有斗，包其半截。其仁如老莲肉，山人俭岁采以为饭，或捣浸取粉食，丰年可以肥猪。北人亦种之。其木高二三丈，坚实而重，有斑文点点。大者可作柱栋，小者可为薪炭。《周礼·职方氏》‘山林宜皂物，柞、栗之属’即此也。其嫩叶可煎饮代茶。”

李时珍认为栎、栩为一物异名。栩见于《诗经》，《唐风·鸨羽》云：“肃肃鸨羽，集于苞栩。王事靡盬，不能艺稷黍。父母何怙？悠悠苍天，曷其有所？”

毛传：“栩，杼也。”

《毛诗草木鸟兽虫鱼疏》云：“栩，今柞、栎也。徐州谓栎为杼，或谓之为栩，其子为皂，或言皂斗，其壳为汁，可以染皂。今京洛及河内多言杼汁，或云橡斗。谓栎为杼，五方通语也。”（图4–67、图4–68）

《尔雅·释木》云：“栩，杼。”郭璞注：“柞树。”

尚志钧谓此经之栎所指具体植物是什么，很难肯定，但从郭璞所注“栎即柞”，或是麻栎一类植物。（图4–69）

麻栎（Quercus acutissima），壳斗科。落叶乔木，高可达25米。树皮暗深灰色，纵裂。叶椭圆状披针形或倒卵状矩圆形，边缘具毛刺状锯齿，幼叶下面有灰色毛，旋即脱落，呈淡绿色。初夏开花，花单性，雌雄同株，雄花的柔荑花序下垂。坚果卵圆形，顶端圆，果的总苞无柄，锥状苞片的基部宽。广布于中国各地，北至吉林、辽宁、甘肃，南至海南、云南，生于土层较厚的低山、丘陵。喜光，喜酸性及中性土。木材坚而重，供器具、薪炭等用材。壳斗及树皮可提栲胶。叶可饲柞蚕。坚果脱涩后可作饲料。朽木可培养香菇及木耳。

▲ 图4–67 栩（《毛诗品物图考》）

▲ 图4–68 栩（《诗经名物图解》）

图4-69 小栎树（《各样药材图册》）

18. 櫰（guī）木

又西三百里，曰中曲之山……有木焉，其状如棠而员叶，赤实，实大如瓜，名曰櫰木，食之多力。（《西次四经》）

再向西三百里，就是中曲山。山中还有一种树，样子像棠，圆形的叶子，红色的果实，果实大小如同木瓜，名叫櫰木，吃了它可以增加力气。

汪绂注：“櫰，棠梨也。此櫰木盖亦梨属。案槐之黑色者曰櫰，而此木又名櫰，此草木所以难言也。”（图4-70）

郝懿行疏："櫰，通作'槐'，又通作'褢'。《广雅〔·释草〕》云：'褢，续断也。'《本草别录》云：'续断，一名接骨，一名槐。'陶注云：'有接骨树。'颜师古注《急就篇》〔卷四〕云：'续断即今所呼续骨木。'据诸书所说，接骨木即此经櫰木与？"（图4-71、图4-72）

《本草经》云："续断，一名龙豆，一名属折。味苦，微温，无毒。治伤寒，补不足，金疮，痈伤，折跌，续筋骨，妇人乳难，崩中，漏血，久服益气力。生山谷。"

《名医别录》云："续断，味辛，无毒。主治崩中漏血、金疮血内漏，止痛，生肌肉，及踠伤、恶血、腰痛，关节缓急。一名接骨，一名南草，一名槐。生常山。七月、八

▲ 图4-70　棠梨（《各样药材图册》）

▲ 图4-71　接骨木（《金石昆虫草木状》）

▲ 图4-72　接骨木（《中国自然历史绘画·本草集》）

月采，阴干。”（图4–73、图4–74、图4–75）

《证类本草》卷七“续断”条引《图经》云：“三月以后生苗，秆四棱，似苎麻，叶亦类之，两两相对而生。四月开花，红白色，似益母花。根如大蓟，赤黄色，七月、八月采。”

《本草纲目》卷三六“接骨木”引苏恭云：“所在皆有之。叶如陆英，花亦相似。但作树高一二丈许，木体轻虚无心。斫枝插之便生，人家亦种之。”

▲ 图4–73　越州续断（《金石昆虫草木状》）

▲ 图4–74　续断（《各样药材图册》）

接骨木（Sambucus williamsii），亦称扦扦活。忍冬科。落叶灌木或小乔木；老枝具黄褐色髓心。叶对生，羽状复叶，小叶5—7枚，卵形或椭圆形，有锯齿，揉碎后有臭气。春季开花，花小，黄白色，密集成聚伞圆锥花序。浆果圆球形、红色。分布于中国华北、东北和华东各地，也产于欧洲和日本。茎、枝入药，性平、味甘苦，功能祛风湿、行血通络，主治风湿痹痛、跌打损伤、筋脉不利等症，并可外用。

尚志钧疑櫰木为蔷薇科植物山楂一类植物（图4–76）。

▲ 图4–75 续断（《中国自然历史绘画·植物画谱》）

▶ 图4–76 山楂树（《各样药材图册》）

山楂（Crataegus pinnatifida），亦称红果、山里红、檕梅。蔷薇科。落叶乔木。叶广卵形或三角状卵形，羽状5—9裂。叶脉上有短柔毛。伞房花序，花白色。果实近球形，红色，有淡褐色斑。用分株、嫁接等繁殖。中国辽宁、河北、河南、山东、山西、江苏、云南、广西等地都有栽培。果实味酸稍甜，富含维生素C、果胶和多种有机酸，多用以制糕、酱和糖球等，亦可生食。中医学上用为消积、化滞、行瘀药，性微寒、味酸甘，主治饮食积滞、胸腹痞满、疝气、血瘀闭经等症。民间用叶代茶，治高血压。另有野山楂（C. cuneata）亦入药，效似山楂。

19. 桐、椐（jū）

又北三百八十里，曰虢山，其上多漆，其下多桐、椐。（《北山首经》）

郭璞注："桐，梧桐也。"

梧桐亦见于《诗经》，《大雅·卷阿》云："凤凰鸣矣，于彼高冈。梧桐生矣，于彼朝阳。菶菶萋萋，雝雝喈喈。"

毛传："梧桐，柔木也。"

桐主要分为白桐和青桐，或者说是泡桐和梧桐。郭璞虽然认为《山海经》的"桐"是梧桐，但从《山海经》的经文看，实际上是分不出究竟是梧桐还是泡桐的。

《本草纲目》卷三五“桐”条李时珍云:“盖白桐即泡桐也。叶大径尺，最易生长。皮色粗白，其木轻虚，不生虫蛀，作器物、屋柱甚良。二月开花，如牵牛花而白色。结实大如巨枣，长寸余，壳内有子片，轻虚如榆荚、葵实之状，老则壳裂，随风飘扬。其花紫色者名冈桐。荏桐即油桐也。青桐即梧桐之无实者。”白桐即玄参科植物泡桐。(图4–77、图4–78)

◀ 图4–77　白桐(《毛诗品物图考》)

▼ 图4–78　白桐(《诗经名物图解》)

▲ 图4-79　梧桐（《毛诗品物图考》）

▼ 图4-80　梧桐（《诗经名物图解》）

泡桐（Paulownia fortunei），亦称白桐。玄参科。落叶乔木。小枝粗壮。叶对生，长卵形或卵形，较大，全缘，下面有密生细毛。先叶开花，圆锥花序顶生，花大，唇形，白色。蒴果椭圆形，无毛。种子多数，小，周围有薄翅。分布于中国黄河流域及以南丘陵、平原地区。喜光，生长甚快，为中国著名速生用材树种。木材轻软，可用于制箱匣、乐器、救生器械等。小枝可制炭笔。又为庭园树、行道树。另种紫花泡桐（P. tomentosa）亦称紫花桐，花淡紫色，分布、习性和用途与上种相似，亦为中国黄河下游及以南各地一般栽培的树种。

《本草纲目》卷三五“梧桐”条李时珍云：“梧桐处处有之。树似桐而皮青不皵，其木无节直生，理细而性紧。叶似桐而稍小，光滑有尖。其花细蕊，坠下如醭。其荚长三寸许，五片合成，老则裂开如箕，谓之橐鄂。其子缀于橐鄂上，多者五六，少或二三。子大如胡椒，其皮皱。”（图4-79、图4-80、图4-81、图4-82）

▲ 图4-81　梧桐树（《各样药材图册》）

▲ 图4-82　梧桐（《中国自然历史绘画·本草集》）

梧桐（Firmiana simplex），亦称青桐。梧桐科。落叶乔木。幼树皮绿色，平滑。单叶互生，掌状3—7裂。夏季开花，雌雄同株，花小，淡黄绿色，圆锥花序。蓇葖果分为5个分果，成熟前裂开呈小艇状，种子生其边缘。种子球形。产于中国和日本。木材供制乐器和家具用。树皮纤维可造纸。种子炒熟供食用；亦可榨油，供制皂和润滑油。又为绿化树。全株均可入药，能清热解毒。

梧桐虽是普通植物，但后世附会其有神奇植物的内容。《埤雅》卷一四“桐”条云：“旧说梧桐以知日月正闰，生十二叶，一边有六叶，从下数一叶为一月。有闰则生十三叶，视叶小者则知闰。何月不生，则九州异君。”这和著名的神奇植物“蓂荚”类似。

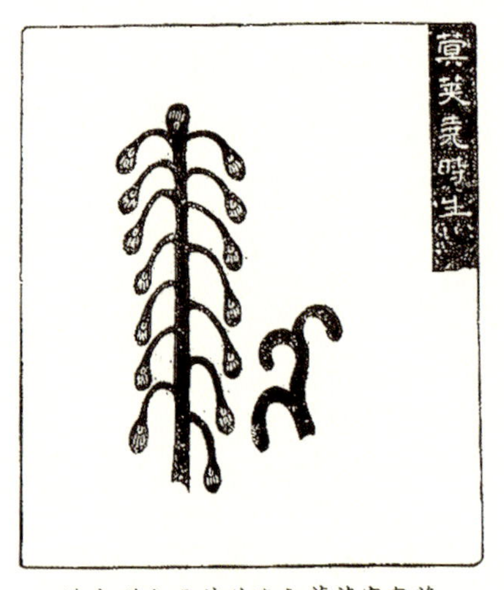

▲ 图4-83　蓂荚（汉代武梁祠壁画，《石索》）

蓂荚是古代传说中的一种瑞草。它于每月从初一至十五，每日结一荚；从十六至月终，每日落一荚。所以从荚数多少，可以知道是何日。一名历荚。《竹书纪年》卷上：“有草夹阶而生，月朔始生一荚，月半而生十五荚；十六日以后，日落一荚，及晦而尽；月小，则一荚焦而不落。名曰蓂荚，一曰历荚。”（图4-83）

《峒溪纤志》卷下“叫鸡”条云：“叫鸡，每日夜依十二时而鸣，不差晷刻。”这是对动物的神奇化。

郭璞注：“椐，樻木，肿节中杖。”

《诗经·大雅·皇矣》云：“其柽其椐。”《毛诗草木鸟兽虫鱼疏》云：“椐，樻，节中肿，似扶老，今灵寿是也。今人以为马鞭及杖。弘农共北山甚有之。”

《本草纲目》卷三六“灵寿木”条以椐即灵寿木。

郭郛以椐为泡花树，别称黑果木、龙须木、降龙木、灵寿木。

20. 樗（chū）、柘（zhè）

又北二百里，曰丹熏之山，其木多樗、柘。（《北山首经》）

樗亦见于《诗经》，《豳风·七月》云：“七月食瓜，八月断壶，九月叔苴，采荼薪樗，食我农夫。”

毛传：“樗，恶木也。”

《毛诗草木鸟兽虫鱼疏》云：“樗树及皮皆似漆，青色耳，其叶臭。”（图4-84、图4-85）

▲ 图4-84　樗（《毛诗品物图考》）

▲ 图4-85　樗（《诗经名物图解》）

《太平御览》卷九五九引《风俗通》云：“嘉平中，有两樗一宿长丈余，作人状，头目宛然。”

《庄子·逍遥游》云：“惠子谓庄子曰：‘吾有大树，人谓之樗，其大本拥肿而不中绳墨，其小枝卷曲而不中规矩。立之途，匠者不顾。今子之言，大而无用，众所同去也。’庄子曰：‘子独不见狸狌乎？卑身而伏，以候敖者，东西跳梁，不辟高下，中于机辟，死于罔罟。今夫斄牛，其大若垂天之云。此能为大矣，而不能执鼠。今子有大树，患其无用，何不树之于无何有之乡，广莫之野，彷徨乎无为其侧，逍遥乎寝卧其下。不夭斤斧，物无害者，无所可用，安所困苦哉？’”

《本草纲目》卷三五“椿樗”条李时珍云：“椿木皮细肌实而赤，嫩叶香甘可茹。樗木皮粗肌虚而白，其叶臭恶，歉年人或采食。”椿为楝科植物香椿，樗为苦木科植物臭椿。（图4–86）

▲ 图4–86　樗木（《金石昆虫草木状》）

臭椿（Ailanthus altissima），亦称樗。苦木科。落叶乔木，高可达20米。树皮灰色，不裂。小枝粗壮。羽状复叶，互生，小叶13—25片，卵状披针形，无毛，中部以上全缘，基部每边有1—4腺齿。夏季开白绿色花，杂性，圆锥花序顶生。翅果椭圆状矩圆形，中部一种子。产于中国辽宁南部至华南、西南，新疆南部也有栽培。抗旱性较强，耐烟尘，生长快，萌芽性强。为华北石质山地和平原重要造林树种之一。木材粗硬，不耐水湿。供胶合板、建筑、造纸等用材。叶可养樗蚕。种子可榨油。根皮供药用，治血痢、赤白带下，亦洗疮疥。亦为观赏树，尤适于工矿区栽植。

《说文·木部》云：“柘，桑也。”

《埤雅》卷一四“柘”条云：“柘宜山石，柞宜山阜，楮宜涧谷，柳宜下田，竹宜高平之地。”

《太平御览》卷九五八引《古史考》云：“乌号弓，以柘枝为也。谯周曰：野柘枝劲，乌集之，飞起枝弹之，乌乃惊号。伐取为弓，故称乌号弓。”

《救荒本草》卷六“柘树”条云：“柘树，《本草》有柘木。旧不载所出州土，今北土处处有之。其木坚劲，皮纹细密，上多白点，枝条多有刺。叶比桑叶甚小而薄，色颇黄淡，叶稍（梢）皆三叉，亦堪饲蚕。绵柘刺少，叶似柿叶微小。枝叶间结实，状如楮桃而小，熟则亦有红蕊，味甘酸。叶味甘微苦。柘木味甘，性温，无毒。救饥：采嫩叶煠熟，以水浸洳，作成黄色，换水浸去邪味，再以水淘净，油盐调食。其实红熟，甘酸可食。”

《本草纲目》卷三六“柘”条李时珍云：“处处山中有之。喜丛生。干疏而直。叶丰而厚，团而有尖，其叶饲蚕。取丝作琴瑟，清响胜常。”（图4–87）

柘（Cudrania tricuspidata），亦称黄桑、奴柘。桑科。落叶灌木至小乔木，常有刺。叶卵形或倒卵形，革质，全缘，或先端浅3裂。夏季开花，花雌雄异株，头状花序。复果肉质，橘红色，近球形。产于中国各地，亦见于朝鲜，日本也有栽培。叶可饲蚕；果可食，并可酿酒；茎皮为造纸原料，亦可制人造棉；根皮药用，清热凉血，通络；木染黄赤色，称“柘黄”。

▲ 图4–87 柘木（《金石昆虫草木状》）

21. 枳（zhǐ）、棘（jí）

又北二百里，曰北岳之山，多枳、棘、刚木。（《北山首经》）

尚志钧以“枳棘”为一物之名，非也。《韩非子·外储说左上》云：“夫树橘柚者，食之则甘，嗅之则香；树枳棘者，成而刺人，故君子慎所树。”“枳棘”与“橘柚”对举，则枳棘为二物可知也。

《说文·木部》云：“枳，木，似橘。”《后汉书·冯衍传》“六枳”李贤注：“枳之为木，芳而多刺，可以为篱。”

《本草经》云：“枳实，味苦，寒，无毒。治大风在皮肤中，如麻豆苦痒，除寒热结，止利，长肌肉，利五脏，益气，轻身。生川泽。”

《名医别录》云：“枳实，味酸，微寒，无毒。主除胸胁淡癖，逐停水，破结实，消胀满、心下急、痞痛、逆气胁风痛，安胃气、止溏泄，明目。生河内。九月、十月采，阴干。”

《本草纲目》卷三六“枳”条引苏颂云：“今洛西、江湖州郡皆有之，以商州者为佳。木如橘而小，高五七尺。叶如橙，多刺。春生白花，至秋成实。七月、八月采者为实，九月、十月采者为壳。今医家以皮厚而小者为枳实，完大者为枳壳，皆以翻肚如盆口状、陈久者为胜。近道所出者，俗呼臭橘，不堪用。”（图4-88、图4-89）

枳（Poncirus trifoliata），亦称枸橘、臭橘。芸香科。灌木或小乔木，有粗刺。复叶，小叶3片，有透明腺点，总叶柄具

▲ 图4-88 成州枳实（《金石昆虫草木状》）

▲ 图4-89 汝州枳壳（《金石昆虫草木状》）

翅。春末开花，白色。果实小，球形，成熟时暗黄色，密被柔毛。果肉少而味酸，不堪食用。性耐寒。用播种、扦插、压条等繁殖。原产中国长江流域，北自山东、南至广东，均有分布；已传入日本和欧、美等地。常栽作绿篱，又可作柑橘砧木。未成熟和成熟的果实均入药，分别称“枳实”和“枳壳”。

《说文·朿部》云：“棘，小枣丛生者。”棘枝上有刺。枳、棘皆有刺，故古文每每并举。

▲ 图4-90 棘（《毛诗品物图考》）

▲ 图4-91 棘（《诗经名物图解》）

棘亦见于《诗经》（图4-90、图4-91），《邶风·凯风》云："凯风自南，吹彼棘心。棘心夭夭，母氏劬劳。凯风自南，吹彼棘薪。母氏圣善，我无令人。爰有寒泉，在浚之下。有子七人，母氏劳苦。睍睆黄鸟，载好其音。有子七人，莫慰母心。"

《本草经》云："白棘，一名棘针。味辛，寒，无毒。治心腹痛、痈肿溃脓，止痛。生川谷。"

《名医别录》云："白棘，无毒。主决刺结，治丈夫虚损、阴痿、精自出，补肾气，益精髓。一名棘刺。生雍州。"

《埤雅》卷一三"枣"条云："枣，大者枣，小者棘。盖若酸枣，所谓棘也。于文重朿为枣，并朿为棘。一曰棘实曰枣，盖枣性重乔，棘则低矣，故其制字如此。"

《尔雅翼》卷九"棘"条云："棘有赤白二种，其刺亦有直者钩者，补益用直，疗肿用钩。"

《本草纲目》卷三六"白棘"条李时珍云："独生而高者为枣，列生而低者为棘。故重朿为枣，平朿为棘，二物观名即可辨矣。朿即刺字。"（图4-92）

《本草纲目》卷三六"酸枣"条引马志云："酸枣即棘实，更非他物。若云是大枣味酸者，全非也。酸枣小而圆，其核中仁微扁；其大枣仁大而长，不相类

也。”（图4–93）

《救荒本草》卷六“酸枣树”条云：“酸枣树，《尔雅》谓之樲枣。出河东川泽，今城垒坡野间多有之。其木似枣而皮细，茎多棘刺。叶似枣叶微小。花似枣花。结实紫红色，似枣而圆小。核中仁微扁，名酸枣

◀ 图4–92　白棘（《金石昆虫草木状》）

▶ 图4–93　酸枣（《金石昆虫草木状》）

仁，入药用，味酸，性平，一云性微热，恶防己。救饥：采取其枣，为果食之。亦可酿酒，熬作烧酒饮。未红熟时采取，煮食亦可。”

酸枣（Ziziphus jujuba var. spinosa），亦称棘、樲。鼠李科。落叶灌木，具刺。叶长椭圆形，三大脉。初夏开花，花小型，黄绿色，腋生。果实较枣小，味酸。主产于中国北部，常野生成丛莽。种子用为养心安神药，主治虚烦不眠、惊悸等症。

刚木，郭璞注：“檀、柘之属。”据郭注则刚木泛指木质坚硬的树木。《素问·气交变大论篇》第六十九云：“岁木不及，燥乃大行，生气失应，草木晚荣，肃杀而甚，则刚木辟著，柔萎苍干。”

22. 桢（zhēn）木

又东二百里，曰太山，上多金、玉、桢木。（《东次四经》）

郭璞注：“女桢也，叶冬不凋。”

《本草经》云：“女贞实，味苦，平，无毒。主补中，安五脏，养精神，除百疾。久服肥健，轻身，不老。生川谷。”

《名医别录》云：“女贞实，味甘，无毒。生武陵，立冬采。”

《艺文类聚》卷八九引《典术》云：“女贞木者，少阴之精，冬叶不落。”

《救荒本草》卷五“冻青树”条云：“冻青树，生密县山谷间。树高丈许，枝叶似枸骨子树而极茂盛，凌冬不凋，又似樝子树叶而小，亦似穁芽叶微窄，头颇团而不尖。开白花，结子如豆粒大，青黑色。叶味苦。救饥：采芽叶煠熟，水浸去苦味，淘洗净，油盐调食。”《植物名实图考》卷三三“女贞”条谓即此。

《本草纲目》卷三六“女贞”条引苏颂云：“女贞处处有之。《山海经》云‘泰山多贞木’是也。其叶似枸骨及冬青木，凌冬不凋。五月开细花，青白色。九月实成，似牛李子。”（图4-94、图4-95、图4-96）

▼ 图4-94 女贞子（《各样药材图册》）

▲ 图4-95 女贞实（《金石昆虫草木状》）

▲ 图4-96 女贞实（《中国自然历史绘画·植物画谱》）

女贞（Ligustrum lucidum），木樨科。常绿灌木或乔木。叶对生，革质，卵状披针形，平滑无毛。初夏开花，花白色，排成顶生圆锥花序。核果椭圆形，熟时蓝黑色。分布于中国华南和长江流域各地。为习见的庭园或绿篱树种。耐修剪。用种子及插条繁殖。树可放养白蜡虫，亦可作嫁接桂花、丁香花的砧木。木材细致，供细木工用。果实入药，称“女贞子”，性平、味甘苦，功能补益肝肾，主治肝肾不足、眩晕耳鸣、腰膝酸软、须发早白、目暗不明等症。

23. 櫔（lì）木

又东二十里，曰历儿之山，其上多橿，多櫔木，是木也，方茎而员叶，黄华而毛，其实如楝，服之不忘。（《中山首经》）

向东二十里，就是历儿山。山上多生橿树，还多生櫔树，这种树长着方形的树干，圆形的树叶，黄色的花朵，花瓣上有绒毛，它的果实像楝树的果实，服用它可以不健忘。

郭璞《图赞》云：“弘羊心算，安世默识。爰有櫔木，食之洞记。触问则应，动不劳思。”这说的是：桑弘羊精于心算，张安世擅长默记。历儿山上产櫔木，吃了它的果实就会有超常的记忆力。一问问题，马上便可回答，甚至不必思考。

▲ 图4–97　梓州楝子（《金石昆虫草木状》）

▲ 图4–98　苦楝树（《各样药材图册》）

郭璞注：“楝，木名，子如指头，白而粘，可以浣衣也。”

郝懿行疏：“《说文》云：‘楝，木也。’《玉篇》云：‘子可以浣衣。’《尔雅翼》〔卷九〕云：‘木高丈余，叶密如槐而尖。三四月开花，红紫色。实如小铃，名金铃子，俗谓之苦楝。可以湅，故名。’”

尚志钧以楝为楝科植物苦楝一类植物（图4–97、图4–98）。

▲ 图4-99　龙眼（《金石昆虫草木状》）

尚志钧疑櫔木或为无患子科植物龙眼一类植物。

《本草经》云："龙眼，一名益智。味甘，平，无毒。治五脏邪气，安志、厌食。久服强魂魄，聪明，轻身，不老，通神明。生南海山谷。"

《名医别录》云："龙眼，无毒。除虫去毒。其大者似槟榔，生南海。"

《南方草木状》卷下云："龙眼树，如荔枝，但枝叶稍小。壳青黄色，形圆如弹丸，核如木梡子而不坚。肉白而带浆，其甘如蜜，一朵五六十颗，作穗如蒲萄然。荔枝过即龙眼熟，故谓之荔枝奴，言常随其后也。《东观汉记》曰：'单于来朝，赐橙、橘、龙眼、荔枝。'魏文帝诏群臣曰：'南方果之珍异者，有龙眼、荔枝，令岁贡焉。'出九真、交趾。"

《本草纲目》卷三一"龙眼"条李时珍云："龙眼正圆，《别录》、苏恭比之槟榔，殊不类也。其木性畏寒，白露后方可采摘，晒焙令干，成朵干者名龙眼锦。按范成大《桂海志》有山龙眼，出广中，色青，肉如龙眼，夏月实熟可啖，此亦龙眼之野生者欤？"（图4-99、图4-100）

◀ 图4-100　龙眼（《中国自然历史绘画・本草集》）

龙眼（Dimocarpus longan），俗称桂圆。无患子科。常绿乔木。偶数羽状复叶，小叶4—6对，长椭圆形，全缘，革质，光滑无毛。圆锥花序，花小，黄色。有雄花与两性花。果球形，壳淡黄或褐色，质薄而光滑。果肉白色、透明、汁多、味甜。性喜温湿。寿命最长可达400余年。用播种、嫁接、压条及扦插等繁殖。原产亚洲热带；中国南部和西南部都有栽培，以福建最多。树冠繁茂，可作风景林和防护林树种；木材坚固耐久，可作家具、造船、雕刻等材料；根、干可提栲胶；果供生食，也可加工成干制品或罐头食品。中医学上用干燥果肉入药，功能补心脾、养血安神。

24. 彫棠

又北三十五里，曰阴山……其中多彫棠，其叶如榆叶而方，其实如赤菽，食之已聋。（《中山首经》）

再向北三十五里，就是阴山。山中多生彫棠，叶子像榆树（图4-101）叶，叶子的形

▶ 图4-101　榆树（《各样药材图册》）

状却是方形的，果实像赤豆，吃了它可以治疗耳聋。

吕调阳注："彫棠，即海红豆，叶似桐而小，又似梨，荚实，皆如红豆，木理致细，任雕刻也。"

《本草纲目》卷三五"海红豆"条李时珍云："树高二三丈，叶似梨叶而圆。按宋祁《益部方物图》云：红豆叶如冬青而圆泽，春开花白色，结荚枝间。其子累累如缀珠，若大红豆而扁，皮红肉白，以似得名，蜀人用为果饤。"（图4-102）

海红豆（Adenanthera pavonina），亦称相思格、相思树、孔雀豆。豆科。落叶乔木。叶互生，二回羽状复叶，羽片4—6对，小叶长圆形或卵状椭圆形。花小，白色或淡黄色，成狭窄的总状花序，萼倒圆锥形，顶部具5个裂齿，外被细毛；瓣5枚，卵状披针形。荚果成熟时弯曲旋卷。种子凸镜形，鲜红色。产于菲律宾、越南、马来西亚、印度尼西亚、印度、斯里兰卡，亦见于中国广东、海南、广西、云南以至喜马拉雅山东部。木材坚硬，心材纹理略粗，耐水湿。为优良造船用材，又可作建筑、家具、枪托、油榨槽楔木等用材。种子用为装饰品；和硼砂同研为末，能作良好的胶灰。

▼ 图4-102　海红豆（《中国药用本草绘本》）

尚志钧疑彫棠或为豆科植物相思子一类植物。《本草纲目》卷三五"相思子"条李时珍云："相

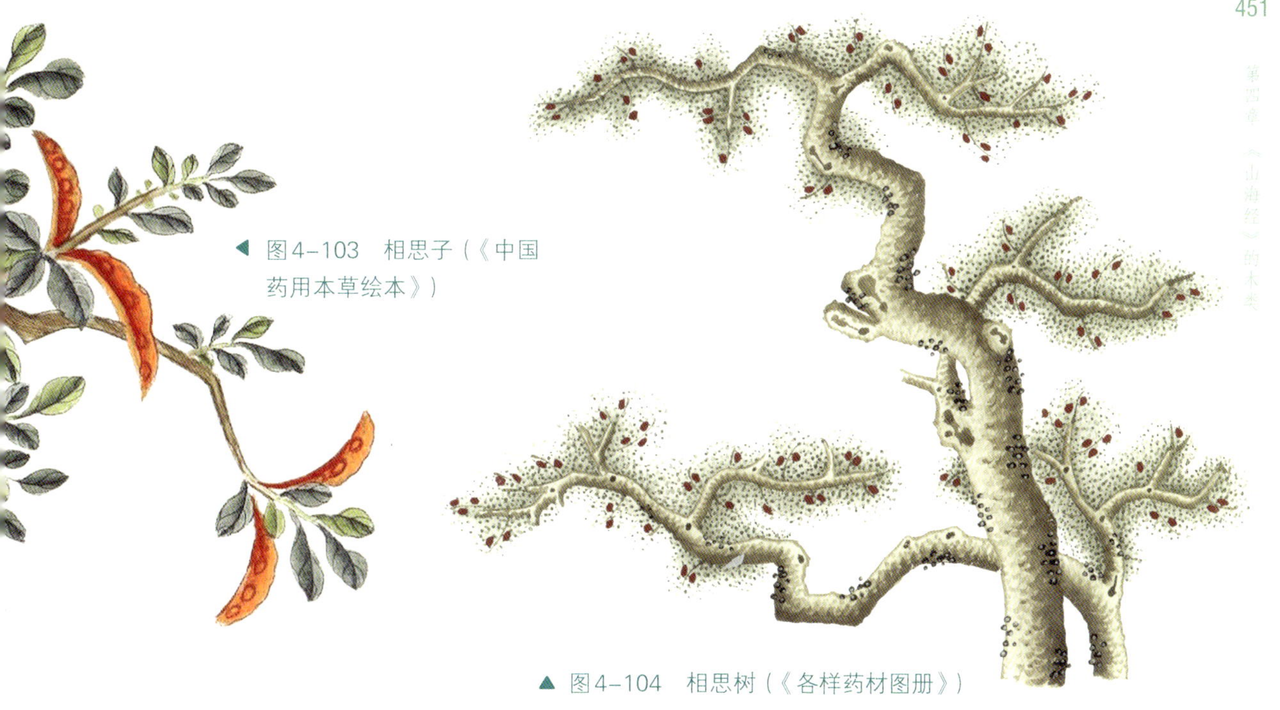

◀ 图4–103 相思子（《中国药用本草绘本》）

▲ 图4–104 相思树（《各样药材图册》）

思子生岭南。树高丈余，白色。其叶似槐，其花似皂荚，其荚似扁豆。其子大如小豆，半截红色，半截黑色，彼人以嵌首饰。段公路《北户录》言有蔓生者，用子收龙脑香相宜，令香不耗也。”（图4–103、图4–104）

《北户录》卷三“相思子蔓”条云：“相思子，有蔓生者，其子窃红，叶如合欢，依篱障而生。与龙脑相宜，能令香不耗。南人云：‘有刀疮者，血不止、痛甚者，取其叶熟捣厚傅之即愈。’干宝《搜神记》云：‘大夫韩凭妻美，宋康王夺之。凭怨，王囚之，凭自杀。妻乃阴腐其衣。

王与之登台，自投台下，左右揽衣不中手。遗书于带，愿以尸骨赐韩氏而合葬。王怒，弗听，埋之，令冢相望。宿昔有文梓木生二冢之端，根交于下，枝错其上。又有鸳鸯雌雄各一，恒栖树上。宋王哀之，因为号其木曰相思树。’”

相思子（Abrus precatorius），亦称红豆。豆科。木质藤本。枝细弱。羽状复叶，小叶8—13对，膜质，对生，长椭圆形。春夏开花，花冠蝶形，常淡红或紫色，总状花序。荚果长椭圆形。种子宽卵形，上端2/3朱红色、下端1/3黑色，可为小饰品。分布于亚洲热带，中国南部亦产。供观赏。种子有毒，用为涌吐、杀虫药；叶能利尿、治气管炎；根清暑解表，作凉茶配料。

25. 蔓居之木

又东四十里，曰宜苏之山，其上多金、玉，其下多蔓居之木。（《中次三经》）

郭璞注：“未详。”吴任臣注：“木居蔓草之中，非木名也。”

郝懿行疏：“《广雅〔·释木〕》云：‘牡荆，曼荆也。’‘曼’，《本草》作‘蔓’，此经‘蔓居’疑‘蔓荆’声之转。蔓荆列《本草》木部，故此亦云‘蔓居之木’也。”

《本草经》云：“蔓荆实，味苦，微寒，无毒。治筋骨间寒热、湿痹、拘挛，明目，坚齿，利九窍，去白虫、长虫。久服轻身，耐老。”

《名医别录》云：“蔓荆实，味辛，平，温，无毒。去长虫，治风头痛、脑鸣、目泪出，益气。久服令人光泽，脂致，长须发。生益州。”

《本草纲目》卷三六“蔓荆”条引苏颂云：“苗茎高四五尺，对节生枝。叶类小楝，至夏盛茂。有花作穗淡红色，蕊黄白色，花下有青萼，至秋结子。旧说蔓生，而今所有并非蔓也。”（图4–105、图4–106）

▲ 图4–106　蔓荆实（《金石昆虫草木状》）

◀ 图4–105　蔓荆（《各样药材图册》）

蔓荆（Vitex trifolia），马鞭草科。落叶小灌木，有灰白色柔毛。叶对生，三出复叶，小叶阔卵形。夏秋开花，花唇形，玫瑰色，聚伞花序合成狭圆锥花序。多分布于中国黄河以南沿海各省。扦插或压条法繁殖。变种单叶蔓荆（V. t. var. simplicifolia），不同处为单叶。中国和日本、印度等沿海沙滩都有分布。果实入药，称"蔓荆子"，性微寒、味苦辛，功能散风热、清头目，主治风热感冒、头痛、头风、目赤肿痛等症；茎、叶可提取芳香油。

▲ 图4–107 狼跋子（《金石昆虫草木状》）

26. 芨（bá）

又西二百五十里，曰柄山……有木焉，其状如樗，其叶如桐而荚实，其名曰芨，可以毒鱼。（《中次四经》）

再向西二百五十里，就是柄山。山中有一种树，样子像臭椿树，叶子像桐树的叶子，结荚果，名叫芨，可以用它来毒鱼。

汪绂注："此巴豆之属。"

吕调阳注："芨，黄环也，其实《本草》谓之狼跋。"

《名医别录》云："狼跋子，有小毒。主治恶疮、蜗疥，杀虫鱼。"（图4–107）

《本草纲目》卷一八"黄环、狼跋子"条引苏恭云："黄环惟襄阳大有，余处虽有亦稀，巴西人谓之就葛，今园庭亦种之。作藤生，大者茎径六七寸，根亦葛类，陶云似防己者，近之。取葛根误食之，吐利不止，土浆解之，此真黄环也。今太常收剑南来者，乃鸡屎葛根，非黄环也。其花紫色，其子名狼跋子，角生似皂荚。交广送入太常者，正是黄环子也。花实与葛同时。"

尚志钧疑芨为狼跋子，狼跋子即黄环的种子，为豆科植物毒鱼藤一类植物的种子。

27.槐（huái）

东三百里，曰首山……木多槐。（《中次五经》）

《本草经》云："槐实，味苦，寒，无毒。治五内邪气热，止涎唾，补绝伤，五痔，火疮，妇人乳瘕，子脏急痛。生平泽。"

《名医别录》云："槐实，味酸、咸，无毒。以七月七日取之，捣取汁，铜器盛之，日煎，令可作丸，大如鼠矢，内窍中，三易乃愈。又堕胎。久服明目、益气、头不白延年。枝，主洗疮及阴囊下湿痒。皮，主烂疮。根，主喉痹寒热。生河南。可作神烛。景天为之使。又，八月断槐大枝，使生嫩孽，煮汁酿酒，治大风痿痹甚效。"

《救荒本草》卷六"槐树芽"云："槐树芽，《本草》有槐实。生河南平泽，今处处有之。其木有极高大者。《尔雅》云槐有数种，叶大而黑者名櫰槐，昼合夜开者名守宫槐，叶细而青绿者但谓之槐，其功用不

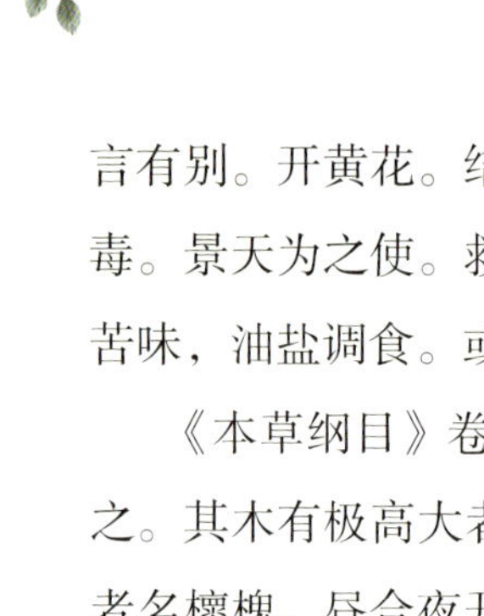

▲ 图4–108　槐树（《各样药材图册》）

言有别。开黄花。结实似豆角状，味苦酸咸，性寒，无毒。景天为之使。救饥：采嫩芽煠熟，换水浸淘，洗去苦味，油盐调食。或采槐花，炒熟食之。"

《本草纲目》卷三五"槐"条引苏颂云："今处处有之。其木有极高大者。按《尔雅》槐有数种，叶大而黑者名櫰槐，昼合夜开者名守宫槐，叶细而青绿者但谓之槐，其功用不言有别。四月、五月开黄花，六月、七月结实。七月七日采嫩实，捣汁作煎。十月采老实入药。皮、根采无时。医家用之最多。"（图4–108、图4–109）

◀ 图4–109　槐花（《金石昆虫草木状》）

槐（Sophora japonica），豆科。落叶乔木。奇数羽状复叶，小叶卵状长圆形至卵状披针形。夏季开花，花冠蝶形，黄白色，圆锥花序。荚果圆柱形，在种子间显著收缩，成念珠状。分布于中国各地。嫁接繁殖。木材坚硬，供造船舶、车辆、器具和雕刻等用；花蕾和果实入药，花蕾称"槐花"或"槐米"，果实称"槐实"或"槐角"；花可作黄色染料。又为绿化树、行道树、蜜源树。变种"龙爪槐"（S. j. 'pendula'），亦称"蟠槐"，枝条弯曲下垂，供观赏。

28. 櫄（chūn）

又东五百里，曰成侯之山，其木多櫄。（《中次五经》）

郭璞注："似樗树，材中车辕。"郝懿行疏："《说文》云：'杶，或作櫄。'即今'椿'字也。"

樗即臭椿，櫄即香椿。（图4-110、图4-111、图4-112）

▲ 图4-110　椿木（《金石昆虫草木状》）

▲ 图4-111　椿木（《中国自然历史绘画·本草集》）

▲ 图4-112　香春树（《各样药材图册》）

《救荒本草》卷五“椿树芽”条云：“椿树芽，《本草》有椿木、樗木，旧不载所出州土，今处处有之。二木形干大抵相类，椿木实而叶香可啖，樗木疏而气臭，膳夫熬去其气，亦可啖。北人呼樗为山椿，江东人呼为虎目，叶脱处有痕，如樗蒲子，又如眼目，故得此名。夏中生荚，樗之有花者无荚，有荚者无花。荚常生臭樗上，未见椿上有荚者。然世俗不辨椿、樗之异，故俗名为椿荚，其实樗荚耳。其无花不实，木大端直为椿，有花而荚，木小干多迂矮者为樗。椿味苦，有毒。樗味苦，有小毒，性温，一云性热，无毒。救饥：采嫩叶煠熟，水浸淘净，油盐调食。”

香椿（Toona sinensis），亦称椿树。楝科。落叶乔木。树干有时有透明树胶。小枝较粗。通常为偶数羽状复叶，互生，小叶10—24片，长椭圆形或长椭圆状披针形，全缘或有不明显钝齿，近于无毛。夏季开花，白色，圆锥花序顶生或腋生，下垂，长达30厘米。蒴果椭圆状倒卵形或椭圆形，5裂，中轴粗大。种子上部具矩圆形薄翅。分布于中国南北各地。喜光，生长较快，萌芽性强。木材红褐色、坚实、细致、不翘、不裂、耐湿，供建筑、上等家具等用材。嫩芽称“椿芽”，作蔬菜。为优良绿化树种。

29.楄（bèi）木

又西五十里，曰橐山，其木多樗，多楄木。（《中次六经》）

郭璞注：“今蜀中有樠木，七八月中吐穗，穗成，如有盐粉着状，可以酢羹。”

汪绂注：“樠，樠木似桦桃，七八月中吐穗，穗上着粉，吮之，其味酸咸，可以酢羹，俗谓之附咸桃。”

郝懿行疏：“《本草》‘盐麸子’即‘五樠子’，俗讹为‘五倍子’。陈藏器《本草拾遗》云‘盐麸子生吴、蜀山谷，树状如椿。七月子成穗，粒如小豆，上有盐似雪，可为羹用’是也。”

《本草纲目》卷三二“盐麸子”条李时珍云：“其味酸、咸，故有诸名。《山海经》云：‘橐山多樠木。’郭璞注云：‘樠木出蜀中，七八月吐穗，成时如有盐粉，可以酢羹。’即此也。后人讹为五倍矣。”又云：“肤木即樠木，东南山原甚多。木状如椿。其叶两两对生，长而有齿，面青背白，有细毛，味酸。正叶之下，节节两边，有直叶贴茎，如箭羽状。五六月开花，青黄色成穗，一枝累累。七月结子，大如细豆而扁，生青，熟微紫色。其核淡绿，状如肾形。核外薄皮上有薄盐，小儿食之，滇、蜀人采为木盐。叶上有虫，结成五倍子，八月取之。”（图4–113）

▲ 图4–113　盐麸子（《金石昆虫草木状》）

《本草纲目》卷三九“五倍子”条李时珍云：“五倍当作五樠，见《山海经》。”又云：“五倍子，宋《开宝本草》收入草部，《嘉祐本草》移入木部。虽知生于

肤木之上，而不知其乃虫所造也。肤木，即盐肤子木也。此木生丛林处者，五六月有小虫如蚁，食其汁，老则遗种，结小球于叶间，正如蛄蟖之作雀瓮，蜡虫之作蜡子也。初起甚小，渐渐长坚，其大如拳。或小如菱，形状圆长不等。初时青绿，久则细黄，缀于枝叶，宛若结成。其壳坚脆，其中空虚，有细虫如蠛蠓。山人霜降前采取，蒸杀货之。否则虫必穿坏，而壳薄且腐矣。皮工造为百药煎，以染皂色，大为时用。他树亦有此虫球，不入药用，木性殊也。”（图4-114、图4-115、图4-116）

◀ 图4-114　洋州五倍子
（《金石昆虫草木状》）

◀ 图4-115　五倍子（《各样药材图册》）

▲ 图4-116　洋州五倍子（《中国自然历史绘画·本草集》）

盐肤木（Rhus chinensis），亦称五倍子树。漆树科。落叶小乔木或灌木。奇数羽状复叶，互生，叶轴有翅，小叶7—13片，矩圆形、卵状椭圆形或卵形，具粗钝齿，下面密生灰褐色绒毛。秋季开花，黄白色，圆锥花序顶生。核果小，橘红色，有短毛。中国除内蒙古、新疆以及东北北部，全国各地有分布，以湖北、四川、云南等地最为集中；印度、中南半岛、日本、朝鲜半岛亦有分布。喜光，耐干旱瘠薄的环境。叶轴及小叶下常生虫瘿，称“五倍子”，菱角状，富含单宁，为化工原料；亦可供药用，为收敛剂、止血剂。

盐肤木上寄生的昆虫为五倍子蚜（Schlechtendalia chinensis），亦称倍蚜。昆虫纲，同翅目，绵蚜科。在盐肤木等树上形成虫瘿（五倍子）的蚜虫。有翅型体长1.5毫米，无翅型约1.1毫米，淡黄褐或暗绿色。

30. 黄棘

又东二十里，曰苦山……其上有木焉，名曰黄棘，黄华而员叶，其实如兰，服之不字。（《中次七经》）

再向东二十里，就是苦山。山上有一种树，名叫黄棘，开黄色的花朵，圆圆的叶子，结的果实像兰草的果实，服用它会让人无法生育。

吕调阳注："黄棘，云实也，赤茎中空，有刺，高三四尺，叶如苜蓿，青黄色。三月开黄华，结荚长三寸许，状兰苞。其华主见鬼精，多食令人狂走。"（图4-117、图4-118）

《楚辞·九章·悲回风》云："施黄棘之枉策。"蒋骥《山带阁注楚辞》引此经为说，闻一多《九章解诂》以黄棘即王棘，又名黄荆。

尚志钧疑黄棘或为小檗科植物大叶小檗一类植物。

《本草纲目》卷三五"小檗"条李时珍云："小檗山间时有之，小树也。其皮外白里黄，状如檗皮而薄小。"（图4-119）

▲ 图4-117 瀛州云实（《金石昆虫草木状》）

▲ 图4-118 云实（《庶物类纂图翼》第十五）

▶ 图4-119 小檗（《金石昆虫草木状》）

小檗（Berberis thunbergii），小檗科。落叶灌木，有刺。叶倒卵形，通常集生短枝上。初夏开花，花黄色，外面带红色。浆果长椭圆形，鲜红色。原产日本，中国有栽培。供观赏。根和茎入药，并可提制小檗碱。

31. 蒙木

又东五十里，曰放皋之山……有木焉，其叶如槐，黄华而不实，其名曰蒙木，服之不惑。（《中次七经》）

再向东五十里，就是放皋山。山中有一种树，叶子像槐树叶，开黄色的花朵，却不结果实，名叫蒙木，服用它就可以不生头目昏眩的病。

汪绂注："此今密蒙花也，治目疾。"

《本草纲目》卷三六"密蒙花"条引苏颂云："密蒙花，蜀中州郡皆有之。树高丈余。叶似冬青叶而厚，背白有细毛，又似橘叶。花微紫色。二月、三月采花，暴干用。"（图4-120、图4-121、图4-122）

▲ 图4-120　简州密蒙花（《金石昆虫草木状》）

密蒙花（Buddleja officinalis），亦称蒙花。醉鱼草科。落叶灌木。小枝略呈四棱形，密被灰白色茸毛。叶对生，卵状披针形至长圆状披针形，全缘或有锯齿，下面密被灰白色至黄色星状茸毛。圆锥花序顶生，各部密被茸毛；花芳香，淡紫色。蒴果卵形，两瓣裂。种子具翅。分布于中国陕西、甘肃，以及西南、中南地区。花蕾供药用，功能清热明目、退翳、止咳；花可提取芳香油。

◀ 图4-121　密蒙花（《各样药材图册》）

▶ 图4-122　简州密蒙花（《中国自然历史绘画·本草集》）

吕调阳注："蒙木，即合欢木，华蒙茸如丝，上半白，下半赤黄色，久则尽黄。结荚，子极薄细，故云不实。"

《本草经》云："合欢，一名蠲忿。味甘，平，无毒。主安五脏，和心志，令人欢乐无忧。久服轻身，明目，得所欲。生山谷。"

《名医别录》云："合欢，无毒。生益州。"

《古今注·草木》云："合欢，树似梧桐，枝弱叶繁，互相交结。每一风来，辄自相解，了不相绊缀。树之阶庭，使人不忿。嵇康种之舍前。"

《救荒本草》卷五"夜合树"条云："夜合树，《本草》名合欢，一名合昏。生益州及维（雍）洛山谷，今钧州、郑州山野中亦有之。木似梧桐，其枝甚柔弱。叶似皂荚叶，又似槐叶，极细而密，互相交结，每一风来辄似相解了，不相牵缀。其叶至暮而合，故名合昏。花发红白色，瓣上若丝茸然散垂。结实作荚，子极薄细，味甘，性平，无毒。救饥：采嫩叶煠熟，水浸淘净，油盐调食。晒干煠食尤好。"

《本草纲目》卷三五"合欢"条引苏恭云："此树叶似皂荚及槐，极细。五月花发，红白色，上有丝茸。秋实作荚，子极薄细。所在山谷有之，今东西京第宅山池间亦有种者，名曰合昏。"（图4-123）

▲ 图4-123 合欢（《金石昆虫草木状》）

合欢（Albizzia julibrissin），亦称合梧、马缨花。豆科。落叶乔木。二回偶数羽状复叶，小叶呈镰状，夜间成对相合。夏季开花，头状花序多个，呈伞房状排列，花粉红色。荚果条形，扁平，不裂。主产于中国中部。木材红褐色，可制家具、木枕等。树皮可提制栲胶。干燥树皮入药，性平、味甘，功能安神、解郁、活血，主治气郁胸闷、失眠、跌打损伤、肺痈等症。花称“合欢花”，功用相似。又为绿化树。

32. 栯（yǒu）木

又东三十里，曰泰室之山。其上有木焉，叶状如梨而赤理，其名曰栯木，服者不妒。（《中次七经》）

再向东三十里，就是泰室山。山上有一种树，叶子像梨树叶而有红色的纹理，名叫栯木，服用它就不会生妒忌之心。

《本草纲目》卷三六“郁李”条李时珍云：“郁，《山海经》作栯，馥郁也。花、实俱香，故以名之。陆机《诗疏》作薁字，非也。《尔雅》常棣即此。”即以此经栯木即郁李，亦即常棣。

常棣见于《诗经》，《小雅·常棣》云：“常棣之华，鄂不韡韡。凡今之人，莫如兄弟。”

毛传：“常棣，棣也。”

《毛诗草木鸟兽虫鱼疏》云："常棣，许慎曰'白棣树也'，如李而小，如樱桃正白，今官园种之。又有赤棣树，亦似白棣，叶如刺榆叶而微圆，子正赤，如郁李而小，五月始熟，自关西、天水、陇西多有之。"（图4–124）

《尔雅·释木》云："常棣，棣。"郭璞注："今山中有棣树，子如樱桃，可食。"

《埤雅》卷一三"常棣"条云："如李而小，子如樱桃正白。华萼上承下覆，甚相亲尔。"

郁李，《诗经》作"郁"，《豳风·七月》云："六月食郁及薁，七月亨葵及菽。八月剥枣，十月获稻。为此春酒，以介眉寿。七月食瓜，八月断壶。九月叔苴，采荼薪樗，食我农夫。"

毛传："郁，棣属。"

《毛诗草木鸟兽虫鱼疏》云："郁，其树高五六尺，其实大如李，色赤，食之甘。"（图4–125、图4–126）

《本草经》云："郁李仁，一名爵李。味酸，

图4–124　常棣（《毛诗品物图考》）

图4–125　郁（《毛诗品物图考》）

▲ 图4-126 郁（《诗经名物图解》）

平，无毒。治大腹水肿、面目四肢浮肿，利小便水道。根，治齿断肿、龋齿，坚齿。生高山川谷及丘陵。”

《名医别录》云：“郁核，无毒。根，去白虫。一名车下李，一名棣。生高山及丘陵上。五月、六月采根。”

《救荒本草》卷七“郁李子”条云：“郁李子，《本草》郁李人（仁），一名爵李，一名车下李，一名雀梅，即奥李也，俗名藲梨儿。生隰州高山川谷丘陵上，今处处有之。木高四五尺，枝条花叶皆似李，惟子小。其花或白或赤，结实似樱桃，赤色。其人（仁）味酸，性平，一云味苦辛。其实味甘酸，根性凉，俱无毒。救饥：其实红熟时，摘取食之，酸甜味美。”

《本草纲目》卷三六“郁李”条引韩保升云：“树高五六尺，叶、花及树并似大李；惟子小若樱桃，甘酸而香，有少涩味也。”（图4-127、图4-128、图4-129、图4-130、图4-131、图4-132）

郁李（Cerasus japonica），蔷薇科。落叶小灌木。叶卵形至针状卵形，有尖锐细重锯齿，背面仅中脉上有短柔毛。春季开花，花两或三朵簇生，粉红色或近白色，稍先于叶或与叶同时开放。核果近球形，暗红色。果核光滑。产于中国东北、华北及华东等地。供观赏。果可食；种子名“郁李仁”，入药。

▼ 图4-127 郁李（《各样药材图册》）

▲ 图4-128 郁李仁（《金石昆虫草木状》）

▲ 图4-129 郁李花（《金石昆虫草木状》）

▲ 图4-130　郁李（《中国自然历史绘画·本草集》）

▼ 图4-132 郁李花（《中国自然历史绘画·花鸟画谱》）

◀ 图4-131 郁李花（《中国自然历史绘画·花鸟画谱》）

33. 帝屋

又北三十里，曰讲山……有木焉，名曰帝屋，叶状如椒，反伤，赤实，可以御凶。（《中次七经》）

▲ 图4-133　櫄子（《金石昆虫草木状》）

再向北三十里，就是讲山。山中有一种树，名叫帝屋，叶子像椒树叶，长有向下弯的刺，结红色的果实，可以用它来防御凶邪。

郭璞注："反伤，刺下勾也。"植物刺的刺尖大都是向上弯的，此向下弯，故称反伤。伤，刺也。

吕调阳注："帝屋，悬钩也，树生高四五尺，茎白，有倒刺，叶如樱桃而狭长，白华赤实如莓也。一名树莓。"

《本草纲目》卷一八"悬钩子"条李时珍云："悬钩树生，高四五尺。其茎白色，有倒刺。其叶有细齿，青色无毛，背后淡青，颇似樱桃叶而狭长，又似地棠花叶。四月开小白花。结实色红，今人亦通呼为藨子。"

郝懿行疏："此别一种椒也。苏颂《本草图经》云：'党哥（子）出闽中、江东，其木似樗，茎间有刺，子辛辣如椒，主游蛊、飞尸。'"（图4-133）

《本草纲目》以党子即食茱萸，卷三二"食茱萸"条李时珍云："食茱萸、櫄子、辣子，一物也。高木长叶，黄花绿子，丛簇枝上。味辛而苦，土人八月采，捣滤取汁，入石灰搅成，名曰艾油，亦曰辣米油，始辛辣蜇口，入食物中用。周处《风土记》以椒、欓、姜为三香，则自古尚之矣，而今贵人罕用之。”（图4-134、图4-135）

在辣椒传入以前，食茱萸是菜肴的调味料之一。

尚志钧疑帝屋为芸香科植物狭叶花椒一类植物。

▲ 图4-134　蜀州食茱萸（《金石昆虫草木状》）

▲ 图4-135　蜀州食茱萸（《中国自然历史绘画·植物画谱》）

34.亢木

又东三十里，曰浮戏之山。有木焉，叶状如樗而赤实，名曰亢木，食之不蛊。（《中次七经》）

再向东三十里，就是浮戏山。山上有一种树，叶子像臭椿树的叶子，结红色的果实，名叫亢木，吃了它可以避免被妖邪之气袭扰。

郝懿行曰："《本草经》：'卫矛一名鬼箭，主除邪杀蛊。'叶状如野茶，实赤如冬青，即此也。"

《本草经》云："卫矛，一名鬼箭。味苦，寒，无毒。治女子崩中下血、腹满、汗出，除邪，杀鬼毒，蛊疰。生山谷。"

《名医别录》云："卫矛，无毒。主治中恶、腹痛，去白虫，消皮肤风毒肿，令阴中解。生霍山。八月采，阴干。"

《本草纲目》卷三六"卫矛"条李时珍云："鬼箭生山石间，小株成丛。春长嫩条，条上四面有羽如箭羽，视之若三羽尔。青叶状似野茶，对生，味酸涩。三四月开碎花，黄绿色。结实大如冬青子。山人不识，惟樵采之。"（图4–136）

▲ 图4–136　卫矛（《金石昆虫草木状》）

卫矛（Euonymus alatus），亦称鬼箭羽。卫矛科。落叶灌木。小枝有2—4列宽木栓翅。叶对生，椭圆形。初夏开花，花小，绿白色，聚伞花序。果实分成4个分果，但仅1—2个分果发育。种子有橙红色假种皮。分布于中国各地，亦产于朝鲜半岛和日本。可供观赏。木材供细木工、雕刻等用；带翅的枝入药，性寒、味苦，功能破血通经、祛风止痛，主治跌打损伤、经行腹痛、风湿痹痛等症。

郭郛以亢木为冬青（图4–137）或卫矛。

▲ 图4–137　冬青（《中国药用本草绘本》）

35. 蓟（jì）柏

又东三十里，曰敏山。上有木焉，其状如荆，白华而赤实，名曰蓟柏，服者不寒。（《中次七经》）

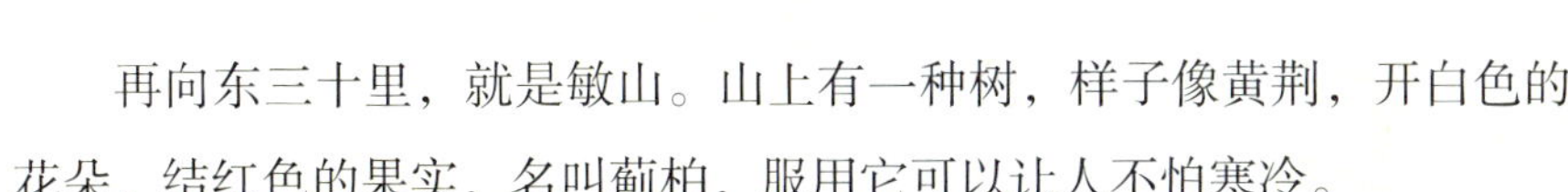

再向东三十里，就是敏山。山上有一种树，样子像黄荆，开白色的花朵，结红色的果实，名叫蓟柏，服用它可以让人不怕寒冷。

尚志钧疑蓟柏为柏科植物桧柏一类植物。

桧见于《诗经》，《卫风·竹竿》云："籊籊竹竿，以钓于淇。岂不尔思，远莫致之。泉源在左，淇水在右。女子有行，远兄弟父母。淇水在右，泉源在左。巧笑之瑳，珮玉之傩。淇水滺滺，桧楫松舟。驾言出游，以写我忧。”

毛传：“桧，柏叶松身。”（图4-138、图4-139）

《尔雅翼》卷九“桧”条云：“桧，今人亦谓之圆柏，以别于侧柏。又有一种别名桧柏，不甚长，其枝叶乍桧乍柏，一枝之间屡变，人家庭宇植之以为玩。”

◀ 图4-138　桧（《毛诗品物图考》）

▼ 图4-139　桧（《诗经名物图解》）

桧（Sabina chinensis），亦称圆柏、桧柏。柏科。常绿乔木，高可达20米。树冠圆锥形。叶有鳞形及刺形两种。雌雄异株，有时同株。球果翌年秋冬成熟，近球形，肉质。产于中国，以黄河流域和长江流域为中心，分布甚广。树龄长达数百年。插条繁殖者生长快。木材细致，坚实，供建筑家具、工艺品、铅笔杆等用。其变种龙柏（cv. kaizuca），树冠圆柱形，叶鳞形，插条易成活。

蓟柏的功效是“服者不寒”，郭璞注：“令人耐寒。”尚志钧云：“柏树入冬不凋，虽在冰雪严寒之时，枝叶仍保持着青翠的鲜绿色，显示柏树极能耐寒，所以古人有此‘服者不寒’的联想。”

阜阳汉简《万物》云:“□姜叶使人忍寒也。”可知古人确有以植物助人抗寒的方法。

郭璞《图赞》云:“蓟柏白华,厥子如丹。实肥变气,食之忘寒。物随所染,墨子所叹。”

36.橘(jú)、櫾(yòu)

东北百里,曰荆山……其木多松、柏,其草多竹,多橘、櫾。(《中次八经》)

《本草经》云:“橘柚,一名橘皮。味辛,温,无毒。治胸中瘕热、逆气,利水谷。久服去口臭,下气,通神明。生川谷。”

《名医别录》云:“橘柚,无毒。主下气,止呕咳,除膀胱留热,下停水,五淋,利小便,治脾不能消谷、气冲胸中、吐逆、霍乱,止泄,去寸白。久服轻身长年。生南山,生江南。十月采。”

《齐民要术》卷一〇“橘”条引《异物志》云:“橘树,白花而赤实,皮馨香,又有善味。江南有之,不生他所。”

《南方草木状》卷下云:“橘,白华赤实,皮馨香,有美味。自汉武帝,交趾有橘官长一人,秩二百石,主贡御橘。吴黄武中,交趾太守士燮,献橘十七实同一蒂,以为瑞异,群臣毕贺。”

《埤雅》卷一三“橘”条云:“橘如柚而小,白花赤实,盖亦渡淮而变,《考工记》所谓‘橘逾淮而北为枳’,此地气然也。”

《尔雅翼》卷一〇“橘”条云：“橘生于江南，素华丹实，皮既馨香，又有善味。尤生于洞庭之包山，过江北则无，故曰江南种橘。江北为枳……又有甘橘，其形似橘而圆大，皮色生青，熟则黄赤，未经霜时尤酸，霜后甚甜，故名甘子，生岭南及江南。”

《本草纲目》卷三〇“橘”条李时珍云：“夫橘、柚、柑三者相类而不同。橘实小，其瓣味微酢，其皮薄而红，味辛而苦。柑大于橘，其瓣味甘，其皮稍厚而黄，味辛而甘。柚大小皆如橙，其瓣味酢，其皮最厚而黄，味甘而不甚辛。如此分之，即不误矣。按《事类合璧》云：橘树高丈许，枝多生刺。其叶两头尖，绿色光面，大寸余，长二寸许。四月着小白花，甚香。结实至冬黄熟，大者如杯，包中有瓣，瓣中有核也。”（图4-140）

▲ 图4-140 橘（《金石昆虫草木状》）

尚志钧以橘为芸香科植物各种橘，如柑橘、红橘、朱橘等一类植物。

屈原《橘颂》云：

后皇嘉树，橘徕服兮。受命不迁，生南国兮。深固难徙，更壹志兮。绿叶素荣，纷其可喜兮。曾枝剡棘，圆果抟兮。青黄杂糅，文章烂兮。精色内白，类可任兮。纷缊宜修，姱而不丑兮。

嗟尔幼志，有以异兮。独立不迁，岂不可喜兮。深固难徙，廓其无求兮。苏世独立，横而不流兮。闭心自慎，终不失过兮。秉德无私，参天地兮。愿岁并谢，与长友兮。淑离不淫，梗其有理兮。年岁虽少，可师长兮。行比伯夷，置以为像兮。

郭璞注："櫾，似橘而大也，皮厚味酸。"櫾、柚字同。

《齐民要术》卷一〇"柚"条引《风土记》云："柚，大橘也，色黄而味酢。"

《埤雅》卷一三"柚"条云："《吕氏春秋》曰：'果之美者，有云梦之柚。'柚似橙而大于橘。"

《尔雅翼》卷一〇"柚"条云："柚似橘而大，其味尤酸。孔安国云：'小曰橘，大曰柚。'……《广志》曰：'成都有柚大如斗。'"

《太平御览》卷九七三引裴渊《广州记》云："别有柚，号为雷柚，实如升大。"

《桂海虞衡志·志果》"柚子"条云："南州名臭柚。大如瓜，人亦食之。皮甚厚，打碑者卷皮蘸墨以代毡刷，宜墨而不损纸，极便于用，此法可传。但北州无许大柚耳。"

《本草纲目》卷三〇"柚"条李时珍云："柚，树、叶皆似橙。其实有大、小二种：小者如柑如橙；大者如瓜如升，有围及尺余者，亦橙之类也。今人呼为朱栾，形色圆正，都类柑、橙。但皮厚而粗，其味甘，其气臭，其瓣坚而酸恶不可食，其花甚香。南人种其核，长成以接柑、橘，云甚良也。盖橙乃橘属，故其皮皱厚而香，味苦而辛；柚乃柑属，

故其皮粗厚而臭，味甘而辛。如此分柚与橙、橘自明矣。”（图4-141、图4-142）

▲ 图4-141　柚子（《金石昆虫草木状》）

▼ 图4-142　香柚（《各样药材图册》）

柚（Citrus grandis），亦称文旦、栾、抛。芸香科。常绿乔木。叶大而厚；翼叶大，心脏形。花大，常簇生成总状花序。果实大，圆形、扁圆形或阔倒卵形。成熟时呈淡柠檬色或橙色。果皮厚，有大油腺，不易剥离。味甜酸适口。秋末成熟。耐贮运。种子单胚。用播种、嫁接、压条等法繁殖。中国广西、福建、浙江、广东、四川和湖南等地均有栽培。耐寒性较弱，栽培品种多，如文旦柚、沙田柚等。果供生食或加工，果皮可制蜜饯，花、叶、果可提芳香油。未成熟果实的外果皮入药，称“化橘红”。性温、味苦辛，功能燥湿化痰、理气消食，主治寒痰、湿痰引起的痰多咳喘、食积不化、脘腹胀满、呕吐、呃逆等症。主要成分有柠檬烯、α蒎烯等挥发油，有祛痰、止咳、抑菌等作用。同科植物化州柚（C. grandis var. tomentosa）的未成熟果实的外果皮亦作“化橘红”入药用。

37. 柤（zhā）、栗

又东北三百五十里，曰纶山，其木多梓、楠，多桃枝，多柤、栗、橘、櫾。（《中次八经》）

郭璞注："柤，似梨而酢涩。"

《尔雅·释木》云："樝梨曰钻之。"郭璞注："樝似梨而酢涩。"郝懿行《尔雅义疏》云："樝即今铁梨，黄赤而圆，肉坚酸涩，而入汤煮熟则更甜滑。"

《齐民要术》卷一〇"柤"条引《神异经》云："南方大荒之中有树，名曰柤。三千岁作花，九千岁作实。其花色紫。高百丈。敷张自辅。叶长七尺，广四五尺，色如绿青。皮如桂，味如蜜；理如甘草，味饴。实长九尺，围如其长，无瓤核，割之如凝酥。食者寿以万二千岁。"所说已是对柤的神化了。

尚志钧认为柤与梨并列，柤的形状和味道又像梨，所以柤应是梨的一种，属于蔷薇科梨属植物，并非蔷薇科山楂属植物中的山楂。然而此经柤究为何物，已难确知。

栗亦见于《诗经》，《鄘风·定之方中》云："定之方中，作于楚宫。揆之以日，作于楚室。树之榛栗，椅桐梓漆，爰伐琴瑟。"

《毛诗草木鸟兽虫鱼疏》云："五方皆有栗，周、秦、吴、扬特饶，吴、越被城，表里皆栗，唯渔阳、范阳栗甜美长味，他方者悉不及也。倭、韩国诸岛上，栗大如鸡子，亦短味不美。桂阳有莱栗，藂生，大如杼子，中仁皮子形色与栗无异也，但差小耳。又有奥栗，皆与栗同，子圆而细，或云即桼也，今此惟江湖有之。又有茅栗、佳栗，其实更小，而木与栗不殊，但春生夏花、秋实冬枯为异耳。”（图4-143、图4-144）

▲ 图4-143 栗（《毛诗品物图考》）

▼ 图4-144 栗（《诗经名物图解》）

《名医别录》云：“栗，味咸，温，无毒。主益气，厚肠胃，补肾气，令人耐饥。生山阴，九月采。”

《齐民要术》卷一〇“栗”条引《神异经》云：“东北荒中，有木高四十丈，叶长五尺，广三寸，名栗。其实径三尺，其壳赤，而肉黄白，味甜，食之多，令人短气而渴。”

《南方草木状》卷下云：“石栗，树与栗同，但生于山石罅间。花开三年方结实。其壳厚而肉少，其味似胡桃人（仁）。熟时或为群鹦鹉至，啄食略尽，故彼人极珍贵之。出日南。”

《艺文类聚》卷八七引《广志》云：“栗有侯栗，关中大如鸡子。”又引《三秦记》云：“汉武帝有果园，大栗十五枚一斗。”

《本草纲目》卷二九“栗”条李时珍云：“栗但可种成，不可移栽。按《事类合璧》云：栗木高二三丈，苞生多刺如猬毛，每枝不下四五个苞，有青、黄、赤三色。中子或单或双，或三或四。其壳生黄熟紫，壳内有膜裹仁，九月霜降乃熟。其苞自裂而子坠者，乃可久藏，苞未裂者易腐也。其花作条，大如箸头，长四五寸，可以点灯。栗之大者为板栗，中心扁子为栗楔。稍小者为山栗。山栗之圆而末尖者为锥栗。圆小如橡子者为莘栗。小如指顶者为茅栗，即《尔雅》所谓栭栗也，一名栵栗，可炒食之。”（图4-145、图4-146、图4-147、图4-148）

栗，栗属（Castanea）树种的总称。世界上有十几个种。原产中国的有板栗、锥栗和茅栗三种。各国生产栽培的有板栗、日本栗、欧洲栗、美洲栗和锥栗五种。

▲ 图4-145　栗子（《金石昆虫草木状》）

▼ 图4-146　栗子（《各样药材图册》）

▲ 图4-147　栗子（《中国自然历史绘画·本草集》）

▲ 图4-148　栗（《中国药用本草绘本》）

38. 寓木

又东北七十里，曰龙山，多寓木。(《中次八经》)

寓木，郭璞注："寄生也，一名宛童。见《尔雅》。"(图4–149)

《尔雅·释木》云："寓木，宛童。"郭璞注："寄生树，一名茑。"郝懿行《尔雅义疏》云："'寓'犹'寄'也。寄寓木上，故谓之'茑'。"

茑见于《诗经》，《小雅·頍弁》云："有頍者弁，实维伊何？尔酒既旨，尔肴既嘉。岂伊异人？兄弟匪他。茑与女萝，施于松柏。未见君子，忧心奕奕；既见君子，庶几说怿。"

毛传："茑，寄生也。"

《毛诗草木鸟兽虫鱼疏》云："茑，一名寄生，叶似当卢，子如覆盆子，赤黑，甜美。"

▶ 图4–149　松寄(《各样药材图册》)

《本草经》云："桑上寄生，一名寄屑，一名寓木，一名宛童。味苦，平，无毒。治腰痛、小儿背强、痈肿，安胎，充肌肤，坚发齿，长须眉。其实，明目，轻身，通神。生川谷桑树上。"

《名医别录》云："桑上寄生，味甘，无毒。主治金创，去痹，女子崩中，内伤不足，产后余疾，下乳汁，一名茑。生弘农桑树上。三月三日采茎、叶，阴干。"

《本草纲目》卷三七"桑上寄生"条李时珍云："此物寄寓他木而生，如鸟立于上，故曰寄生、寓木、茑木，俗呼为寄生草。"又云："寄生高者二三尺。其叶圆而微尖，厚而柔，面青而光泽，背淡紫而有茸。人言川蜀桑多，时有生者。他处鲜得。须自采或连桑采者乃可用。世俗多以杂树上者充之，气性不同，恐反有害也。"（图4-150、图4-151）

◀ 图4-150　桑上寄生（《金石昆虫草木状》）

▶ 图4-151　桑寄生（《中国自然历史绘画·植物画谱》）

桑寄生（Taxillus sutchuenensis），桑寄生科。半寄生性常绿小灌木，寄生于山茶科、壳斗科和桑科等植物树枝上。嫩枝、叶、花序密被褐或红褐色星状毛，小枝黑色。叶革质，卵形或椭圆形，上面绿色，下面被褐色茸毛。夏秋开花，花序腋生，花两性，花被红色，管状，具披针形裂片4枚。浆果椭圆形。产于中国西南部、中部和东南部。另种广寄生（T. chinensis），产于中国南部，亦见于亚洲东南部。两种的带叶茎枝均入药，通称“桑寄生”，性平、味苦，功能补肝肾、强筋骨、除风湿，主治腰酸背痛、风湿痛、胎动不安等症；亦用治高血压。

39. 椒

又东南二百里，曰琴鼓之山，其木多榖、柞、椒、椐。（《中次八经》）

郭璞注：“椒，为树小而丛生，下有草木则蓋死。”

郭璞《图赞》云：“椒之灌植，实繁有榛。薰林烈薄，馞其芬辛。服之不已，洞见通神。”

椒亦见于《诗经》，《唐风·椒聊》云：“椒聊之实，蕃衍盈升。彼其之子，硕大无朋。椒聊且，远条且。椒聊之实，蕃衍盈匊。彼其之子，硕大且笃。椒聊且，远条且。”

毛传："椒聊，椒也。"

《毛诗草木鸟兽虫鱼疏》云："椒聊，聊，语助也。椒树似茱萸，有针刺，茎叶坚而滑泽。蜀人作茶，吴人作茗，皆合煮其叶以为香。今成皋诸山间有椒，谓之竹叶椒，其树亦如蜀椒，少毒热，不中合药也，可着饮食中，又用蒸鸡豚最佳者。东海诸岛上亦有椒树，枝叶皆相似，子长而不圆，甚香，其味似橘皮。岛上麞鹿食此椒叶，其肉自然作椒橘香也。"（图4–152、图4–153）

▼ 图4–153　椒（《诗经名物图解》）

◀ 图4–152　椒（《毛诗品物图考》）

《埤雅》卷一四“椒”条云：“椒似茱萸而小，赤色，内含黑子如点，今谓椒目。木有针刺，叶坚而滑泽。”

尚志钧以椒泛指芸香科植物各种椒，如花椒等。

花椒（Zanthoxylum bungeanum），芸香科。落叶灌木或小乔木，有刺。羽状复叶，小叶5—11枚，卵形至卵状椭圆形，有圆齿和透明腺点，叶轴有狭翅。夏季开花，花小，黄绿色，聚伞状短圆锥花序。果实带红色，密生粗大突出的腺点。种子黑色。产于中国。野生或栽培。果实用作调味料；亦入药，性温、味辛，功能温中止痛、杀虫，主治脘腹冷痛、吐泻及蛔虫病等。种子能行水消肿，主治水肿、小便不利。

40.棠

又东北三百里，曰岷山……其木多梅、棠。（《中次九经》）

《西次三经》昆仑之丘，“有木焉，其状如棠”，郭璞注：“棠，梨也。”

《尔雅·释木》云：“杜，赤棠。白者棠。”郭璞注：“棠色异，异其名。”

《诗经》有“杜”和“甘棠”，《唐风·杕杜》云：“有杕之杜，其叶湑湑。独行踽踽。岂无他人，不如我同父。嗟行之人，胡不比焉？人无兄弟，胡不佽焉？有杕之杜，其叶菁菁。独行睘睘。岂无他人？不如我同姓。嗟行之人，胡不比焉？人无兄弟，胡不佽焉？”

毛传：“杜，赤棠也。”

《诗经·召南·甘棠》云：“蔽芾甘棠，勿翦勿伐，召伯所茇。蔽芾甘棠，勿翦勿败，召伯所憩。蔽芾甘棠，勿翦勿拜，召伯所说。”

毛传：“甘棠，杜也。”

《毛诗草木鸟兽虫鱼疏》云：“甘棠，今棠梨，一名杜梨。赤棠也，与白棠同耳，但子有赤白美恶，子白色为白棠。甘棠也（子）少酢滑美，赤棠子涩而酢，无味，俗语云‘涩如杜’是也。赤棠木理韧，亦可以作弓榦。”（图4-154、图4-155）

《救荒本草》卷六“棠梨树”条云：“棠梨树，今处处有之，生荒野中。叶似苍术叶，亦有团叶者，有三叉叶者，叶边皆有锯齿，又似女儿茶叶，其叶色颇黪白。开白花。结棠梨如小楝子大，味甘酸。花叶味微苦。救饥：采花煠熟食，或晒干磨面作烧饼食亦可。及采

图4-154　甘棠（《毛诗品物图考》）

嫩叶煠熟，水浸淘净，油盐调食，或蒸晒作茶亦可。其棠梨经霜熟时摘食，甚美。”

《本草纲目》卷三〇“棠梨”条李时珍云：“棠梨，野梨也。处处山林有之。树似梨而小。叶似苍术叶，亦有团者，三叉者，叶边皆有锯齿，色颇黪白。二月开白花，结实如小楝子大，霜后可食。”（图4-156）

▼ 图4-155　甘棠（《诗经名物图解》）

▶ 图4-156　棠梨（《各样药材图册》）

41. 棷（zōu）、椫（shàn）、杨

又东百五十里，曰风雨之山，其上多白金，其下多石涅，其木多棷、椫，多杨。（《中次九经》）

▲ 图4–157　黄杨木（《中国药用本草绘本》）

郭璞注："棷木，未详也。"

郭郛以棷为川箭竹。

郭璞注："椫木，白理，中栉。"

尚志钧疑椫木或为榆科植物青檀一类植物。

郭郛以椫为黄杨（图4–157）。

吴任臣注："杨有蒲柳、白杨、移杨数种，与柳不同。陈藏器曰：'杨树枝叶短，柳树枝叶长。'"

《尔雅·释木》云："杨，蒲柳。"

杨亦见于《诗经》（图4–158），《秦风·车邻》云："有车邻邻，有马白颠。未见君子，寺人之令。阪有漆，隰有栗。既见君子，并坐鼓瑟。今者不乐，逝者其耋。阪有桑，隰有杨。既见君子，并坐鼓簧。今者不乐，逝者其亡。"

《埤雅》卷一三"杨"条云："今有

黄白青赤四种，白杨叶圆，青杨叶长，赤杨霜降则叶赤，材理亦赤。黄杨木性坚致难长，俗云岁长一寸，闰年倒长一寸，世重黄杨，以其无火，或曰以水试之，沉则无火。取此木必于阴晦，夜无一星，则伐之，为枕不裂。”

杨，杨柳科，杨属（Populus）植物的泛称。落叶乔木。叶常宽阔。花单性，雌雄异株，柔荑花序，苞片边缘常有裂片，无花被，有杯状花盘，雄蕊常多数，种子具毛。约有100余种，中国约有62种。常见的如响叶杨、银白杨、毛白杨等。

▲ 图4-158 杨（《诗经名物图解》）

42. 槠（zhū）

又东南二百里，曰前山，其木多槠，多柏。（《中次十一经》）

郭璞注：“似柞，子可食，冬夏青，作屋柱难腐。”
汪绂注：“槠木似柞而高大，色赤，木宜为地栿，不腐。其子亦似柞子而形圆，有皂斗含之，可食，可济饥。有苦槠、甜槠、栲槠，数种相似。”

郝懿行疏：“《上林赋》云：‘沙棠栎槠。’郭注云：‘槠似柃，叶冬不落。’《汉书音义》云：‘槠似樜，叶冬不落也。’《玉篇》亦云：‘槠，木名，冬不凋。’”

《本草纲目》卷三〇“槠子”条李时珍云：“槠子处处山谷有之。其木大者数抱，高二三丈。叶长大如栗叶，稍尖而厚坚光泽，锯齿峭利，凌冬不凋。三四月开白花成穗，如栗花。结实大如槲子，外有小苞，霜后苞裂子坠。子圆褐而有尖，大如菩提子。内仁如杏仁，生食苦涩，煮、炒乃带甘，亦可磨粉。甜槠子粒小，木纹细白，俗名面槠。苦槠子粒大，木纹粗赤，俗名血槠。其色黑者名铁槠。”（图4–159）

图4–159　槠子（《食物本草》）

苦槠（Castanopsis sclerophylla），壳斗科。常绿乔木，高可达20米。叶革质，矩圆形或矩圆状卵形，通常中部以上有锯齿，下面有淡灰色蜡层。5月开花，单性，雌雄同株。雄花的柔荑花序直立。坚果卵圆形，单生于具瘤状苞片的壳斗中，当年成熟。产于中国长江流域及以南低山丘陵，为栲属中分布最北的一种。耐阴。木材坚实、耐用，供建筑、家具等用材。种子可制豆腐。

43. 桓

又东北五十里，曰袟筒之山，其上多松、柏、机、桓。（《中次十一经》）

郭璞注："桓，叶似柳，皮黄白不措。子似楝，着酒中饮之，辟恶气，浣衣去垢。核坚，正黑，可以间香缨。一名栝楼也。"

郝懿行疏："陈藏器《本草拾遗》云：'无患子一名桓。'引《博物志》云：'桓，叶似榉柳叶，核坚，正黑如瑿，可作香缨及浣垢。'案所引正与郭注合，或即郭所本也。"

《艺文类聚》卷八九引《纂文》云："无患，木名也，实可以去垢，核黑如瑿。"《古今注·问答释义》云："程雅问：'拾栌木一名无患者？''昔有神巫，名曰宝眊，能符劾百鬼。得鬼，则以此为棒杀之。世人相传以此木为众鬼所畏，竞取为器用，以却厌邪鬼，故号曰无患也。'"《酉阳杂俎·续集》卷一〇《支植下》云："无患木，烧之极香，辟恶气，一名噤娄，一名桓。昔有神巫曰瑶眊，能符劾百鬼，擒魑魅，以无患木击杀之。世人竞取此木为器用却鬼，因曰无患木。"

《本草纲目》卷三五"无患子"条李时珍云："俗名为鬼见愁，道家禳解方中用之，缘此义也。释家取为数珠，故谓之菩提子，与薏苡同名。《纂文》言其木名卢鬼木。山人呼为肥珠子、油珠子，因其实如肥油而子圆如珠也。"又云："生高山中。树甚高大，枝叶皆如椿，特其叶对生。五六月开白花。结实大如弹丸，状如银杏及苦楝子，生青熟黄，老则文皱。黄时肥如油炸之形，味辛气膻且硬。其蒂下有二小子，相粘承之。实中一核，坚黑似肥皂荚之核，而正圆如珠。壳中有仁如榛子仁，亦辛膻，可炒食。十月采实，煮熟去核，捣和麦面或豆面作澡药，去垢同于肥皂，用洗真珠甚妙。”（图4-160、图4-161）

无患子（Sapindus mukorossi），亦称油患子。无患子科。落叶乔木。叶互生，偶数羽状复叶，小叶4—8对，椭圆状披针形，全缘。夏季开花，花小，淡绿色，圆锥花序。核果由一分果所成，球形，黄棕色。产于中国各地，亦见于日本。果皮可代肥皂，又可制农药；种子可榨油制肥皂和润滑油；木材可制农具等，尤适于制梳；种子入药，功能清热解毒、化痰止咳，主治喉痹肿痛、肿毒、咳喘痰多等症。秋季叶色变黄，为优良的色相树种。

◀ 图4-160　无患子（《金石昆虫草木状》）

▼ 图4-161　无患子（《各样药材图册》）

44. 櫐（lěi）

又东四十里，曰卑山，其上多桃、李、苴、梓，多櫐。（《中次十一经》）

郭璞注：“今虎豆、狸豆之属。櫐，一名縢。”狸豆又称黎豆。（图4–162）

郝懿行疏：“《尔雅〔·释木〕》云：‘欇，虎櫐。’郭注云：‘今虎豆，缠蔓林树而生，荚有毛刺。’《古今注〔·草木〕》云：‘虎豆，似狸豆而大也。’郭云‘累一名縢’者，《广雅〔·释草〕》云：“‘藟，藤也。’”

尚志钧认为此文櫐是藤本植物的泛称。

《本草经》云：“蓬蘽，一名覆盆。味酸，平，无毒。主安五脏，益精气，长阴令坚，强志，倍力，有子。久服轻身，不老。生平泽。”

《名医别录》云：“蓬蘽，味咸，无毒。主治暴中风、身热大惊。一名陵蘽，一名阴蘽。生荆山及宛朐。”

▲ 图4–162　黎荳（《各样药材图册》）

《列仙传》卷下“昌容”条云：“昌容者，常山道人也，自称殷王子。食蓬蘽根，往来上下，见之者二百余年，而颜色如二十许人。能致紫草，卖与染家，得钱以遗孤寡，历世而然，奉祠者万计。”

《本草纲目》卷一八“蓬蘽”条引苏颂云：“蓬蘽是覆盆苗，处处有之，秦吴尤多。苗短不过尺，茎叶皆有刺，花白，子赤黄，如半弹丸大，而下有蒂承之，如柿蒂，小儿多食之。五月采实，其苗叶采无时。江南谓之莓，然其地所生差晚，三月始有苗，八九月花开，十月实，用则同。”（图4-163、图4-164）

▲ 图4-163　蓬蘽（《金石昆虫草木状》）

▲ 图4-164　蓬累（《庶物类纂图翼》第十二）

郭郛以櫐即紫藤。《本草纲目》卷一八“紫藤”条引陈藏器云：“藤皮着树，从心重重有皮。四月生紫花可爱，长安人亦种之以饰庭池，江东呼为招豆藤。其子作角，角中仁，熬香着酒中，令酒不败。败酒中用之，亦正。其花挼碎，拭酒醋白腐坏。”（图4-165）

紫藤（Wisteria sinensis），亦称朱藤。豆科。大型木质藤本。奇数羽状复叶，小叶9—13枚，卵状椭圆形或卵状披针形。春季先叶开花，花冠蝶形，青紫色（变种花白色），总状花序下垂。荚果长10—20厘米，密生茸毛。产于中国中部。久经栽培，供观赏；花含芳香油；茎皮纤维可织物；果实入药，治食物中毒，驱除蛲虫；根治风湿痹痛。另种藤萝（W. villosa），叶成长后下面仍密生白色长柔毛，花青紫色，荚果长18—24厘米。主产于中国北部。用途同前种。

45.欕（yǎn）

又东南百二十里，曰阳帝之山，多美铜，其木多橿、杻、欕、楮。（《中次十二经》）

▶ 图4-165 紫藤（《金石昆虫草木状》）

郭璞注："檿，山桑也。"

《尔雅·释木》云："檿桑，山桑。"郭璞注："似桑，材中作弓及车辕。"

檿亦见于《诗经》，《大雅·皇矣》云："作之屏之，其菑其翳。修之平之，其灌其栵。启之辟之，其柽其椐。攘之剔之，其檿其柘。帝迁明德，串夷载路。天立厥配，受命既固。"

毛传："檿，山桑也。"（图4-166）

《尔雅翼》卷九"檿"条云："檿，山桑，颜师古以为山桑之有点文者，其叶可以食蚕，而材尤有用。古者青州以丝为贡，以檿丝为篚，盖食檿之蚕，其丝中琴瑟弦，盛之箱篚，贵之也。其材可以为车辕，又可以为弓。"

山桑（Morus bombycis），桑科。落叶乔木。树皮粗糙，褐色。发条多，有卧伏性。冬芽长、大，多为赤褐色。叶形小，叶面粗糙，多为裂叶。雌花花柱长。成熟桑果紫黑色。冬芽萌发早，桑叶成熟早，耐寒力强。分布于中国、朝鲜半岛和日本。适于作小蚕用桑。

◀ 图4-166 檿（《诗经名物图解》）

46. 堇（jǐn）华草

君子国在其北，衣冠带剑，食兽，使二文虎在其旁，其人好让不争。有堇华草，朝生夕死。（《海外东经》）

君子国在它的北方，这个国家的人头上戴着帽子，腰上挂着剑，以野兽为食，使唤两只文虎伴随在身边，他们喜欢谦让而不争斗。这里有一种堇华草，早晨开花，晚上就凋谢了。

《尔雅·释草》云："椴，木堇。榇，木堇。"郭璞注："别二名也。似李树，华朝生夕陨，可食，或呼日及，亦曰王蒸。"

《说文·艸部》云："蕣，木堇，朝华暮落者。《诗》曰：'颜如蕣华。'"蕣，《诗·郑风·有女同车》则作"舜"，云："有女同车，颜如舜华。将翱将翔，佩玉琼琚。彼美孟姜，洵美且都。有女同行，颜如舜英。将翱将翔，佩玉将将。彼美孟姜，德音不忘。"

毛传："舜，木堇也。"

《毛诗草木鸟兽虫鱼疏》云："舜，一名木槿，一名榇，一名曰椴，齐鲁之间谓之王蒸，今朝生暮落者是也。五月始花，故《月令》仲夏木堇荣。"（图4–167、图4–168）

《博物志·药物》云："堇花朝生夕死。"

《南方草木状》卷中云："朱槿花，茎叶皆如桑，叶光而厚，树高止四五尺，而枝叶婆娑。自二月开花，至中冬即歇。其花深红色，五出，大如蜀葵。有蕊一条，长于花叶，上缀金屑，日光所烁，疑若焰生。一

◀ 图4-167　舜（《毛诗品物图考》）

▶ 图4-168　舜（《诗经名物图解》）

丛之上，日开数百朵，朝开暮落。插枝即活。出高凉郡。一名赤槿，一名日及。”

《艺文类聚》卷八九引《玄中记》云：“君子之国，地方千里，多木槿之华。”又引《罗浮山记》云：“木槿一名赤槿，华甚丹，四时敷荣。”

《救荒本草》卷五“木槿树”条云：“木槿树，《本草》云木槿如小葵。花淡红色，五叶成一花，朝开暮敛，花与枝两用。湖南北人家多种植为篱障，亦有千叶者，人家园圃多栽种。性平，无毒。叶味甜。救饥：采嫩叶煠熟，冷水淘净，油盐调食。”

《本草纲目》卷三六“木槿”条李时珍云：“此花朝开暮落，故名日及。曰槿曰蕣，犹仅荣一瞬之义也。《尔雅》云：‘椵，木槿。榇，木槿。’郭璞注云：‘别二名也。’或云白曰椵，赤曰榇。齐鲁谓之王蒸，言其美而多也。《诗》云‘颜如舜华’即此。”又云：“槿，小木也。可种可插，其木如李。其叶末尖而有桠齿。其花小而艳，或白或粉红，有单叶、千叶者。五月始开，故逸书《月令》云‘仲夏之月木槿荣’是也。结实轻虚，大如指头，秋深自裂，其中子如榆荚、泡桐、马兜铃之仁。种之易生。嫩叶可茹，作饮代茶。今疡医用皮治疮癣，多取川中来者，厚而色红。”（图4-169、图4-170）

▲ 图4-169　木槿（《金石昆虫草木状》）

木槿（Hibiscus syriacus），锦葵科。落叶灌木。叶卵形，三裂或不裂，有三大脉。夏秋开花，花单生叶腋，花冠紫红或白色，有重瓣品种。产于中国和印度。栽培供观赏，兼作绿篱。树皮和花入药，树皮称“木槿皮”，功能杀虫疗癣，外用治疥疮、顽癣；花称“木槿花”，主治痢疾。

▼ 图4–170　木槿（《中国自然历史绘画·花鸟画谱》）

47. 圣木

开明北有视肉、珠树、文玉树、玗琪树、不死树。凤皇、鸾鸟皆戴瞂。又有离朱、木禾、柏树、甘水、圣木、曼兑，一曰旋木，雩交。(《海内西经》)

尚志钧以“圣木”为“柽木”，为柽柳科植物柽柳一类植物。

柽见于《诗经》，《大雅·皇矣》云：“作之屏之，其菑其翳。修之平之，其灌其栵。启之辟之，其柽其椐。攘之剔之，其檿其柘。帝迁明德，串夷载路。天立厥配，受命既固。”

毛传：“柽，河柳也。”

《毛诗草木鸟兽虫鱼疏》云："柽，河柳，生水旁，皮正赤如绛，一名雨师，枝叶如松。"

《尔雅·释木》云："柽，河柳。"郭璞注："今河旁赤茎小杨。"

《尔雅翼》卷九"柽"条云："柽，河柳，郭璞以为河旁赤茎小杨也，其皮正赤如绛，而叶细如丝，婀娜可爱。天之将雨，柽先起气以应之，故一名雨师。而字从圣，《字说》曰：知雨而应，与于天道，木性虽仁圣矣，犹未离夫木也。小木既圣矣，仁不足以名之。音赪，则赤之贞也，神降而为赤云。柽非独能知雨，亦能负霜雪，大寒不彫，有异余柳，盖庄子以松柏独受命于地，冬夏青青，比舜之受命于天，柽之从圣，亦以此欤？"

《本草纲目》卷三五"柽柳"条李时珍云："《三辅故事》云：汉武帝苑中有柳，状如人，号曰人柳，一日三起三眠。则柽柳之圣，又不独知雨、负雪而已。今俗称长寿仙人柳，亦曰观音柳，谓观音用此洒水也。"又云："柽柳小干弱枝，插之易生。赤皮，细叶如丝，婀娜可爱。一年三次作花，花穗长三四寸，水红色如蓼花色。南齐时，益州献蜀柳，条长，状若丝缕者，即此柳也。"（图4–171）

图4–171 赤柽木（《金石昆虫草木状》）

柽柳（Tamarix chinensis），亦称观音柳、三春柳、西河柳、山川柳。柽柳科。落叶小乔木。枝条纤弱，多下垂。叶小，鳞片状。夏季开花，花小，淡红色，由细瘦总状花序合成圆锥花序。蒴果。分布于中国黄河流域和长江流域以至广东、广西、云南等地平原、沙地及盐碱地。可栽培供观赏。枝干可编筐篮。嫩枝和叶入药，性平、味甘辛，功能祛风解表、透发麻疹、止痒、通络止痛、利水，主治感冒发热、麻疹透发不畅、风疹瘙痒、风湿痹痛、水肿等。用于透疗，可内服，又可煎汤熏洗。主要成分有芸香苷、有机酸、槲皮素等，有止咳、抗菌、解热等作用。

48. 枫木

有宋山者，有赤蛇，名曰育蛇。有木生山上，名曰枫木。枫木，蚩尤所弃其桎梏，是谓枫木。（《大荒南经》）

有一座宋山，山上有一种赤蛇，名叫育蛇。有一种树生长于山上，名叫枫木。枫木原是禁锢蚩尤的脚镣手铐，被丢弃在山上后变化成了枫木。

郭璞注："即今枫香树。"

《尔雅·释木》云："枫，欇欇。"郭璞注："枫树似白杨，叶圆而歧，有脂而香，今之枫香是。"

《说文·木部》云:“枫,木也,厚叶弱枝,善摇。”

枫为普通植物,然后世附会其有神奇植物的内容。《植物名实图考》卷三五“枫”条云:“《南方草木状》谓枫实有神,乃难得之物,恐涉附会。”其说是也。

《南方草木状》卷中云:“枫人,五岭之间多枫木,岁久则生瘤瘿,一夕遇暴雷骤雨,其树赘暗长三五尺,谓之枫人。越巫取之作术,有通神之验。取之不以法,则能化去。”又云:“枫香,树似白杨,叶圆而歧分,有脂而香。其子大如鸭卵,二月华发,乃着实。八九月熟,曝干可烧。惟九真郡有之。”

《博物志·异草木》云:“江南诸山郡中,大树断倒者,经春夏生菌,谓之椹。食之有味,而忽毒杀,人云此物往往自有毒者,或云蛇所著之。枫树生者啖之,令人笑不得止,治之,饮土浆即愈。”

《埤雅》卷一三“枫”条云:“旧说枫之有瘿者,风神居之,夜遇暴雷骤雨则暗长数尺,谓之枫人。天旱以泥封之,即雨。”

《尔雅翼》卷一一“枫”条云:“有寄生枝,高三四尺,生毛,一名枫子,天旱,以泥泥之,即雨。或云树老有瘿瘤,忽遇暴雷骤雨,瘿上耸出一枝,一夜暗出三五尺,形如人鬼,口眼备,南中谓之枫人,亦谓之灵枫,越人以计取为神事之。旧说云黄帝杀蚩尤于黎山之上,掷其械于大荒之中,朱山之上,化为枫木之林,此犹夸父之杖弃为邓林也。其子可以为式,式局以枫木为天,枣心为地。其脂甚香,谓之枫香脂,一名白胶香,入地千岁则为琥珀。枫上有菌,食之令人善笑不止。”

《太平御览》卷九五七引《异苑》云:“乌伤陈氏有女未醮,着屐径

▲ 图4-172　枫香（《金石昆虫草木状》）

▼ 图4-173　枫香（《各样药材图册》）

上大枫树颠，更无危阂，顾曰：‘我应为神，今便长去，唯左苍右黄，当暂归耳。’家人悉出见之，举手辞诀，于是飘耸轻越，极睇乃没。既不了苍、黄之意，每春辄以苍狗、秋以黄犬，设祀于树下。”又引任昉《述异记》云：“南中有枫子鬼，枫木之老者，为人形。亦呼为灵枫。”又引《岭表录异》云：“枫人岭多枫树，树老则有瘤瘿。忽一夜遇暴雷骤雨，其树赘则暗长三数尺，南中谓之枫人。越巫云：‘取之雕刻神鬼，易致灵验。’”

《本草纲目》卷三四“枫香脂”条李时珍云：“枫木枝干修耸，大者连数围。其木甚坚，有赤有白，白者细腻。其实成球，有柔刺。嵇含言枫实惟出九真者，不知即此枫否？孙炎《尔雅正义》云：枫子鬼乃欇木上寄生枝，高三四尺，天旱以泥涂之，即雨也。荀伯子《临川记》云：岭南枫木，岁久生瘤如人形，遇暴雷骤雨则暗长三五尺，谓之枫人。宋齐丘《化书》云：老枫化为羽人。数说不同，大抵瘿瘤之说，犹有理也。”（图4-172、图4-173、图4-174）

枫香（Liquidambar formosana），亦称枫树。金缕梅科。落叶大乔木，高可达40米。叶互生，3裂，有细锯齿，幼树的叶常5裂。花单性，雌雄同株，头状花序，春季与叶同放。蒴果集生成头状果序，有宿存细长花柱。种子矩圆形，上部有翅，不孕性种子无翅。分布于中国自淮河流域至四川西部以南各地。喜光，喜生山麓河谷，生长尚快。木材轻软、细致，但易开裂、不耐朽，可制箱板。秋叶艳红，著名秋色树种，可作行道树或片植供观赏。

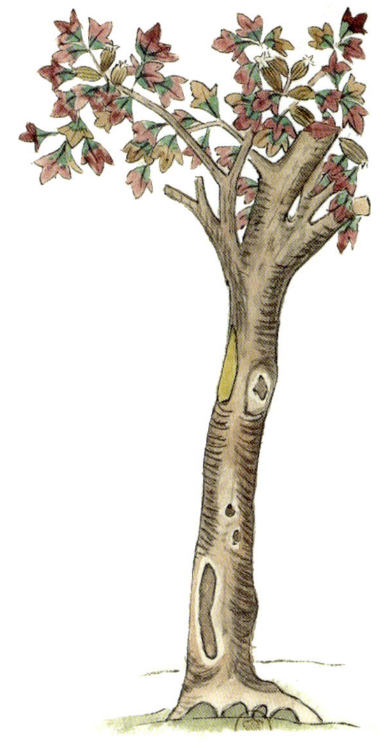

▲ 图4–174　枫香（《中国自然历史绘画·植物画谱》）

49. 栾（luán）

大荒之中，有山名死涂之山，青水穷焉。有云雨之山，有木名曰栾。禹攻云雨，有赤石焉生栾，黄本赤枝青叶，群帝焉取药。（《大荒南经》）

大荒之中，有一座山名叫死涂山，青水流进此山就到了尽头。有一座云雨山，山上有一种树名叫栾。禹治理洪水时曾经开凿过云雨山，后来在红色的石头上生一种栾树，黄色的树干，红色的树枝，青色的树叶，各位天帝都来这里采摘栾树的花朵和果实去制作神药。

《本草经》云：“栾花，味苦，寒，无毒。治目痛、泪出、伤眦，消目肿。生川谷。”

《名医别录》云："栾华，无毒。生汉中。五月采。"

《梦溪笔谈·补笔谈》卷三"药议"条云："栾有二种：树生，其实可作数珠者，谓之木栾，即《本草》栾花是也；丛生，可为杖棰者，谓之牡栾，又名黄荆，即《本草》牡荆是也。此两种之外，唐人《补本草》又有栾荆一条，遂与二栾相乱。栾花出《神农》正经，牡荆见于《前汉·郊祀志》，从来甚久。栾荆特出唐人新附，自是一物，非古人所谓栾荆也。"

《救荒本草》卷五"木栾树"条云："木栾树，生密县山谷中。树高丈余。叶似楝叶而宽大，稍薄。开淡黄花，结薄壳，中有子，大如豌豆，乌黑色，人多摘取串作数珠。叶味淡甜。救饥：采嫩芽叶煠熟，换水浸淘净，油盐调食。"

《本草纲目》卷三五"栾华"条引苏恭云："此树叶似木槿而薄细。花黄似槐而稍长大。子壳似酸浆，其中有实如熟豌豆，圆黑坚硬，堪为数珠者，是也。五月、六月花可收，南人以染黄甚鲜明，又以疗目赤烂。"（图4-175）

▲ 图4-175　栾华（《金石昆虫草木状》）

栾（Koelreuteria paniculata），无患子科。落叶乔木，高可达20米。奇数羽状复叶，互生，小叶有缺齿、缺裂或深裂为不完全的二回羽叶。夏季开花，黄色，杂性，圆锥花序顶生。秋季果熟，蒴果囊状中空，三角状卵形，果皮膜质。种子球形。分布于中国黄河流域及长江流域的石灰岩山地。花可提黄色染料，又供药用。叶可为青色染料。木材可制小器具。种子可榨油。又供观赏。

50.朱木

朱木，赤枝青华玄实。(《大荒南经》)

有一种名叫朱木的树，长着红色的枝条，开青色的花朵，结黑色的果实。

尚志钧认为朱木很像苏方木，应为豆科植物苏木一类植物。

《古今注·草木》云:“苏方木出扶南林邑外国，取细碎煮之以染。”

《本草纲目》卷三五“苏方木”条李时珍云:“海岛有苏方国，其地产此木，故名。今人省呼为苏木尔。”(图4-176、图4-177)

▲ 图4-176 苏方木(《金石昆虫草木状》)

▲ 图4-177 苏方木(《中国自然历史绘画·本草集》)

苏方（Caesalpinia sappan），亦称苏木、苏枋。豆科。常绿小乔木，有少数小刺。二回羽状复叶，花黄色，圆锥花序。荚果木质，不开裂，红棕色。分布于亚洲热带至中国南部。心材（称“苏方”）坚重，赭褐色，结构细，供细木工用，浸液可作红色染料；可入药，性平、味甘咸，功能行血祛瘀，主治血滞经闭、跌打损伤等症。根可提取黄色染料。

结语

《山海经》的植物包括草、木两类。《山经》对草木的记载较为重视，要是此山不生草木，就会用“无草木”三字予以明确记载。据统计，《南山经》共有39座山，其中14座山“无草木”，占比约为35.9%；《西山经》共有77座山，其中10座山“无草木”，占比约为13.0%；《北山经》共有88座山，其中30座山“无草木”，占比约为34.1%；《东山经》共有46座山，其中22座山“无草木”，占比约为47.8%；《中山经》共有197座山，其中21座山“无草木”，占比约为10.7%，表示如下：

《山经》篇名	山总数	无草木	占比
南山经	39	14	35.9%
西山经	77	10	13.0%
北山经	88	30	34.1%
东山经	46	22	47.8%
中山经	197	21	10.7%

分析无草木之山占比的数据可知，《东山经》排名第一，接近一半的山不生草木；《南山经》和《北山经》分别排名第二、三位，略为超过1/3的山不生草木；《西山经》和《中山经》数据接近，略为超过1/10的山不生草木。这和现今地理环境的实际情况并不吻合。一般而言，南方和东方的山有草木的比例，或者说植被覆盖率，要高于北方和西方。因此，《山经》对“无草木”的叙述可能反映《山经》的作者对当时的南方和东方的地理环境的实际情况并不太了解，因此把它们描写成了不毛之地。还有一种可能是“无草木”的描写并非实录，而只是一种套语的叙事方式。

《山经》记载了一例“多草木”，即《东次三经》云：“又南水行九百里，曰踇隅之山，其上多草木，多金、玉。”对于山而言，多草木为山的常态。《孟子·告子上》云：

> 牛山之木尝美矣，以其郊于大国也，斧斤伐之，可以为美乎？是其日夜之所息，雨露之所润，非无萌蘖之生焉，牛羊又从而牧之，是以若彼濯濯也。人见其濯濯也，以为未尝有材焉，此岂山之性也哉？

这说的是：牛山的树木曾经是很茂盛的，因为它长在大都市的郊外，老用斧子去砍伐，还能够茂盛吗？当然，它日日夜夜在生长着，雨水露珠在润泽着，不是没有新条嫩芽生长出来，但紧跟着就放羊牧牛，所以变成那样光秃秃了。大家看见那光秃秃的样子，便以为这山不曾有过大树木，这难道是山的本性吗？[67]换言之，即山的本性就应该是生长着草木，用孟子的话说就是“草木畅茂，禽兽繁殖”[68]。反之，无草木才是山的非常态。

总而言之，《山海经》对常态不作描写，而对非常态予以记载。比如对树木而言，生长着枝条为常态，不长枝条则为非常态，而《山海经》在描写树木的时候从来不说“有枝”或“多枝”，但却记载“无枝”的情况：

> 又北水行五百里，流沙三百里，至于洹山，其上多金、玉。三桑生之，无枝，其高百仞。（《北次二经》）
>
> 三桑无枝，在欧丝东，其木长百仞，无枝。（《海外北经》）
>
> 东北海之外，大荒之中，河水之间，附禺之丘，帝颛顼与九嫔葬焉……有三桑，无枝。丘西有沈渊，颛顼所浴。（《大荒北经》）
>
> 有木，青叶紫茎，玄华黄实，名曰建木，百仞无枝，上有九欘，下有九枸，其实如麻，其叶如芒，大暤爰过，黄帝所为。（《海内经》）

因此踇隅之山多草木，与整个《山海经》的叙事体例不符，而且《山经》“无草木”每每与“多金、玉”连文，因此这孤零零的一例“多草木”基本上可以肯定是“无草木”之误。如此一来，《东山经》还应该增加一例“无草木”的山，从而总数达到23座山，占总山数的比例刚好为50%。

[67] 杨伯峻：《孟子译注》，中华书局，2010年，第243—244页。

[68] 同上书，第113—114页。

有时候，《山经》还记载“有草无木”或“有木无草”的情况：

又东五百里，曰灌湘之山，上多木，无草，多怪鸟，无兽。（《南次三经》）

又北百八十里，曰诸次之山……是山也，多木无草，鸟兽莫居，是多众蛇。（《西次四经》）

《北次二经》之首，在河之东，其首枕汾，其名曰管涔之山，其上无木而多草，其下多玉。（《北次二经》）

又东二十五里，曰大支之山，其阳多金，其木多榖、柞，无草。（《中次十一经》）

总之，《山经》对草木的记载反映了时人对待草木的态度。当时的人们可能并不具备今日的生态观念，但应有人与自然和谐相处的朴素的“天人合一”的观念。

中国古代是农业社会，人民的生活大部分依赖农业生产。民以食为天，人们面朝黄土背朝天，天天与农作物打交道，自然对农作物抱有特殊的感情。古人认为，人要吃粮食，神也要享用粮食。《山经》记载，人们在祭祀山神的时候，祭品中大都会包括谷米：

其中，八次用的是稌米。“糈用稌米”（《南山首经》），“糈用稌”（《南次二经》《南次三经》《中次三经》《中次八经》《中次九经》《中次十二经》），“其祠用稌”（《中次五经》）。“糈”，即用来祭神的精米。《离骚》“怀椒糈而要之”，王逸注：“糈，精米，所以享神。”《南山首经》郭璞注："糈，祀神之米名。""稌"，即稻米。《尔雅·释草》云："稌，稻。"《说文·禾部》《南山首经》郭璞注皆云："稌，稻也。"一次用的是稻米，《西次四经》云："糈以稻米。"另有一次说："皆用稌糈米祠之。"(《北次三经》)"糈"字疑为衍文。稌和稻是一物异名，因此《山经》祭祀共有十次用的是稻米。

一次用的是稷米，《西次三经》云："糈用稷米。"一次用的是黍米，《东次三经》云："米用黍。"尚志钧认为稷和黍是同一物的两个品种，"稷为禾本科植物黍（Panicum miliaceum L.）一类植物的种子之不黏者，散穗，秆上无毛。若种子黏，聚穗，秆上有毛，称为黍"。《辞海》云："黍，植物名。学名'Panicum miliaceum'。粳者古称'稷''穄'，今称'稷子''糜''糜子'。糯者古称'黍'，今称'黍子''黏糜子''黄粟'。禾本科。一年生草本。秆直立。叶条状披针形。圆锥花序，穗轴有多级分枝，小穗着生在分枝顶部。粒细小，颖果球形或椭圆形，去壳后籽实呈白色、黄色或褐色。喜温、喜光。耐旱、耐瘠、耐盐碱。生育期短，苗期长势旺，与杂草竞争力强，成为黄河流域农耕早期的主要谷物。现主要分布在山西、陕西、内蒙古、甘肃、黑龙江等的旱瘠沙丘地带。"程瑶田《通艺录·九谷考》"稷"条则谓稷："北方谓之高粱，或谓之红粱。"

二次用的是五谷精米。《中次十经》云："糈用五种之糈。"《中次十一经》云："糈用五种之精。"《中次十经》的"糈用五种之糈"当从《中次十一经》作"糈用五种之精"。"五种"即"五谷"，《吕氏春秋·季秋》云："举五种之要。"《礼记·月令》《淮南子·时则训》皆作“五谷”。《史记·五帝本纪》云：“轩辕乃修德振兵，治五气，艺五种。”《索隐》云：“五种即五谷也。”五种，汪绂注：“黍、稷、稻、粱、麦也。”《周礼·夏官·职方氏》云：“豫州，其谷宜五种。”郑玄注：“五种，黍、稷、菽、麦、稻。”《逸周书·职方解》孔晁注与郑注同。《汉书·食货志》云：“种谷必杂五种。”颜师古注：“即五谷，谓黍、稷、麻、麦、豆也。”《荀子·儒效》云：“序五种。”杨倞注：“五种，黍、稷、豆、麦、麻。”与颜师古同。古人对五谷的说法虽然不一，但《山经》“糈用五种之精”则反映了古人对山神祭仪的隆重。

我国古代，灾荒频仍。在粮食难以为继的时候，某些植物可以暂时成为粮食的替代品，帮助人们渡过灾荒。明朝朱元璋的儿子朱橚写了一部《救荒本草》，专门收录这类可以救荒的植物，并且记载了食用的方法，称得上是一部走心的著作。本书尽量录写了该书的相关条文，以见古人的良苦用心。

俗话说，人吃五谷，也生百病。我国古代治病救人依靠的是中药，中药的大宗就是植物药。《山经》记载的植物中，普通植物只列举名称，而特意加以描写的则多为少见的植物，这些描写中就包含治病功效的介绍。《山经》对植物药效的介绍往往与古代的本草著作相吻合，因此我们对《本草经》以下的本草著作的相关内容酌情加以录写，以见《山海经》一书的实用价值。

参考文献

《山海经》，明万历二十五年聚锦堂刻本。

《山海经广注》，清吴任臣撰，乾隆五十一年金阊书业堂刻本。

《山海经新校正》，清毕沅撰，清乾隆四十六年《经训堂丛书》刻本。

《山海经笺疏》，清郝懿行撰，嘉庆十四年琅嬛仙馆刻本。

《五藏山经传》，清吕调阳撰，清光绪十四年《观象庐丛书》本。

《山海经存》，清汪绂撰，杭州古籍书店，1984年。

《山海经校注》，袁珂校注，巴蜀书社，1993年。

《山海经校释》，贾雯鹤校释，中华书局，2024年。

《山海经注证》，郭郛注，中国社会科学出版社，2004年。

《〈山海经〉植物药考辨》，尚志钧撰，学苑出版社，2021年。

《山海经图赞译注》，郭璞撰，王招明、王瑄译注，岳麓书社，2016年。

《〈山海经〉专名研究》，贾雯鹤撰，中国社会科学出版社，2020年。

《毛诗正义》，毛亨传，郑玄笺，孔颖达疏，阮元刻《十三经注疏》，中华书局，2009年。

《尚书正义》，孔安国传，孔颖达疏，阮元刻《十三经注疏》，中华书局，2009年。
《周礼注疏》，郑玄注，贾公彦疏，阮元刻《十三经注疏》，中华书局，2009年。
《周礼正义》，孙诒让撰，王文锦、陈玉霞点校，中华书局，1987年。
《大戴礼记汇校集解》，方向东汇校集释，中华书局，2008年。
《春秋经传集解》，杜预撰，上海古籍出版社，1988年。
《论语译注》，杨伯峻撰，中华书局，1980年。
《论语新注新译》，杨逢彬撰，北京大学出版社，2016年。
《孟子译注》，杨伯峻撰，中华书局，2010年。
《尔雅义疏》，郝懿行撰，王其和、吴庆峰、张金霞点校，中华书局，2017年。
《尔雅注证》，郭郛注证，商务印书馆，2013年。
《说文解字》，许慎撰，徐铉校定，中华书局，2013年。
《说文解字义证》，桂馥撰，齐鲁书社，1987年。
《毛诗草木鸟兽虫鱼疏》，陆玑撰，丛书集成初编本，中华书局，1985年。
《急就篇》，史游撰，颜师古注，王应麟补注，钱保塘补音，中华书局，1985年。
《广雅疏证》，王念孙撰，江苏古籍出版社，1984年。
《广雅疏义》，钱大昭撰，黄建中、李发舜点校，中华书局，2016年
《埤雅》，陆佃撰，丛书集成初编本，商务印书馆，1936年。
《尔雅翼》，罗愿撰，丛书集成初编本，中华书局，1985年。
《一切经音义三种校本合刊》，徐时仪撰，中华书局，2012年。

《逸周书汇校集注》，黄怀信、张懋镕、田旭东撰，上海古籍出版社，2007年。

《国语集解》，徐元诰撰，王树民、沈长云点校，中华书局，2002年。

《古本竹书纪年辑校今本竹书纪年疏证》，王国维撰，辽宁教育出版社，1997年。

《史记》，司马迁撰，中华书局点校本，1959年。

《汉书补注》，班固撰，王先谦补注，中华书局，1983年。

《神农本草经辑注》，马继兴主编，人民卫生出版社，2013年。

《齐民要术校释》，贾思勰撰，缪启愉校释，中国农业出版社，1998年。

《名医别录》，陶弘景撰，尚志钧辑校，中国中医药出版社，2013年。

《证类本草》，唐慎微撰，郭君双、金秀梅、赵益梅校注，中国医药科技出版社，2011年。

《救荒本草》，朱橚，文渊阁四库全书本。

《本草纲目》，李时珍撰，刘衡如、刘山永校注，华夏出版社，2011年。

《植物名实图考校释》，吴其濬撰，张瑞贤、王家葵、张卫校注，中医古籍出版社，2008年。

《墨子集诂》，王焕镳撰，上海古籍出版社，2005年。

《公孙龙子悬解》，王琯撰，中华书局，1992年。

《荀子校释》，王天海撰，上海古籍出版社，2005年。

《老子道德经注校释》，楼宇烈撰，中华书局，2008年。

《庄子集释》，郭庆藩撰，中华书局，1961年。

《鹖冠子汇校集注》，黄怀信撰，中华书局，2004年。

《吕氏春秋校释》，陈奇猷撰，学林出版社，1984年。

《淮南子集释》，何宁撰，中华书局，1998年。

《春秋繁露义证》，苏舆撰，中华书局，1992年。

《论衡校释》，黄晖撰，中华书局，1990年。

《孔子家语疏证》，陈士珂撰，商务印书馆，1939年。

《孔丛子校释》，傅亚庶撰，中华书局，2011年。

《说苑校证》，向宗鲁撰，中华书局，1987年。

《列仙传全译续仙传全译》，李剑雄撰，贵州人民出版社，1999年。

《神仙传校释》，胡守为撰，中华书局，2010年。

《博物志校证》，张华撰，范宁校证，中华书局，2014年。

《搜神记》，干宝撰，中华书局，1979年。

《新辑搜神记》，李剑国撰，中华书局，2007年。

《抱朴子内篇校释》（增订本），王明撰，中华书局，1985年。

《刘子集证》，王叔岷撰，中华书局，2007年。

《古今注》，崔豹撰，商务印书馆，1956年。

《南方草木状》，嵇含撰，丛书集成初编本，中华书局，1985年。

《北户录》，段公路撰，崔龟图注，丛书集成初编本，商务印书馆，1936年。

《事物纪原》，高承撰，李果订，丛书集成初编本，中华书局，1985年。

《岭表录异》，刘恂撰，丛书集成初编本，中华书局，1985年。

《桂海虞衡志辑佚校注》，范成大撰，胡起望、覃光广校注，四川民族出版社，1986年。

《梦溪笔谈》，沈括撰，侯真平校点，岳麓书社，1998年。

《瀛涯胜览》，马欢撰，丛书集成初编本，商务印书馆，1937年。

《峒溪纤志》，陆次云撰，丛书集成初编本，商务印书馆，1939年。

《太平御览》，李昉等撰，中华书局，1960年。

《少室山房笔丛》，胡应麟撰，上海书店，2001年。

《楚辞章句》，王逸撰，黄灵庚点校，上海古籍出版社，2017年。

《文选》，萧统编，李善注，上海古籍出版社，1986年。

《经义述闻》，王引之撰，国学基本丛书本，商务印书馆，1936年。

《程瑶田全集》，程瑶田撰，陈冠明等校点，黄山书社，2008年。

《观堂集林》，王国维撰，中华书局，1959年。

《章太炎全集》(七)，章太炎撰，上海人民出版社，1999年。

《尔雅音训》，黄侃撰，上海古籍出版社，1983年。

《闻一多全集·古典新义》，闻一多撰，三联书店，1982年。

《训诂与训诂学》，陆宗达、王宁撰，山西教育出版社，1994年。

《古汉语词义答问》，陆宗达、王宁撰，甘肃人民出版社，1986年。

《俞敏语言学论文集》，俞敏撰，商务印书馆，1999年。

《古书通例》，余嘉锡撰，上海古籍出版社，1985年。

《义府续貂》，蒋礼鸿撰，中华书局，1981年。

《植物名释札记》，夏纬瑛撰，夏经林增编，中华书局，2022年。

《郑振铎古典文学论文集》，郑振铎撰，上海古籍出版社，1984年。

《语言·意义·美学》，李安宅撰，四川人民出版社，1991年。

《中国神话史》，袁珂撰，上海文艺出版社，1988年。

《欧美语言学简史》，徐志民撰，学林出版社，1990年。

《中国语言学史》，濮之珍撰，上海古籍出版社，1987年。

《中国古代语言学史》，何九盈撰，广东教育出版社，2000年。

《李零自选集》，李零撰，广西师范大学出版社，1998年。

《简帛古书与学术源流》，李零撰，三联书店，2008年。

《辞海》（第六版缩印本），上海辞书出版社，2010年。

《历史》，[古希腊]希罗多德撰，王以铸译，商务印书馆，1959年。

《金枝》，[英]詹·乔·弗雷泽撰，徐育新等译，中国民间文艺出版社，1987年。

《普通语言学教程》，[瑞士]费尔迪南·德·索绪尔撰，高名凯译，商务印书馆，1980年。

《论〈山海经〉的著作时代》，陆侃如撰，《新月》第1卷第5期，1928年。

《高诱引〈山海经〉考》，何志华撰，《书目季刊》1998年第2期。

《博物学论纲》，刘华杰撰，《广西民族大学学报》2011年第6期。

《此"博物"抑或彼"博物"：这是一个问题》，彭兆荣撰，《文化遗产》2009年第4期。

《中国博物学传统的重建》，余欣撰，《中国图书评论》2013年第10期。

《博物学：传统中国的科学》，吴国盛撰，《学术月刊》2016年第4期。

《博物学是什么，在哪里？》，吴彤撰，载《中国博物学评论》第3期，商务印书馆，2018年。

插图来源

《山海经图》，明万历二十一年胡文焕刻本。

《至圣先贤半身像册》，元绘本。

《四书白文》，明钞本。

《历代帝王圣贤名臣大儒遗像》，清康熙绘本，今藏法国国家图书馆。

《五经精本》，清道光写本。

《山海百灵图》，签题“唐胡瓌《蕃兽图》真迹神品上上”，卷前题“山海百灵”，今藏美国赛克勒美术馆，约为明代绘本。

《怪奇鸟兽图》，日本江户绘本，今藏日本成城大学图书馆。

《山海经图》，清彩绘本。

《金石昆虫草木状》，明文俶绘，明万历时期彩绘本。

《食物本草》，明彩绘本。

《大禹九鼎图述》，明王希旦撰，明崇祯刻本。

《历朝贤后故事图》清焦秉贞绘，绢本。

《各样药材图册》，清末广州画坊为欧洲人绘制的外销画。

《各样虫图册》，清末广州画坊为欧洲人绘制的外销画。

《中国自然历史绘画·本草集》，约为18—19世纪绘本，今藏法国国家图书馆。

《中国自然历史绘画·花鸟画谱》，约为18—19世纪绘本，今藏法国国家图书馆。

《中国自然历史绘画·植物画谱》，约为18—19世纪绘本，今藏法国国家图书馆。

《中国药用本草绘本》，约为18—19世纪绘本，今藏法国国家图书馆。

《外销画册·花卉果木》，约为19世纪水粉画，今藏奥地利国家图书馆。

《金石索》，冯云鹏、冯云鹓同辑，双桐书屋藏版，清道光16年刊。

《诗经名物图解》，[日]细井徇绘，日本江户时代绘本。

《毛诗品物图考》，[日]冈元凤纂辑，橘国雄绘画，此为清光绪年间中国无名氏彩绘本。

《庶物类纂图翼》，[日]户田要人等编，日本江户时代绘本。

《动物写生图》，[日]桂川国瑞绘，日本江户时代绘本。

《吉祥图案解题》，[日]野崎诚近著，日本平凡社再版，1940年。

西南民族大学中央高校基本科研业务费专项资金项目
“《山海经》文献研究”（2022SPYZX07YB）

图书在版编目（CIP）数据

《山海经》的博物世界．植物 / 贾雯鹤著．-- 成都：四川人民出版社，2025. 06. --（“博物岛”系列）.

ISBN 978-7-220-13545-3

Ⅰ. K928.631；Q94

中国国家版本馆CIP数据核字第20241BZ232号

SHANHAIJING DE BOWU SHIJIE:ZHIWU

《山海经》的博物世界：植物

贾雯鹤　著

出版人	黄立新
策划组稿	谢　雪　赵　静
责任编辑	荆　菁　赵　静
责任校对	谭云红
版式设计	张迪茗
封面设计	张　科
责任印制	周　奇
出版发行	四川人民出版社（成都三色路238号）
网　　址	http://www.scpph.com
E-mail	scrmcbs@sina.com
新浪微博	@四川人民出版社
微信公众号	四川人民出版社
发行部业务电话	（028）86361653　86361656
防盗版举报电话	（028）86361653
照　　排	四川胜翔数码印务设计有限公司
印　　刷	成都市东辰印艺科技有限公司
成品尺寸	190mm × 190mm
印　　张	27
字　　数	370千
版　　次	2025年6月第1版
印　　次	2025年6月第1次印刷
书　　号	ISBN 978-7-220-13545-3
定　　价	256.00元